本课题受山西省高等学校哲学社会科学研究项目资助
"双减"背景下山西省小学生作业负担的测评研究（项目编号：2022W115）

中小学生作业负担的审视及作业的优化设计

刘　辉　康文彦　著

中国纺织出版社有限公司

图书在版编目（CIP）数据

中小学生作业负担的审视及作业的优化设计 / 刘辉，康文彦著. -- 北京：中国纺织出版社有限公司，2024.3
ISBN 978-7-5229-1602-6

Ⅰ.①中… Ⅱ.①刘… ②康… Ⅲ.①学生作业-作业管理-研究-中小学 Ⅳ.①G632.46

中国国家版本馆 CIP 数据核字（2024）第 066846 号

责任编辑：张 宏　责任校对：寇晨晨　责任印制：储志伟

中国纺织出版社有限公司出版发行
地址：北京市朝阳区百子湾东里 A407 号楼　邮政编码：100124
销售电话：010—67004422　传真：010—87155801
http://www.c-textilep.com
中国纺织出版社天猫旗舰店
官方微博 http://weibo.com/2119887771
天津千鹤文化传播有限公司印刷　各地新华书店经销
2024 年 3 月第 1 版第 1 次印刷
开本：710×1000　1/16　印张：20.5
字数：297 千字　定价：98.00 元

凡购本书，如有缺页、倒页、脱页，由本社图书营销中心调换

前　言

2021年4月，教育部办公厅发布《关于加强义务教育学校作业管理的通知》，提出"把握作业育人功能、严控书面作业总量、创新作业类型方式、提高作业设计质量、加强作业完成指导、认真批改反馈作业、不给家长布置作业、严禁校外培训作业、健全作业管理机制"等要求。2021年7月，中共中央办公厅、国务院办公厅印发了《关于进一步减轻义务教育阶段学生作业负担和校外培训负担的意见》，提出要"全面压减作业总量和时长，减轻学生过重作业负担"，在健全作业管理机制、分类明确作业总量、提高作业设计质量、加强作业完成指导、深化课堂教学改革和完善作业考试辅导等方面提出了具体的要求。[1]

可见作业虽小，但作业问题越来越受到重视。事实上作业一直以来就和教育教学密切相关，并且可以视为是基础教育教学变革的"晴雨表"，也为教师践行教育教学变革理念提供了良好的载体。在"双减"背景下，一方面我们应该注重对学生作业负担的测评，通过评价的导向和监督作用指导作业的变革和优化；另一方面，我们应该注重优化作业设计，做到作业设计的"提质增效"，进而在一定程度上减轻学生的作业负担。

减轻学生作业负担是"双减"的重要目标之一，因此作业负担的测评尤为重要。本书结合作业负担的内涵、作业负担测评的相关研究、学业负担测评的相关工具等开发了中小学作业负担测评问卷，并在中小学进行了作业负担测评的实践研究。同时利用访谈法和内容分析法等工具对高中作业的现状进行了研究。从中发现中小学作业设计中存在的问题。

---

[1] 中共中央国务院. 中共中央国务院关于深化教育教学改革全面提高义务教育质量的意见 [EB/OL]. (2019-06-23) [2023-03-27].

作业设计在一定程度上影响着作业负担的形成，而作业观影响着作业设计的实施。从夸美纽斯在《大教学论》中将练习引入教学过程、赫尔巴特将这种练习明确为书面作业到凯洛夫将作业作为教学活动的一个环节，都将作业视为是一种进行知识巩固的工具。库珀则更注重作业的"非教学功能"，将作业视为是一种心智训练的工具。而杜威提出作业则是一种"复演社会生活中进行的某种工作或与之平行的活动方式"，也将作业视为是一种自主探究和进行意义建构的过程。作业观的不同直接影响着作业内容、形式、实施和评价的不同。当前部分作业设计者可能更多地认同将作业的知识巩固功能奉为圭臬，进行机械性、重复性的作业活动，甚至将作业视为提升学生应试技能的重要手段。这可能导致作业数量过多、作业难度过大而引发学生的作业负担。同时，受教师作业观和作业设计能力的限制，教师在作业内容、作业形式等方面的创新有限，这也可能引发学生的作业倦怠，从而引发学生的作业负担。因此重新审视作业的本质和功能、审视作业设计的内涵和要素非常重要。因此，本研究采用隐喻分析和知识分类的视角对作业的本质及功能进行了分析，对作业设计的内涵进行了拓展性研究。

作业作为一种特殊的学习形式，其时空、管理等与课堂教学不同，可以作为促进学生自主学习的载体。因此，本研究进一步探究了指向学会学习的中小学作业设计。然而，在当前的教学活动中，传统的作业形式会在较长的时期内存在着。在此情境下，也可以发挥作业的功能，将作业视为一种供学生自主探究和意义建构的载体，在作业活动中为学生赋予更多的自主权，甚至可以以作业为中心展开教学活动，以此促进基础教育领域课堂教学的变革。

随着教育数字化的发展，作业领域也将迎来新的挑战。如何进行作业设计的数字化转型是我们马上要面临的问题。人工智能背景下作业评价的转型可以为作业设计的数字化转型提供一种样例。同样，教育数字化背景下作业内容、学生学习行为等都可以进行数字化处理，这也为学生作业负担相关数据的收集、模型的构建以及多元化评价的实施提供了可能。

前言

  本书由刘辉和康文彦合著，具体编写分工为刘辉负责第三到第六章主要内容的撰写，约15万字，康文彦负责前两章以及后两章主要内容的撰写，约15万字。本书得到山西省高等学校哲学社会科学研究项目资助，在写作过程中得到太原师范学院教育学院的领导和老师们的指导和帮助。感谢樊香兰教授的宝贵意见和热心帮助，感谢中国纺织出版社有限公司编辑老师为本书付出的辛勤劳动，在此一并表示诚挚的感谢！

  当然受研究条件以及研究者能力的限制，书中不免有许多不足之处，敬请各位专家、读者批评指正！

刘辉 康文彦

2023年5月17日

目 录

第一章 减负与作业负担 ·· 1

 第一节 减负的价值意蕴 ······································ 1

 第二节 作业负担的相关研究 ·································· 9

第二章 小学生作业负担的测评 ···································· 23

 第一节 学生作业负担测评工具的开发 ·························· 23

 第二节 小学生作业负担的现状分析 ···························· 36

第三章 中小学作业设计现状的审视 ································ 53

 第一节 小学作业设计现状的审视 ······························ 53

 第二节 高中作业设计现状的审视 ······························ 63

 第三节 作业设计的影响因素及作用机制 ························ 90

第四章 重新认识作业 ·· 101

 第一节 作业隐喻与作业变革 ·································· 101

 第二节 作业的内涵及功能 ···································· 112

 第三节 知识分类视角下作业的审视 ···························· 119

 第四节 作业活动的要素分析 ·································· 130

第五章 重新审视作业设计 ·· 139

 第一节 作业设计研究的回顾与展望 ···························· 139

第二节　作业设计的概念辨析 …………………………………… 161

第三节　作业设计的要素 ………………………………………… 171

第六章　指向学会学习的中小学作业设计 …………………………… 177

第一节　学会学习的研究现状 …………………………………… 177

第二节　中小学作业设计变革应指向学会学习 ………………… 191

第三节　学会学习指向的作业设计变革的理念建构 …………… 201

第四节　指向学会学习素养的作业如何设计 …………………… 220

第七章　指向学习中心的中小学作业设计 …………………………… 233

第一节　从规约到释放的作业设计 ……………………………… 233

第二节　从控制到自主的作业设计 ……………………………… 247

第三节　作业中心教学模式 ……………………………………… 262

第八章　中小学生作业设计及监测的数字化转型 …………………… 277

第一节　教育数字化背景下作业设计的转型 …………………… 277

第二节　教育数字化背景下作业评价的转型 …………………… 290

第三节　教育数字化背景下作业负担监测的转型 ……………… 300

参考文献 ………………………………………………………………… 309

第一章 减负与作业负担

第一节 减负的价值意蕴

一、"减负"政策

中华人民共和国成立以来,党和国家针对不同时期学生存在的学业负担过重的现实问题,出台了多项减轻学业负担的相关政策。殷玉新等梳理了中华人民共和国成立 70 年来的 20 项专门减轻学业负担的政策,基本信息列表如表 1-1 所示。[1]

表 1-1　20 项专门减轻学业负担政策的基本信息列表

序号	颁布时间	颁布机构	政策名称
1	1955 年	教育部	《关于减轻中小学学生过重负担的指示》
2	1960 年	中共中央、国务院	《关于保证学生、教师身体健康和劳逸结合的指示》
3	1964 年	国务院转批教育部临时党组	《关于克服中小学学生负担过重现象和提高教学质量的报告》
4	1965 年	教育部党组	《关于减轻学生负担、保证学生健康问题的报告》
5	1983 年	教育部	《关于全日制普通中学全面贯彻党的教育方针,纠正片面追求升学率倾向的十项规定(试行草案)》
6	1988 年	国家教委	《关于减轻小学生课业负担过重问题的若干规定》

---

[1] 殷玉新,郝健健. 新中国成立 70 年来我国学业负担政策的演进历程与未来展望[J]. 首都师范大学学报(社会科学版),2019(6):172-179.

续表

序号	颁布时间	颁布机构	政策名称
7	1990 年	国家教委	《关于重申贯彻〈关于减轻小学生课业负担过重问题的若干规定〉的通知》
8	1993 年	国家教委	《关于减轻义务教育阶段学生过重课业负担，全面提高教育质量的指示》
9	1994 年	国家教委	《关于全面贯彻教育方针，减轻中小学过重课业负担的提高》
10	2000 年	国务院	《关于在小学减轻学生过重负担的紧急通知》
11	2000 年	教育部	《关于贯彻落实〈关于在小学减轻学生过重负担的紧急通知〉开展专项督导检查的通知》
12	2008 年	教育部	《中小学学生近视眼防控工作方案》
13	2013 年	教育部	《关于开展义务教育阶段学校"减负万里行"活动的通知》
14	2013 年	教育部	《小学生减负十条规定》
15	2014 年	教育部办公厅	《关于开展义务教育阶段学校"减负万里行·第2季"活动的通知》
16	2018 年	教育部办公厅等四部门	《关于切实减轻中小学生课外负担开展校外培训机构专项治理行动的通知》
17	2018 年	教育部办公厅	《关于加快推进校外培训机构专项治理工作的通知》
18	2018 年	教育部、发改委等六部门	《关于规范校外培训机构发展的意见》
19	2018 年	教育部等八部门	《综合防控儿童青少年近视实施方案（征求意见稿）》
20	2018 年	教育部等九部门	《关于印发中小学生减负措施的通知》

当然除了专门的"减负"政策，许多"减负"举措还包含在其他政策文件中。比如2018年，教育部发布的《关于全面深化新时代教师队伍建设改革的意见》中就提出了一系列关于中小学生减负政策的指导意见。包括"严格控制课程设置和课时安排，确保学生每天有足够的课外活动和休息时间"和"规范作业布置和考试评价，避免重复、无效、超纲的作业和考试，提倡多样化、个性化、创新性的作业和考试"等内容。另外，近年来国家对"减

负"问题持续关注，2018年之后国家又密集出台了许多减轻学生作业负担的相关政策。比如2021年7月，中共中央办公厅和国务院办公厅印发《关于进一步减轻义务教育阶段学生作业负担和校外培训负担的意见》（简称"双减"），引发了中小学作业设计、作业管理等方面的重大变革。

杨茂庆等指出，改革开放以来，我国连续颁布一系列"减负"政策，致力于减轻学生学业负担。总体而言，中小学"减负"的实施主要分为三个阶段。第一阶段，1978—2000年，以缓解升学压力为方向，"减负"的范围从小学到中学，主要目标是"纠正片面追求升学率倾向"，通过减少作业量和考试次数、保证学生睡眠等直接措施达成"减负"目标。第二阶段，2001—2016年，以基础教育课程改革为依托，通过综合性的改革政策，完善优化教育制度以达到"减负"目标，包括强调改革和完善招生考试制度等间接手段，切实减轻学生考试负担。第三阶段，2017年至今，以中共中央办公厅、国务院办公厅发布的《关于深化教育体制机制改革的意见》为标志，将学业负担治理的主要目标由学校延伸至校外培训机构，2021年"双减"政策对当前"减负"困境作出了积极回应。"双减"政策在继承前两个阶段基本思路的基础上，向多主体和全方位的联动治理方向发展，针对当前时代的特殊性，体现了标本兼治的特点。❶

总的来说，我国"减负"的趋势呈现以下几个特点：第一是指向学生的全面发展。减负政策越来越注重培养学生的深度思维、创新意识和实践能力，鼓励学生积极参与各种社会实践和科技创新活动，促进学生全面发展。政策措施也从简单的减轻负担，逐渐转向深度和全面的发展。第二是更重视科学评价。减负政策逐渐从重视学生评价和排名，转向科学和多元化的评价体系，注重评价学生的综合素质和能力。政策措施也从单纯的取消分数和排名，逐渐转向建立科学和多元的评价方式。第三是注重社会共治。减负政策逐渐从单纯的校内减负，转向校内与社会共治，强调学校、家庭和社会三者共同发力，共同关注学生身心健康和全面发展。政策措施也从单纯的校内政策，逐

---

❶ 杨茂庆，陈一铭. "双减"背景下义务教育质量回归的依据、堵点与进路[J]. 现代教育管理，2023（2）：62-70.

渐转向社会共治和多元化的政策措施。第四是从治标转向治本。减负政策逐渐从治标，即解决当前问题和压力，转向治本，即解决教育体制和制度问题，促进教育改革。政策措施也从单纯的解决当下问题，逐渐转向深层次和长远性的政策措施。第五是从政府主导转向多元参与。减负政策逐渐从政府主导，转向多元参与，即学校、教师、家长和社会等多方共同参与，共同推进减负工作。政策措施也从单纯的政府主导，逐渐转向多方共同参与的政策措施。

二、"双减"政策的价值意蕴

"双减"政策的主要价值在于减轻学生学业负担，促进学生的全面发展。

(一)"双减"是促使教育回归的切实需求

第一，"双减"政策的落实有利于缓解学生的学习压力。教育应该是一种自然而又有趣的活动，而不是填鸭式的纯粹记忆和竞争。通过减轻学生的作业和考试负担，让学生有更多的自由时间参加游戏、活动和自主学习，从而缓解学生的学习压力。第二，"双减"政策的落实有利于促进学生全面发展。教育应该为学生提供多元化、综合性的学习，让学生在实践中掌握知识、技能、态度和正确的价值观。双减政策能够让学生更多地参与社会实践活动，丰富他们的学习内容和知识领域，从而促进学生全面发展。第三，"双减"政策的落实有利于提高教育质量。"双减"政策可以为教育机构提供更多的时间和机会，关注教育教学质量，加强师资培训、课程建设、教学改革和教学评价。提高教育质量不仅可以提升学生知识和技能，还可以培养学生全面发展、独立思考和创新能力。第四，"双减"政策的落实有利于推进人才培养的变革。教育的目标应该是培养未来社会所需的人才，而不仅仅是应对当前就业市场的需要。"双减"政策可以使学生更加关注自身兴趣和未来职业发展，从而发现自己的潜能，拥有更多自主选择的机会，推进人才培养的变革。总的说来，"双减"政策是促使教育回归的切实需求，可以让教育更加关注学生的未来发展和教育的本质，推进教育更新和变革。

(二)"双减"是提升教育质量的重要途径

第一，"双减"政策的落实有利于教师注重教学质量的提升。过多的作业和考试可以让学生产生极大的压力，影响他们的身心健康，缩短了他们自由体验丰富社会文化的时间。适度减负对学生而言，意味着减轻很多非常沉重的包袱，可让孩子们有更均衡、全面和充沛的时间和精力，去学习、思考、成长。第二，"双减"政策的落实有利于提高学生的学习效率。过多的单词、复杂的公式等，都会让学生的注意力不集中，影响学生的学习效率。适度减轻负担可以使得学生学习时间更为集中，有更多的时间去充分理解教材内容。第三，"双减"政策的落实有利于促进教育的全面发展。学生在习惯、兴趣、多样性等方面的培养也应成为教育的目标之一，而不仅仅是"分数制"的形式。通过适度减轻学生的负担，学生有更多的时间去参与各种社会实践活动，丰富学生的知识和技能，促进学生全面发展。第四，"双减"政策的落实有利于增强教师专业性。适度减轻教师的负担，使得教师更有时间精力去深入学习、研究相关学科和教育理论，提高教师的专业性，从而提供更优质的课堂教育。第五，"双减"政策的落实有利于促进教育评价的多元化。降低作业和考试负担，可以鼓励学生学以致用，结合个人喜好、兴趣方向，以更自由和自主的方式参与学习，从而实现教育评价的多元化。总之，"双减"政策是提升教育质量的重要途径，可以减少学生和教师的负担，调整教学质量，促进学生的全面发展和提高教育评价的多元化，从而提供更优质的教育质量。

（三）"双减"是实现教育公平的重要举措

第一，"双减"政策的落实有利于提供平等的学习机会。适度减轻负担可以使得学生有更多的空间和时间去自由、自主地发掘学习方式，让学生不再为应对过多的作业、考试而过分焦虑，采用自己喜欢和擅长的学习方法。第二，"双减"政策的落实有利于提高教育资源配置效率。适度减轻负担，可以在保证教育质量不下降的前提下，有更多篇幅和资源在各学科领域的深耕、深挖，让学生不再只是为了完成一些"毫无意义"的、实质含量不高的任务，重振教育资源的合理分配。第三，"双减"政策的落实有利于降低负担差异。科技与方法的快速发展，也给各类人口群体提供了更多机会，但为了赢得机会和优势，一些学生只能花大力气去拼命填补各项课业内容，形成了学习负担比较大的现象。适度减轻负担，能够有效地弥补教育资源不均衡的局面，消除异质现象、减少社会不公现象。第四，"双减"政策的落实有利于帮助弱势群体。适度减轻负担可以帮助那些来自贫困家庭、文化基础不足等弱势教育群体，让他们能够将学习资源转变为自己的素养，提高教育公平，从而提升社会整体素质水平。可见，"双减"政策是实现教育公平的重要举措，可以提供平等的学习机会，提高教育资源配置效率，降低负担差异，帮助弱势群体，消除不公现象。

三、"双减"政策的实施逻辑

（一）"双减"需要政府层面强化督管

双减"政策需要强化督管，因为只有从顶层进行相关制度的设计、相关建议的指导和相关监管的落实，才能更好地引领"双减"政策的落实。

第一，政府在"双减"政策的督管中应注重督促"双减"政策的全面落实。适度减轻学生课业负担和减少考试次数及范围的政策需要得到教育部门的全面落实，在政策执行过程中需要有监督、检查和考核，以确保政策的顺利开展。第二，政府在"双减"政策的督管中应注重避免教育机构"应付"政策。一些教育机构可能只是为了应付政策，而不是真正想让学生享受政策带来的红利。因此，需要加强督导监管，对不遵守政策的学校和教师进行严肃处理，落实政策的执行。第三，政府在"双减"政策的督管中应注重督促政策效果的监测。当前，"双减"政策的推行还处于初级阶段，如何验证政策效果不能靠教育部门把基础教育学校全部发到远处来的自查自纠模式，而需建立更严谨的监测体系。

（二）"双减"需要学校层面深度落实

学校是"双减"政策落实的主体，因为作业设计的主体是学校，作业的质量直接影响着学生的作业负担是否过重。此外，"双减"背景下学校也是课后服务实施的主体，其课后服务质量也关涉着学生课外培训的需求。

第一，学校在"双减"政策的督管中应注重优化作业布置方式。作业应该精炼，量少质优，避免过度的重复性作业。第二，学校在"双减"政策的督管中应注重引导学生独立思考和探究。作业应该能够激发学生的兴趣和好奇心，让他们有更多的自由度和创造性，从而减轻学生的学习压力。第三，学校在"双减"政策的督管中应注重鼓励学生参与课外活动。学校应该鼓励学生参加有益的课外活动，如文艺、体育、科技、社会实践等，让学生能够多角度地发展自己。第四，学校在"双减"政策的督管中应注重建立家校沟通平台。学校和家长应该建立定期沟通的渠道，了解学生的学习情况和心理状况，共同关注学生的成长和发展。第五，学校在"双减"政策的督管中应注重加强师资培训。学校应该加强对教师的培训，提高教师的教育教学水平，从而减轻学生的学习压力，提高学习效果。第六，学校在"双减"政策的督管中应注重建立多元化的教学模式。学校应该探索多种教学方式和方法，让学生在不同的场景和环境下学习，从而减轻学生的学习负担。第七，学校在"双减"政策的督管中应注重建立课后辅导制度。学校应该建立相应的课后辅导制度，为学生提供适当的辅导和指导，在学习上遇到困难的时候能够得到及时的帮助。

（三）"双减"需要家庭层面密切配合

学校和家庭需要接纳并尊重儿童的独特权利，自觉地克制企图控制、塑造儿童的冲动想法，践行"积极无为"的实践策略——有意识地在物质、制度和精神层面做"减法"，使儿童得以享受更多的时空自主、规则自主的自由游戏，从事更多的探索自然、了解社会的自由活动，进行更多的无功利色彩、平等愉悦的自由交往。[1] 相比学校，家庭在"双减"政策的落实方面起着独特的作用。

第一，家庭可以为学生营造良好的作业环境。学生校外作业的环境主要是由家长营造的。一方面，家长需要为孩子提供适宜的作业环境。桌凳、光线、温度等都是作业环境的重要组成部分。为了孩子的健康成长，家庭方面应该尽力保证桌凳高度的适宜性以避免孩子因坐姿不合适而引发劳累，甚至近视。同时，应保证光线和温度的适宜性，以此保证学生学习的舒适性。另一方面，家长需要对孩子的作业环境进行管理和维护。环境是动态变化着的，

---

[1] 黄海瑛，章乐. 儿童立场视角下"双减"政策的价值坚守与实践指向[J]. 中国教育学刊，2022（5）：68-73.

比如环境可能因外部或内部因素而遭到破坏，这就要求家长不断关注和维护孩子的作业环境。外部因素包括亲友到访、噪声干扰等，这需要家长做好安排和维护。特别是家长要控制自身行为，比如不要在孩子未完成作业时看电视、玩手机或者进行其他游戏活动，以免发出噪声或者是引发孩子的焦虑情绪。内部因素主要来源于学生自身，比如学生意志力不强、不能集中注意力，或者是遇到难题引发焦虑等，会让学生不能很好地在家长营造的环境中继续学习。这时家长可以通过监管、鼓励和给予帮助等途径为学生营造良好的内部学习环境，保证学生校外作业的顺利完成。

第二，家庭可以控制学生的作业来源。学生作业的主要来源有二，一是学校布置的作业，二是家长布置的作业。学校会根据教学进度和教学要求为学生布置适当的作业，其中一部分作业可能在学校完成，一部分作业则要求学生在家完成。而家长为了促进孩子的学习，也会为学生布置"家庭作业"，甚至在"减负"背景下，学校作业得到了较好的管理而"家长作业"却成为学生作业的重要来源。许多家长没有教学资历，不能直接为孩子查缺补漏，所以他们往往通过购买网课、购买教辅资料等方式为学生布置校外的学习任务。在学生看来，这些任务和学校布置的任务没有区别，甚至许多孩子分不清哪些任务是学校布置的、哪些是家长布置的。有的孩子回家后，既需要花费一定的时间完成学校的作业，还需要花费更多的时间去听课、做题，以完成"家长作业"。但这部分作业往往是机械性和重复性的。在减负背景下，家长能做的是结合"双减"政策和学校的安排，配合学校的作业管理减轻学生的作业负担。

第三，家庭可以引导学生进行课外活动。家庭和学校的不同之处在于家庭能提供的教育是相对自由的，能为学生提供比较个性化的教育资源。学校的主要教育任务是为学生进行知识的传授，但知识是无处不在的，能力也不只是应用技能。相比学校的学习活动，家庭可以为学生提供更为丰富的课外活动。校外学生的时间比较自由，活动空间也更为宽阔。周末或假期家长可以带孩子去博物馆、科技馆等场所参观学习，平时家长也可以带孩子在户外进行运动或游戏。这可以在一定程度上弥补校内教育的不足，为孩子营造更多学习的途径和更丰富的户外活动。

第二节 作业负担的相关研究

一、作业负担的内涵

尽管作业负担的相关研究成果比较丰富，但人们对于作业负担的内涵往往持有不同意见。而且有相当部分作业负担是蕴含在学业负担的相关研究中的。因此，作业负担和学业负担是密不可分的。

学业负担是客观负荷与主观感受的简单之和，既涉及施加在学生身上的学习量，又涉及学生对学习量的主观感受。❶ 对课业负担概念本身进行价值判断是不可取的。❷

作业负担包括生理负担和心理负担两类。作业的生理负担是指在作业过程中，受作业的数量、作业的时间等方面的影响，个体所产生的完成作业的劳累程度。作业的心理负担是指在做作业的过程中，个体感知到了作业这个压力源对个体的各种要求、威胁，进而产生的压力。❸

对心理负担的理解又可分为心理压力和情绪体验，形成了心理压力取向和学业情绪取向两类代表性的观点。

心理压力取向主要是从心理压力发生机制的角度来了解作业心理负担。拉扎勒斯（R. S. Lazarus）和福克曼（S. Folkman）在 *Stress, appraisal, and coping* 一书中提出的"压力认知交互作用模型（cognitive appraisal theory of stress）"是压力认知理论中的经典理论。该理论指出心理压力过程由四个基本环节构成，即潜在压力源（stressor）、对潜在压力源的认知评价（cognitive

---

❶ 施铁如. 学业负担模型与"减负"对策 [J]. 教育导刊，2002（Z1）：42-45.
❷ 胡惠闵，王小平. 国内学界对课业负担概念的理解：基于500篇代表性文献的文本分析 [J]. 教育发展研究，2013（6）：18-24.
❸ 郑东辉. 中小学生作业负担之轻与重：课堂评价的解读 [M]. 上海：华东师范大学出版社，2017：23.

appraisal）、应对（coping）和压力反应。[1]

人们一般也将压力源、认知评估和焦虑反映视作压力的三个重要组成部分。其中压力源（stressor）即压力来源，是指那些外部可能对个人造成威胁和伤害的潜在因素；认知评估（cognitive appraisal）是指个体面对压力源时在个体内部对压力源进行的认识过程，即如果个人认为面对的刺激或情境，对于个人确实有所威胁时即构成压力，但如果认为是种解脱或乐趣而不是威胁时则不构成压力，此历程即为认知评估；焦虑反应（anxiety reaction）是指个人意识到生理的健康、身体的安全、心理的安静、事业的成败或自尊的维护，甚至自己所关心的人等正处于危险的状况或受到威胁时所做的反应。

从压力所产生的作用来看，压力也可分为正性压力（eustress）和负性压力（distress）。正性压力可以使个体产生一种愉快、满意的体验，具有挑战性，可以促使个体的成长和职业的发展。负性压力可以使个体产生一种不愉快、消极痛苦的体验，具有阻碍性。

可见，作业负担具有一定的复杂性。从心理视角审视，作业负担有不同的理解和构成。但总体而言，大部分研究更多地从心理压力的视角审视作业负担，并且认为适当的作业负担和学生的学习是有益的，但负面和过度的作业负担则不利于学生的学习。

二、作业负担的特点及影响

学业负担的客观层面（客观性表现在，一定的学业负担是学生完成学习任务所必须的）学习必然面临着承载生理、认知、情感层面负担及由此带来的生命消耗。因此，作业负担是必然存在的。适当的负担有利于促进学生的学习。一般而言，作业负担是一个具有多重特点的综合体。受到个体学习态度、认知能力、学习环境、学习期望等主客观因素的影响，不同个体对同一作业的感知以及同一个体在不同情境下对作业负担的感知是变化着的。

一方面，作业负担具有鲜明的主观性和个性化的特点，即不同主体对于

---

[1] Biggs A, Brough P, Drummond S. Lazarus and Folkman's Psychological Stress and Coping Theory [M]. John Wiley & Sons, Ltd, 2017.

相同的学习任务所感受到的压力值不一。每位学生的发展水平、学习能力和学习动机等各不相同，这使得即使是面对相同的作业内容，不同的学生对该作业的感知也各不相同。其中，学习态度端正、学习期望适切、学习目标明确、学习策略丰富的学生，有较高的学业负担承受限阈，[1] 其可能在作业活动中往往会感觉到作业相对容易。

另一方面，作业负担具有动态变化的特点，即同一主体在不同时空维度对同样的学习任务所感受到的压力值不一。作业活动在很大程度上受学生学习情境的影响，在舒适的外部环境和有支持性的学习环境中，学生往往会具有较好的作业效能感，这会导致学生面对相同的作业任务，在此情境下会更好地进行完成。而在噪杂、温度变化较大、饥渴、压力过大以及缺乏求助的环境下，学生往往会降低作业效能感，从而感觉到作业压力增加。

作业负担的这一特点要求我们在认识作业负担和进行作业负担测评的过程中，不能以某个横断面进行调查，这样的调查结果往往具有片面性。而应该在一个时间段持续地进行调查，通过学生一个时间段内的作业负担情况来更客观地反映学生的作业负担现状。

作业负担过重是学生学业负担过重的一种重要表现，可能给学生带来身体、心理以及学习等方面的不良影响。

第一，作业负担过重可能会影响学生的全面发展。学生的时间被占用过多，无法有足够的时间完成其他活动。比如学生需要花费大量的时间来完成作业，导致他们很少有时间玩耍、睡觉或者与家人和朋友交往。

从机会成本的视角审视，学生为了完成作业牺牲了发展自己其他能力的机会。机会成本（opportunity cost）是指企业为从事某项经营活动而放弃另一项经营活动的机会，或利用一定资源获得某种收入时所放弃的另一种收入。另一项经营活动应取得的收益或另一种收入即为正在从事的经营活动的机会成本。

从时间社会学视角审视，作业活动占据了学生的时间，或者是通过作业活动对学生的时间进行了控制。时间是一种共识性的社会经济产物。传统社

---

[1] 全晓洁. 教师认知学业负担的逻辑理路及优化策略 [J]. 教育理论与实践，2017，37（20）：49-52.

会中的时间往往呈现出模糊性、永恒性、宗教性、循环性、地方性等特质。现代社会中的时间则呈现出高度的精确化、理性化、线性化、稀缺性、普遍性等特征。很多研究将资本主义的发展视作时间从传统到现代转变的重要根源。齐美尔认为，现代社会中的人际关系被货币的逻辑所支配，市场化具有令时间与空间转变为商品的力量。马克思指出，时间是对劳动量的一种衡量、时间是一种稀缺的资源。哈萨德指出，时间＝金钱＝资源＝商品。福柯在《规训与惩罚》中指出，时间是规训身体的重要手段，主要体现在对社会成员活动的安排中。作业活动需要占据学生的大量时间，特别是课后作业，学生需要在家完成，这帮助学校和教师对学生实施"控制"，使其在课外和校外仍然要按照学校和课堂的"规训"完成相应的任务。

第二，作业负担过重可能会影响学生的学习情感。过重的作业负担会导致学生感到学习压力过大，长期处于这种学习压力下，学生的学习兴趣、学习感受、学习动机等可能会受到负面影响，甚至还可能导致学生出现焦虑和抑郁等心理问题。

过重的作业负担往往容易导致学生在完成作业时出现劳累、烦躁和受挫等感觉，从而对作业产生排斥情绪。尽管国家出台的相关政策规定了作业时间限制，但实际上小学生完成作业的时间往往在一个小时以上，高中生则在三小时左右，这往往导致学生感觉完成作业很累。更重要的是，有部分作业内容难度过大，远远超过学生的能力范围，学生在此情境下会出现完成作业的愿望和能力不足之间的矛盾，这可能引发学生的内心烦躁。特别是当学生通过努力没有解决问题时，更容易引发学生的受挫情感。

偶尔出现这样的情况，学生可能会认为是自己上课没有学会相关内容，从而在后续的学习中注重课堂学习效率的提升。但长期处于这样的情境，学生则可能会对自身的学习能力产生质疑。"为什么有的同学可以做出来而我不能？""老师布置的作业是任务一定是我们应该掌握的内容，而我不能完成说明我没学会。"在这样的质疑下，学生的学习兴趣和学习动机会受到极大的挫伤，负面的学习感受会占据主导地位。长此以往，学生可能会因此难以接受这种现状或者是因长期的挫败影响，引发学生的焦虑甚至抑郁等问题。

第三，作业负担过重可能影响学生作业的自主性和创造性。作业内容过于机械是作业负担的重要成因之一，学生在这样的作业任务的引领下，按部就班地进行作业任务的完成，很少有自主规划学习任务的机会，也很少有创造性地完成作业的机会。

机械性和重复性的作业是中小学作业的常见样态。许多教师没有精力或者是没有能力进行个性化和创造性的作业设计，只是照搬教科书和教辅资料上的作业任务为学生布置作业。而这些内容设计的主要目的往往是通过知识应用提升学生对相关知识和技能掌握的深度和灵活度。而作业任务是频繁的，教学进度又导致教师不能布置新的内容，于是教师只能换取一份教辅资料选题让学生完成。这导致了重复性的作业。在这种作业环境中，学生往往疲于应付完成作业内容，很少有机会进行作业内容的选择和作业进度的自主计划。同时，这类型的作业往往只是让学生将所学知识在一种较为简单的情境中进行直接应用，对学生的创新思维要求有限。即使有部分作业任务会对学生的创新思维提出要求，但这也是在一定的限度内。比如要求学生按照课堂的思路进行，或者是以本学科的视角审视。于是，学生在作业任务的驱使下，只需按照顺序进行作业问题的解答，无须自己进行作业进度等问题的考虑，也不需对相关问题进行深入思考，只需按照要求解答即可。

第四，作业负担过重可能会影响学生的身体健康。长时间的完成作业需要学生长时间地在固定座位上保持固定的姿势。这往往容易引发学生的视力问题和姿势不良等身体问题。更重要的是，学生在完成作业的过程中丧失了户外活动和锻炼的时间和机会。

当前，大部分中小学的座椅是相同尺寸的，不同身高、体重和体型的同学坐着相同的桌凳。正如不同发展水平和不同学习兴趣的学生要面对标准化的作业一样。教育成了人去适应物，而非物为人服务。学生到家后仍然需要继续在座位上完成作业，尽管家里的作业环境可能会比学校好一些，但仍然需要较长时间在灯光下完成作业。久坐可能导致学生身体僵硬，长时间地在灯光下读写往往会影响学生的视力。对于坐姿不良的学生，这可能引发学生的身体发育和视力问题。而且学生放学时间较晚，即使是小学生也往往在下午六点以后才结束课后服务，回家完成作业加上吃饭，几乎就到了洗漱和睡觉时间了。学生缺乏足够的户外运动，根本没有时间去持续进行田径或球类运动，因此大部分学生也没有养成运动的习惯和爱好。即使有的家长会为孩子报周末的体育训练班，但其周期过长，也往往局限于进行体育技能的训练。体育习惯应该是像睡觉、吃饭一样的普及，但学生忙于作业，甚至连晚上散步的时间都很难抽取出来。

第五，作业负担过重可能会影响学生的学业诚信。作业内容过多和过难往往会影响学生的学习效能感，许多学生要么会知难而退不去尝试解决问题，要么只会通过抄袭作业等手段进行消极应对，这可能引发学生的学业诚信问题。

作业是一项课外学习活动，与课堂教学不同的是，学生需要在没有教师辅助的情况下完成学习任务。这往往导致学生在作业活动中会出现更多的学习求助的需求。然而，作业活动却又是在课堂教学之外进行的，课后服务阶段尚且可能有教师的支持，而在家作业则很难直接得到教师的指导和帮助。家长所能提供的帮助也会受到许多诸如与教师教学方法不同、思维方式不同等条件的限制。这使学生在一定程度上难以获取有效的帮助。特别是对于部分自制能力不强又缺乏有效监管的学生，他们可能会用不适当的手段完成作业。比如，通过抄写作业材料附带的答案、通过做题软件扫描获取答案并抄写，甚至抄袭同学的答案等途径应付性地完成作业。作业完成的过程教师并不清楚，学生获取答案的途径教师也难以清楚地了解，这导致教师往往只关注作业结果。于是部分"作弊"的学生往往能蒙混过关，甚至还能获得教师的表扬。这也可能在一定程度上激发学生继续"作弊"的动机。

三、作业负担的成因

作业问题背后所代表的是不同群体对什么是好的教育的实际价值的冲突与撕裂，也代表了在目前这个社会家长或者社会群体对教育作为重要的社会流动制度的紧张与在意程度。[1] 作业问题不仅仅是作业内容或作业数量等作

---

[1] 陈霜叶，柯政. 从个人困扰到公共教育议题：在真实世界中理解中小学生课业负担［J］. 全球教育展望，2012，41（12）：15-23.

业自身的问题，从生态系统的视角审视，作业负担的诱因是多方面的。

首先，作业负担是与教学评价紧密联系的。评价具有导向作用，学校的教学活动指向教育行政部门以及社会对学校的评价，而教师的教学活动也指向学校和社会对教师的评价。尽管"培养全面发展的人"是被公认的教育教学目标，但由于教育评价的窄化导致教育行政部门往往以标准化考试的成绩作为对学校评价的主要方式。因为对于学校而言，硬件条件和师资等都是政府部门配置的，学校的主动权有限。而校本课程开发、课堂教学改革看起来轰轰烈烈，又没有合适的评价标准。唯一能比较"客观"地对学校评价的方式便是采用标准化的考试，用同一尺度去衡量各个学校以反映其教学质量。于是学校努力通过各种途径提升学生在标准化考试中的成绩。在此情境下，学校评价教师的的标准也与学生的成绩相联系。在期末考试、升学考试中学生获得较高成绩的教师也会"师凭生贵"地被授予各种荣誉和提供各种发展的机会。相应的，教师自然在众多教育教学目标中，更加注重发展学生应试方面的能力。于是课堂教学成了传授考试技能的活动，教学内容紧密围绕"考纲"，学生活动主要表现为是做题。在作业活动中，作业内容也自然成为与考试内容高度相关和相似的题目，作业时间方面也往往被建议进行"限时"，作业评价也成为打分和评级，作业讲解成为帮助学生对所学知识查缺补漏的活动。更为重要的是，为了实现作业活动功能的最大化，作业内容被更大程度地"扩容"。教师认为学生的作业时间较长而为学生布置较多的作业以防止学生"浪费时间"，而在各科教师的任务叠加下，学生的作业时间往往会超过教师的预计作业时间。学生的休息时间被大大压缩，个人时间被作业时间占据。于是在课后和假期，学生往往需要花费大量的时间去完成作业。

其次，作业负担与教师的作业设计素养有关。教师的作业素养包括教师的作业观和作业设计等要素。一方面，教师的作业观决定着教师作业设计的取向。作业本来是一种供学生进行知识巩固和技能训练的载体，是学生课外进行学习活动的机会。如果教师将作业视为促进学生个性化学习的活动，那么教师在作业设计中便会注重作业内容的选择性和作业形式的多样化。而如果教师将作业活动视为是提升学生的"应试"技能的话，教师在作业设计中便会以考试题目为作业任务，并通过反复训练的方式帮助学生形成固定的反映模式，并努力提升学生作业的速度和作答的精确度，以帮助学生能在考试中取得更好的成绩。另一方面，教师的作业设计能力影响着作业设计的质量，进而影响学生的作业负担是否过重。比如在日常教学中，教师由于未能准确、恰当地把握课程标准和考试大纲中的各种学习目标而随意甚至故意将那些较为中、低层的学习目标升格为高层学习目标，从而导致教与学以及作业难度的增加。再比如对于同样的任务，如果用不同的形式表现则往往为学生带来不同的感受和体验。但许多教师长期习惯和擅长设计文本式和问题式的作业任务，难以结合项目学习等形式进行作业设计，这也在一定程度上影响了作业对学生的吸引力，从而导致学生的作业负担加重。

再次，家长是学生作业负担的重要来源。家长是重要的教育主体，对于学生来说，家长在教育中对其的影响不亚于学校和教师的影响。这种影响一般表现为心理影响和任务影响两方面。在学习心理方面，家长往往通过言传身教为学生提供学习观、价值观等方面的影响，进而影响着学生的学习心理。家长往往会结合当前教育评价的需求要求学生进行考试成绩的提升，甚至家长更关注学生在班级和学校的排名，以此为依据对学生的发展水平进行判断。这导致学生陷入与同学无限竞争的旋涡中，无论成绩再高都不过分，自己必须努力，和班级的同学竞争、和本校的学生竞争、和本省的学生竞争、和全国的学生竞争。这导致学生的学习压力增大，而且很难获得学习的成就感。在任务影响方面，家长的焦虑转移到了学生身上，导致学生的作业量剧增。这种由家庭焦虑而引致的教育行为及预期已经远远超出学习本身，这些预期还肩负着家庭阶层跨越或流动等更为重要和敏感的重任。❶ 无论是家长想将自身的社会资本传给子女，还是家长想让子女实现阶层的跨越，都需要尽自己的努力为孩子提供更多更好的资源，而这种资源需要转化为社会评价孩子的相应资本才能直接起到效果。简单说来，家长懂得了只要帮助孩子在高利害考试中获得较好的成绩，孩子便有较大的可能获取更多的社会资源。所以家长会结合高利害考试的要求，为学生提供更多的学习和训练的机会。而通

---

❶ 韩映雄. 学生学业负担指数模型构建与应用 [J]. 教育发展研究, 2018, 38（10）: 20-26.

过增加作业量让学生进行更多的训练是一种常用的方式。因此，家长认为无论孩子做再多的作业都是应该的。但家长布置任务的方式比较简单粗暴，往往是通过购买教辅资料或者是为学生报网课的形式出现。家长只需投入一定的金钱。完成学习任务的责任便落到了学生身上。因此，从家长角度来说，导致学生作业难度和作业时间增加的主要途径是给学生安排基于提前学习目的的高难度和额外的作业任务，或是因学生在校外培训机构学习而产生的额外作业。应该说，家庭焦虑才是当今我国中小学生学业负担增加的真正罪魁祸首。

最后，作业负担与学生个体的发展水平及特点有关。学生方面作业负担主要由学生客观承受的作业量和学生个体的心理承受能力相关。当学生承载的学习时间和任务超过了其身心承载能力就表现为一种负担。作业量过大和作业难度过大是导致学生作业负担过重的主要原因之一。就作业的客观属性而言，可能教师布置的作业量会过大，占用学生较长的时间，或者是教师布置的作业难度较大导致学生在作业过程中举步维艰从而影响学生的作业进度，这都会引发学生身心方面的倦怠，造成学生的作业负担。学生的心理承载能力是有限的，尽管每个学生的心理承载能力各不相同，但都存在一定的阈值。一旦教师和家长布置的作业超过这个阈值，学生则会明显感觉到力不从心。而作业数量越多、作业难度越大，这种感觉越明显，学生的作业负担也更重。作业负担的另一种成因是学习个体在主观上感受到学习负荷过重而产生负面情绪体验，导致身心受损。[1]对于感兴趣的任务，学生哪怕是投入再多的时间、付出再多的努力也不会将其视为负担。比如玩游戏，由于许多学生对这种活动感兴趣，哪怕花费几小时也感觉不到累，哪怕其任务对自己的挑战再大都愿意一次次地尝试突破。因此，作业负担具有一定的主观性。同时，作业负担也具有一定的个体性，这与学生的学习水平、学习能力有关。同样的作业任务对于学习水平较高、学习能力较强的学生而言，其作业负担相对较小，而对于学习水平较低、学习能力较为薄弱的学生而言，其作业负担可能会相对较高。

---

[1] 艾兴. 中小学生学业负担：概念、归因与对策——基于当前基础教育课程改革的背景 [J]. 西南大学学报（社会科学版），2015，41（4）：93-97.

总的说来,作业负担是由多种因素共同形成的,如果没有平衡和良好的管理,就容易对学生的身心健康造成负面影响。因此,需要全社会共同努力来减少学生的作业负担。值得注意的是,"负担"不仅是可以感受的,而且带有鲜明的个体差异性。体验是主观的,消耗(生理、心理、时间)则是客观的。成长需要合理的负担,减负的实质在于寻求合理的学习负担。[1]

四、作业负担的影响因素及测评

作业负担的来源多样,且具有个性化的特点,这导致了作业负担测评的复杂性。结合学业负担的测评经验,有研究者认为学业负担的测评要针对某个具体的承担者,从其认知、情绪、行为三方面入手,准确把握"学业负担的轻重程度"。具体来说,学业负担过重的学生在认知上表现为认知疲倦,呈现出认知功能弱化的状态。例如,对新事物反应迟钝、注意力不集中、记忆力下降、思维僵化等,在情绪上表现为失落羞愧、焦虑紧张、痛苦绝望;在行为上表现为容易悲观失望、退缩逃避、缺乏信心、学习自觉性差、坚韧性差和自制力差,甚至对学习持回避、放弃和抵抗态度。因此,立足于学业负担的个体性、具体性和独特性,因人而异、因时而论,才能真正准确判断每个学生的学业负担程度。[2]

教育部明确提出将学生课业负担的监测和评价作为中小学教育质量综合评价体系的主要内容之一,并设计了中小学生学业负担的评价指标体系(表1-2)。

表1-2 中小学教育质量综合评价指标框架(学业负担部分)

评价内容	关键指标	指标考查要点
学业负担状况	学习时间	学生上课时间、作业时间、补课时间、睡眠时间等。
	课业质量	课程教学、作业和考试(测验)的有效程度以及学生的感受和看法。
	课业难度	课程教学、作业和考试(测验)的难易程度以及学生的感受和看法。
	学习压力	学生在学习过程中表现出的快乐、疲倦、焦虑、厌学等状态。

---

[1] 肖建彬.学习负担:涵义、类型及合理性原理[J].教育研究,2001(5):53-56.
[2] 全晓洁.教师认知学业负担的逻辑理路及优化策略[J].教育理论与实践,2017,37(20):49-52.

该体系从学习时间、课业质量、课业难度和学习压力四个方面对学生的学业负担进行评价,并指出了指标考查要点。

也有学者基于其他视角对学业负担进行审视,提出了自己的作业负担测评体系。比如张锋等(2004)基于态度的认知、情绪和行为三个维度建构了测评中学生对待学习负担态度的量表。[1] 其中在认知维度方面,主要测查学生对学业负担轻重程度的认识和评价;在情绪维度方面,主要测查学生因学业负担引起的情绪体验;在行为维度方面,主要考查学生面对学业负担的行为策略。维度划分及相关因素如表1-3所示。

表1-3 中学生学业负担态度的维度及相关因素

维度	因素
认知	对课业量的认知
	对教学方式与考试制度的认知
	对课业难度的认知
	对考试排名的认知
	对家长期望的认知
情感	学习兴趣
	学习焦虑
	减负后的情绪体验
	对课业量的情绪体验
行为	学习的主动性
	学习的适应性
	学习的计划性
	学习的承受性

也有学者对作业负担中的个别因素进行了研究。比如文剑冰(2012)基于文献分析法考查了个体层面课业任务主观感受的影响因素,并建构了一个影响学生课业任务感受的主要个体非智力因素的分析框架(见表1-4)。[2]

---

[1] 张锋,邓成琼,沈模卫. 中学生学业负担态度量表的编制[J]. 心理科学,2004(2):449-452.
[2] 文剑冰. 课业负担的个体层面变量研究综述[J]. 全球教育展望,2012,41(12):24-30.

表 1-4 影响学生课业任务感受的主要个体非智力因素

维度	知	情	意
自我系统	学业自我概念	—	心理承受力
学生角色	对家长、教师期望的感知	师生关系 家庭氛围	—
学习任务	学习自我效能感	学习兴趣	学习习惯和方法

许多学者探究了学业负担和学生成绩的关系。有研究者认为学业负担的感受和学生的成绩有显著负相关。也有学者指出学生学业负担感受与学生成绩关系曲线基本呈倒"U"形，即成绩较高和成绩较低的学生负担感较低，成绩中等的学生负担感最重。[1]

作业负担是学业负担的一个组成部分，因此学业负担的相关模型和要素可以为作业评价所借鉴。但在其体系建构及要素获取时应考虑到作业的情境、影响因素等，使其体现出作业的特点。

在作业负担的评价方法方面，学者们一般采用量化和质性相结合的方法进行。主要方法及应用特点如下。

（1）文献分析法，即通过检查迄今为止所发表的关于学生作业负荷的专业研究来衡量负荷。这类研究将数据收集和调查结果聚合到特定的公式或方程式中，以确定标准化的作业量程。

（2）时间测量法，即通过记录每天的作业用时以及每周的作业量，以便查看学生是否超负荷。

（3）自我描述法，即让学生描述他们在完成作业时的感受（如是否感到焦虑、疲倦等），以了解作业对学生的影响。

（4）家长问卷法，即通过家长填写问卷了解学生是否有太多的作业，以及作业对他们的生活和身心健康的影响。

（5）访谈法，即与学生进行面对面的访谈以了解他们认为作业负担的程度以及作业负担对他们的影响。

---

[1] 汤林春，傅禄建．课业负担与学业成绩关系的实证研究［J］．上海教育科研，2007，No. 242 (12)：32-36．

相对权重法，即为评估特定课程的作业数量与对该课程的学术重要性之间的比例，通过这个比例，可以确定一个"权重"，以区分作业的重要性并相应地考虑时间和资源。

五、作业负担的消减思路

作业负担可以从心理压力的视角去审视。

就心理压力而言，压力源往往是客观存在着的，面对相同的压力源个体的反映往往会有所不同，这说明面对压力源的认知评估起着重要的中介作用。姜福斌等（2022）基于压力认知评价理论，对个体面对压力源时的应对过程进行了探讨。❶ 其中应对过程可以分为聚焦问题的应对和聚焦情绪的应对两部分，如图1-1所示。

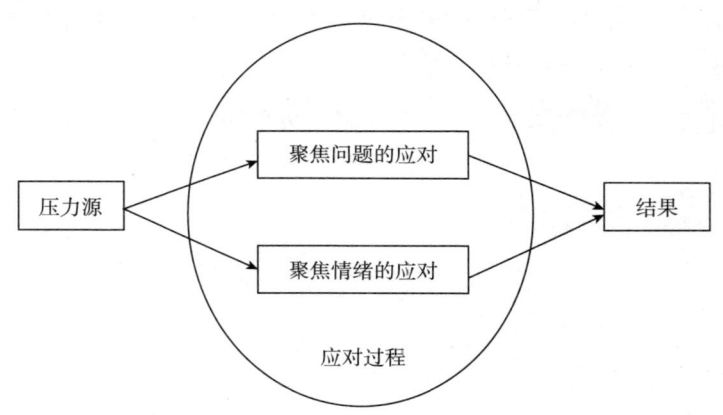

图1-1 个体面对压力源的应对过程

聚焦问题的应对方式即试图通过积极行为降低压力源的影响，既可以从外部入手，努力改变或降低压力源的要求，也可以从内部入手，提升自身应对压力源的能力（Kahn et al.，1964）。比如，在减轻学生作业负担的过程中，一方面可以从作业设计者的角度出发，减少作业量和减少作业难度，通过"改变环境要求、障碍、资源和程度"来改变压力源，以降低压力源的威胁

---

❶ 姜福斌，王震. 压力认知评价理论在管理心理学中的应用：场景、方式与迷思［J］. 心理科学进展，2022，30（12）：2825-2845.

程度。另一方面，个体也可以提升自身能力从而更有效地应对压力源。Kahn 等（1964）将其称为指向自我的应对策略。在减轻作业负担方面，可以通过提升学生的作业兴趣、作业效能感等提升学生对作业负担的应对能力，从而降低压力源对其造成的威胁。

聚焦情绪的应对方式即通过认知努力减少负面情绪的过程，可以采用回避、疏远、从消极事件中寻找积极价值等方式在不改变客观情况的前提下调整自己对压力源的解读（Lazarus & Folkman，1984）。对学生而言，多数作业负担的压力源都是不可控的，采用聚焦情绪的应对策略可以使学生在作业活动过程中从心理上获得安慰和补偿。比如可以通过提升学生的学习兴趣以缓解作业任务带来的心理压力。还可以为学生设计可选择性的作业以提升学生的参与感和主体性，从而激发学生完成作业的责任感。同时，许多地区正在实施的"作业熔断"机制也是缓解作业压力的一种途径，即学生或家长感觉完成作业的时间或者是作业的难度超过了学生的心理承受阈值后，可以放弃完成作业来对学生的学习心理和身体进行保护。

第二章 小学生作业负担的测评

第一节 学生作业负担测评工具的开发

减负反弹现象的出现根植于政府治理行动与思维的不健全,具体表现在:当社会大众呼吁减负之时,出台减负文件便成了不得不做的工作,至于政策的效用如何,没有任何的测评体系予以评估。❶ 可见要做好作业负担的监管和缓解工作,首先要建构相关测评体系和测评工具。这是了解作业负担的前提条件。

基于作业负担的现有研究,本研究假设作业负担的压力源来自作业的数量、难度和形式等。而该压力源对学生个体形成的压力程度与学生个体的性别、年龄、学习兴趣、与教师关系等有关。作业负担的表现则主要可以通过学生对作业数量、作业难度、作业兴趣等方面进行测评。基于此,本研究进行了调查问卷的编制、发放与检验。

一、问卷的编制与发放

(一) 问卷的编制

本研究参考相关文献中作业负担的划分维度、影响因素以及部分作业负担的调查问卷编制了"小学生作业负担测评问卷"。问卷分三部分。第一部分是基本信息,包括年级、性别等信息;第二部分是作业情况,包括作业时间、作业内容和形式等信息;第三部分是作业负担情况,主要包括学生对作

---

❶ 杨柳,张旭. 新中国成立以来我国"减负"政策的历史回溯与反思 [J]. 教育科学研究,2019 (2):13-21.

业数量、难度等的感知信息。

1. 基本信息

第1题：你当前就读的年级是？

本题的设计意图是了解学生当前所处的年级。年级是本研究的一个自变量，本研究假设作业负担与学生所处的年级相关。本题为单选题，选项为1~6年级六项。

第2题：你的性别是？

性别是常见的生物学变量之一，设计该题的原因是本研究预设性别也是影响学生作业负担的因素之一。本题为单选题，选项为男、女两项。

第3题：我的语文成绩（满分100分）一般在？

第4题：我的数学成绩（满分100分）一般在？

语文和数学是小学的两门主要科目，贯穿1到6年级。所以本研究主要调查学生的语文和数学成绩，意图探究成绩与作业负担的关系。由于考试性质不同，考试未必是百分制，所以本研究主要调查百分制下学生的学习成绩。这两题均为单选题，选项均为95~100分、90~94分、85~90分、85分以下四项。

第5题：我最喜欢的科目是？

本研究预设学生对学科的学习兴趣会影响相关学科的作业负担，所以本题意在调查学生最喜欢的学科情况。由于小学的科目主要涉及语文、数学、英语、道法、科学，体育和美术等科目统一设定为其他。本题为单选题，选项为语文、数学、英语、道法、科学、其他六项。

2. 作业情况

第6题：老师布置语文作业比较多的形式是？

语文是小学学习的主要科目，几乎每天都会布置作业，一般以做题、抄写、朗读背诵等形式为主。设置本题意在了解语文学科的作业形式对语文学科作业负担的影响。本题为多选题，选项为做题、抄写、写作、朗读背诵、手抄报、其他六项。

第7题：老师布置数学作业比较多的形式是？

数学是小学学习的主要科目，几乎每天都会布置作业，一般以做题、抄写、实践活动等形式为主。设置本题意在了解数学学科的作业形式对数学学科作业负担的影响。本题为多选题，选项为做题、抄写、实践活动、其他四项。

第 8 题：老师布置英语作业最多的形式是？

英语是小学学习的主要科目，研究对象所在学校从一年级便开设英语课程，其作业一般以做题、抄写、背诵等形式为主。设置本题意在了解英语学科的作业形式对英语学科作业负担的影响。本题为多选题，选项为做题、抄写、背诵、其他四项。

第 9 题：我作业的完成时间是？

时间一般被作为是影响作业负担的一个重要因素。当前研究对象所在学校都开设了课后服务，被称为"晚辅"。本题意在了解学生完成作业的时长。在前期了解中，发现部分学生能在第一节晚辅完成作业，一部分学生需要在第二节晚辅才能完成，还有一部分学生需要回家继续完成作业。本题为单选题，选项为到第一节晚辅能完成、到第二节晚辅能完成、放学后还需要回家完成三项。

第 10 题：你感觉周一到周四哪科作业最多？

第 11 题：周末哪科作业最多？

研究对象所在学校实行双休制，周一到周四的作业可以看作是"平时作业"，而周五的作业可以看作是"周末作业"。由于允许完成作业的时长和环境不同，作业数量和形式往往存在着差异。比如周末作业中往往会有"新闻述评"等作业。这两题意在了解学生的作业数量情况。第 10 题为单选题，选项为语文、数学、英语、道法、科学、其他六项。第 11 题为单选题，选项为语文、数学、英语、其他学科四项。

第 12 题：你感觉哪科作业最难？

作业难度是作业负担的又一个重要影响因素。本题意在了解学生所感觉到的具体学科作业的难度，将其作为一个因变量。本题为单选题，选项为语文、数学、英语、道法、科学、其他六项。

第 13 题：你喜欢哪些类型的作业？

作业类型也在一定程度上影响着作业负担。本题意在通过了解学生喜欢的作业类型，将其与当前出现频次较多的作业类型进行比较，从而发现其对作业负担的影响情况。本题为多选题，选项为做题、朗读背诵、手工制作、绘画、写作、其他六项。

第 14 题：你放学后的时间如何安排？

研究对象所在学校往往会为学生布置家庭作业，即学生回家后仍然会有一定的作业。本题与第 9 题相呼应，如果第 9 题中大部分学生需回家完成作业，那么本题便可了解学生回家后的作业时长。本题为单选题，选项为总是在忙着做作业、做完作业我还有一点玩的时间、作业早早做完剩下属于自己的时间比较多三项。

第 15 题：老师会检查我们作业完成的情况吗？

教师对作业的督促与评价也在一定程度上影响着作业负担。本题意在探究教师督促作业的行为对作业负担的影响。本题为单选题，选项为是、否两项。

第 16 题：在家家长会检查我的作业吗？

家长对作业的督促与评价也在一定程度上影响着作业负担。本题意在探究家长督促作业的行为对作业负担的影响。同时本题也可以了解家长对学生学习的关心程度。本题为单选题，选项为每天都检查、有时会检查、不检查三项。

第 17 题：家长会在周末为我安排哪些培训内容？

本题意在了解家长在周末为学生安排的培训内容，从中探究家长对学生文化类学习和特长类学习的关心程度，同时了解学生潜在的作业来源。本题为多选题，选项为作文、数学、英语、舞蹈类、体育类、音乐类、美术类、其他、不参加培训九项。

第 18 题：回家后老师布置的这些科目的作业我需要通过打卡的形式完成？

打卡是学校或教师督促学生在家完成作业，特别是需要在家长辅助下完成作业的一种活动。这可以在一定程度上了解学生回家后是否还有作业，哪些科目的作业更容易作为学校（教师）和家长共同督管的作业。本题为多选题，选项为语文、数学、英语、其他学科、无须打卡五项。

第 19 题：在家完成作业时遇到不会的题我会？

学生的学习效能感和学习方法可能是影响学生作业负担的潜在因素。本题意在了解学生在完成作业的过程中如果遇到问题是否会通过努力完成，并了解其解决问题的途径。本题为多选题，选项为在书上查找、问父母、问同学、上网查、空着等老师讲、其他六项。

第 20 题：在家父母会为我安排的学习内容有哪些？

第 21 题：在家父母会为我安排哪些学习科目？

第 22 题：我完成父母安排的学习内容的时长？

家长为学生安排学习任务是学生作业负担的一个重要来源。"学校减负、家庭增负"是一种常见的现象。为了了解家长为学生安排的学习形式、科目、时长等信息，本研究设计了三个题。第 20 题意在了解家长为学生安排的课外学习形式，该题为多选题，选项为做题、让看网络课程、写作、其他、没安排五项。第 21 题意在了解家长为学生安排的课外学习科目，该题为多选题，选项为 语文、数学、英语、科学、其他、没安排六项。第 22 题意在了解家长为学生安排的课外学习时长，该题为单选题，选项为 30 分钟以内、30 分钟到 60 分钟、60 分钟以上三项。

第 23 题：我上床睡觉的时间在？

学生睡觉时间可以在一定程度上反映学生的作业时长。同时，国家层面出台的许多政策对学生的睡眠时长做了明确规定。本题意在通过了解学生的睡眠时间而了解其是否对作业负担产生影响。本题为单选题，选项为晚上 9：00~9：30、晚上 9：30~10：00、晚上 10：00~10：30、晚上 10：30 以后四项。

3. 量表题设计

作业负担是本研究要了解的重要信息。本部分内容在问卷中以量表题的形式出现，即每个题都采用单选的形式，选项为非常符合、比较符合、一般符合、不太符合、完全不符合五项。这便于通过程度区分作业负担的大小，并便于为各项作业负担的维度赋分从而实现作业负担的量化。

第 24 题：我感觉周一到周四的作业很多。

第 25 题：我感觉周末的作业很多。

这两题意在了解学生所感知的作业数量，仍然按平时和周末分开了解情况。

第 26 题：作业中做错的题我会整理到笔记本上。

本题意在了解学生的作业或者是学习习惯。

第 27 题：在家家长总是催我做作业。

本题意在了解学生作业的主动性。

第 28 题：我希望作业中出现稍微难一点的题。

本题意在了解学生的学习效能感。

第 29 题：我喜欢老师布置的作业。

本题意在了解学生对学校布置的作业的兴趣。

第 30 题：我喜欢家长布置的作业。

本题意在了解学生对家长布置的作业的兴趣。

第 31 题：假如没做完作业我会担心受到老师的责罚。

本题意在了解学生对教师的作业期望的感知情况。

第 32 题：假如没做完作业我会担心受到父母的责罚。

本题意在了解学生对家长的作业期望的感知情况。

第 33 题：我会坚持做完作业再去做学习之外的事。

本题意在了解学生作业过程中所表现出的自律程度。

第 34 题：我觉得作业可以帮助我提升学习成绩。

本题意在了解学生对作业功能的感知情况。

第 35 题：我觉得作业很难。

本题意在了解学生所感知到的作业难度。

第 36 题：我觉得做作业很累。

本题意在了解学生认为作业对自身身心的影响程度。

第 37 题：我因为讨厌作业而不想去学校。

本题意在了解学生对作业以及学习的兴趣情况。

第 38 题：作业中遇到不会的题我会想方设法把它做出来。

本题意在了解学生的学习效能感。

第 39 题：我会安排好我的作业时间。

本题意在了解学生学习的计划性。

（二）问卷的发放与搜集

本研究以晋中市 Y 小学 2~5 年级的学生为研究对象，通过在线发放问卷的形式进行信息采集，通过检查，最后保留 282 份问卷。年级与性别分布情况如图 2-1 和图 2-2 所示。

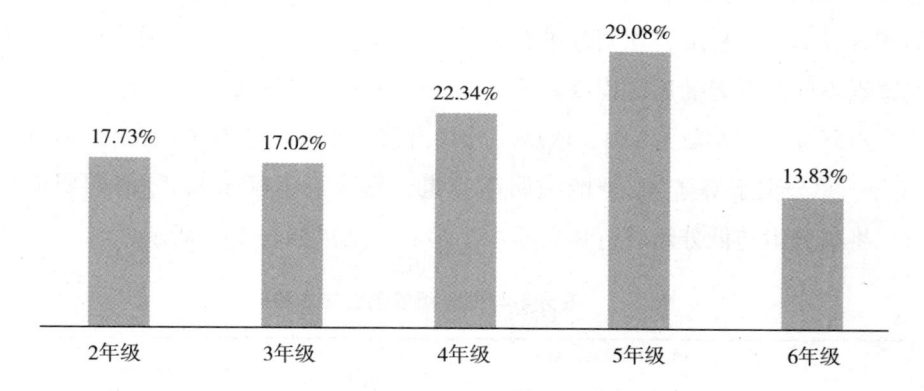

图 2-1 调查对象的年级分布

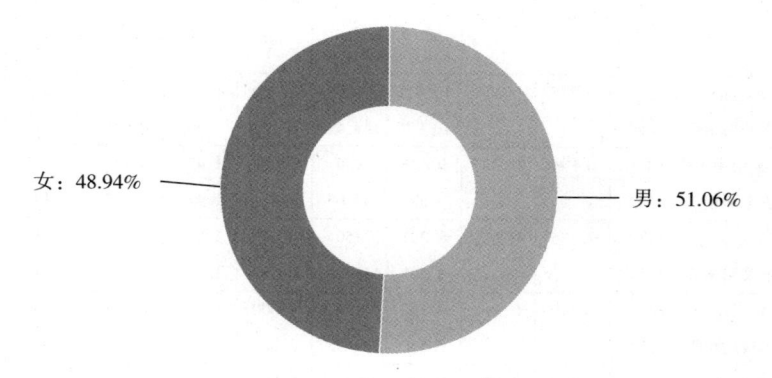

图 2-2 调查对象的性别分布

二、问卷的检验

本部分采用项目分析、信度分析和效度分析等方法对量表的科学性进行检验。将量表题分别编号为 T1-T16，导入 SPSS。

（一）临界比值分析

临界比值（CR）是项目分析中用来检验问卷的题项是否能够鉴别不同被调查者的反映程度的指标。将所有被调查者的问卷得分总和按高低顺序排列，得分前 25%~33% 者为高分组，得分后 25%~33% 者为低分组，算出高低两组被调查者每个题项得分的平均值，计算两者差异的显著性水平，即可得到该题项的 CR 值。如果 CR 值达到显著水平小于 0.05，就表示该题项能够鉴别不同调查者的反应程度，在调查中有意义。显著水平大于 0.05，说明该题项不能鉴别不同调查者的反应程度，该题项在调查中没有意义，应当删除。

本研究的样本数为 282，依据总分找出前 27% 和后 27% 的分界值为 46 和 32 分。总分大于等于 46 分的归属高分组，总分小于等于 32 分的归属低分组。将高分组与低分组进行独立样本 T 检验，结果如表 2-1 所示。

表 2-1 高分组与低分组的独立样本检验

		Levene 的变异数相等测试		针对平均值是否相等的 t 测试						
		F	显著性	T	df	显著性（双尾）	平均差异	标准误差	95%差异数的信赖区间	
									下限	上限
T24	采用相等变异数	0.875	0.351	10.975	150	0.000	1.605	0.146	1.316	1.894
	不采用相等变异数			10.975	149.493	0.000	1.605	0.146	1.316	1.894
T25	采用相等变异数	0.844	0.360	9.696	150	0.000	1.474	0.152	1.173	1.774
	不采用相等变异数			9.696	147.056	0.000	1.474	0.152	1.173	1.774
T26	采用相等变异数	2.175	0.142	8.291	150	0.000	1.592	0.192	1.213	1.972
	不采用相等变异数			8.291	148.894	0.000	1.592	0.192	1.213	1.972
T27	采用相等变异数	0.110	0.740	9.530	150	0.000	1.816	0.191	1.439	2.192
	不采用相等变异数			9.530	149.357	0.000	1.816	0.191	1.439	2.192
T28	采用相等变异数	0.062	0.803	8.379	150	0.000	1.618	0.193	1.237	2.000
	不采用相等变异数			8.379	149.415	0.000	1.618	0.193	1.237	2.000

续表

		Levene 的变异数相等测试		针对平均值是否相等的 t 测试						
		F	显著性	T	df	显著性（双尾）	平均差异	标准误差	95%差异数的信赖区间	
									下限	上限
T29	采用相等变异数	0.149	0.700	11.259	150	0.000	1.684	0.150	1.389	1.980
	不采用相等变异数			11.259	147.996	0.000	1.684	0.150	1.389	1.980
T30	采用相等变异数	0.317	0.574	6.846	150	0.000	1.276	0.186	0.908	1.645
	不采用相等变异数			6.846	149.852	0.000	1.276	0.186	0.908	1.645
T31	采用相等变异数	39.308	0.000	6.361	150	0.000	1.408	0.221	0.971	1.845
	不采用相等变异数			6.361	124.077	0.000	1.408	0.221	0.970	1.846
T32	采用相等变异数	38.614	0.000	5.659	150	0.000	1.276	0.226	0.831	1.722
	不采用相等变异数			5.659	124.869	0.000	1.276	0.226	0.830	1.723
T33	采用相等变异数	37.471	0.000	10.065	150	0.000	1.395	0.139	1.121	1.669
	不采用相等变异数			10.065	115.431	0.000	1.395	0.139	1.120	1.669
T34	采用相等变异数	29.472	0.000	8.689	150	0.000	1.289	0.148	0.996	1.583
	不采用相等变异数			8.689	122.063	0.000	1.289	0.148	0.996	1.583
T35	采用相等变异数	9.143	0.003	14.486	150	0.000	1.961	0.135	1.693	2.228
	不采用相等变异数			14.486	131.753	0.000	1.961	0.135	1.693	2.228
T36	采用相等变异数	19.835	0.000	15.850	150	0.000	2.066	0.130	1.808	2.323
	不采用相等变异数			15.850	117.990	0.000	2.066	0.130	1.808	2.324
T37	采用相等变异数	209.239	0.000	10.029	150	0.000	1.461	0.146	1.173	1.748
	不采用相等变异数			10.029	75.000	0.000	1.461	0.146	1.170	1.751
T38	采用相等变异数	21.775	0.000	11.811	150	0.000	1.671	0.141	1.392	1.951
	不采用相等变异数			11.811	111.862	0.000	1.671	0.141	1.391	1.951
T39	采用相等变异数	27.216	0.000	12.691	150	0.000	1.671	0.132	1.411	1.931
	不采用相等变异数			12.691	101.816	0.000	1.671	0.132	1.410	1.932

可以发现各题项的显著性（双尾）值均在 0.05 以下，T 值均大于 3，说明各个题项均具有良好的鉴别度，故保留所有题项。

（二）信度检验

信度用来检验量表的同质性。统计结果如表 2-2 和表 2-3 所示。Cronbach α 系数在 0.8 以上说明本问卷的信度比较良好，本问卷 Cronbach α 系数为 0.917。

表 2-2 量表总体信度指标

Cronbach α 系数	基于标准化项目的 Cronbach α 系数	项目个数
0.917	0.921	16

表 2-3 量表各题的信度指标

题项	尺度平均数（如果项目已删除）	尺度差异数（如果项目已删除）	更正后项目总数相关	平方复相关	Cronbach α 系数（如果项目已删除）
T24	33.81	150.023	0.683	0.662	0.909
T25	33.59	151.185	0.651	0.660	0.910
T26	33.83	150.288	0.554	0.471	0.914
T27	33.59	148.642	0.576	0.463	0.913
T28	33.61	149.658	0.567	0.421	0.913
T29	33.99	148.060	0.726	0.610	0.908
T30	33.67	153.176	0.517	0.491	0.915
T31	33.02	156.811	0.324	0.298	0.912
T32	33.18	151.394	0.324	0.298	0.908
T33	34.56	152.513	0.659	0.557	0.910
T34	34.52	153.390	0.615	0.543	0.912
T35	34.12	146.185	0.765	0.697	0.907
T36	34.17	145.030	0.790	0.728	0.906
T37	34.70	152.583	0.622	0.529	0.911
T38	34.36	149.635	0.697	0.611	0.909
T39	34.41	149.329	0.737	0.716	0.908

所有量表中任一题项删除后的 Cronbach α 系数均未超过 0.917，这说明各题项的内部一致性较好，量表的可靠性较高。

（三）效度分析

在进行效度分析之前首先要进行 KMO 与 Bartlett 球形检验判断各题项之间能否作因子分析。一般该值如果大于 0.8 则说明适合进行因素分析。此外，巴特利特球形度检验要达到显著。

表 2-4 KMO 与 Bartlett 检验结果

Kaiser-Meyer-Olkin 测量取样适当性		0.911
Bartlett 的球形检验	近似卡方	1321.354
	df	105
	显著性	0.000

由表 2-4 可知,该量表的监测值为 0.911,大于 0.8;Bartlett 球形检验的显著性 $P=0<0.05$,达到 0.05 的显著水平。说明量表各题项之间有共同因素,适合进行因素分析。

采用主成分分析法,结果如表 2-5 所示。

表 2-5 旋转后的成分矩阵

题项	成分			
	1	2	3	4
T33	0.682	—	—	—
T37	0.670	—	—	—
T39	0.651	—	—	—
T34	0.637	—	—	—
T38	0.620	—	—	—
T27	0.536	—	—	—
T25	—	0.847	—	—
T24	—	0.796	—	—
T35	—	0.679	—	—
T36	—	0.605	—	—
T30	—	—	0.759	—
T26	—	—	0.699	—
T28	—	—	0.698	—
T29	—	—	0.615	—
T32	—	—	—	0.922
T31	—	—	—	0.908

提取出的四个因素各个题项的因子负荷值均在 0.5 以上,表示该量表具有良好的结构效度。根据各题项的内涵,将四个要素分别命名为"作业意

识""作业感受""作业效能"和"作业焦虑",以此作为学生作业负担构成的四个维度。其中作业意识对应包含 T33、T37、T39、T34、T38、T27 共六题;作业感受包含 T25、T24、T35、T36 共四题;作业效能包含 T30、T26、T28、T29 共四题;作业焦虑包含 T32、T31 共两题。

(四) 各维度的内部一致性检验

进一步对各个维度的内部一致性进行检验。

第一个维度是作业意识,其中包含 T27、T33、T34、T37、T38、T39 六个题。本维度的内部一致性检验结果如表 2-6 和表 2-7 所示。

本维度的 Cronbach α 系数为 0.870。所有题项中任一题项删除后的 Cronbach α 系数均未超过该值,这说明各题项的内部一致性较好。

表 2-6 本维度总体信度指标

Cronbach α 系数	基于标准化项目的 Cronbach α 系数	项目个数
0.870	0.880	6

表 2-7 本维度下各题项的信度指标

题项	尺度平均数(如果项目已删除)	尺度差异数(如果项目已删除)	更正后项目总数相关	平方复相关	Cronbach α 系数(如果项目已删除)
T33	10.05	14.862	0.566	0.365	0.723
T37	10.27	15.351	0.504	0.268	0.738
T34	10.02	15.462	0.490	0.294	0.742
T39	9.87	14.219	0.637	0.445	0.705
T38	9.82	14.493	0.553	0.339	0.725
T27	9.01	14.334	0.392	0.183	0.780

第二个维度是作业感受,其中包含 T24、T25、T35、T36 四个题。本维度的内部一致性检验结果如表 2-8 和表 2-9 所示。

本维度的 Cronbach α 系数为 0.806。所有题项中任一题项删除后的 Cronbach α 系数均未超过该值,这说明各题项的内部一致性较好。

表 2-8 本维度总体信度指标

Cronbach α 系数	基于标准化项目的 Cronbach α 系数	项目个数
0.806	0.807	4

表 2-9 本维度下各题项的信度指标

题项	尺度平均数（如果项目已删除）	尺度差异数（如果项目已删除）	更正后项目总数相关	平方复相关	Cronbach α 系数（如果项目已删除）
T24	7.66	8.217	0.595	0.490	0.768
T25	7.45	8.064	0.656	0.525	0.740
T35	8.12	7.924	0.650	0.488	0.742
T36	8.18	7.873	0.586	0.450	0.775

第三个维度是作业效能，其中包含 T26、T28、T29、T30 四个题。本维度的内部一致性检验结果如表 2-10 和表 2-11 所示。

表 2-10 本维度总体信度指标

Cronbach α 系数	基于标准化项目的 Cronbach α 系数	项目个数
0.826	0.732	4

表 2-11 本维度下各题项的信度指标

题项	尺度平均数（如果项目已删除）	尺度差异数（如果项目已删除）	更正后项目总数相关	平方复相关	Cronbach α 系数（如果项目已删除）
T26	7.96	8.234	0.456	0.229	0.704
T28	7.72	8.060	0.501	0.282	0.675
T29	8.06	8.612	0.557	0.336	0.646
T30	7.76	8.250	0.564	0.329	0.638

本维度的 Cronbach α 系数为 0.826。所有题项中任一题项删除后的 Cronbach α 系数均未超过该值，这说明各题项的内部一致性较好。

第四个维度是作业焦虑，其中包含 T31、T32 两个题。本维度的内部一致性检验结果如表 2-12 和表 2-13 所示。

表 2-12　本维度总体信度指标

Cronbach α 系数	基于标准化项目的 Cronbach α 系数	项目个数
0.884	0.884	2

表 2-13　本维度下各题项的信度指标

题项	尺度平均数（如果项目已删除）	尺度差异数（如果项目已删除）	更正后项目总数相关	平方复相关	Cronbach α 系数（如果项目已删除）
31	3.30	2.048	0.792	0.628	—
32	3.49	1.966	0.792	0.628	—

本维度的 Cronbach α 系数为 0.884，这说明各题项的内部一致性较好。

第二节　小学生作业负担的现状分析

本部分将对学生的作业负担情况进行描述性分析、差异性分析和相关性分析。其中描述性分析主要是对作业负担的总体情况以及作业负担的四个维度进行得分情况的分析，差异性分析主要分析作业负担是否会由于年级、性别等变量的不同而呈现差异，相关性分析则主要探究学习成绩等对作业负担的影响等。

一、作业负担的描述性统计分析

（一）作业负担整体情况的描述性统计分析

统计作业意识、作业感受、作业兴趣、作业焦虑四个维度以及作业负担总得分的相关数据，结果如表 2-14 所示。

表 2-14　作业负担整体情况的描述性统计

	N	最小值	最大值	平均数	标准偏差
作业意识	282	1.00	5.00	1.97	0.75194
作业感受	282	1.00	5.00	2.62	0.91478

续表

	N	最小值	最大值	平均数	标准偏差
作业兴趣	282	1.00	5.00	2.63	0.91868
作业焦虑	282	1.00	5.00	3.40	1.34099
总分	282	4.50	20.00	10.61	2.66789
有效的 N（listwise）	282	—	—	—	—

通过数据可以发现其中作业意识的平均分最低，为1.97分，而作业焦虑的平均分最高，为3.40分。这说明学生的作业负担重，作业意识造成的负担最小而作业焦虑造成的负担最大。而且相比其他维度，作业焦虑的标准差较大，这说明学生的作业焦虑得分的波动较大。总体而言，学生作业焦虑的总得分为10.61分，这说明其作业负担居于中等水平。

（二）作业意识维度的描述性统计分析

统计作业意识维度下六个题项的得分情况，结果如表2-15所示。

表2-15 作业意识维度的描述性统计

	N	最小值	最大值	平均数	标准偏差
T33	282	1	5	1.76	1.020
T37	282	1	5	1.54	1.009
T39	282	1	5	1.94	1.048
T34	282	1	5	1.79	1.006
T38	282	1	5	1.99	1.103
T27	282	1	5	2.79	1.384
有效的 N（listwise）	282	—	—	—	—

可以发现其中T37的平均分最低，为1.54分，而T27的平均分最高，为2.79分。这说明作业意识维度中，学生并不排斥或者是讨厌作业，但对家长总催作业的行为比较反感。

（三）作业感受维度的描述性统计分析

统计作业感受维度下四个题项的得分情况，结果如表2-16所示。

表 2-16　作业感受维度的描述性统计

	N	最小值	最大值	平均数	标准偏差
T25	282	1	5	3.02	1.103
T24	282	1	5	2.81	1.137
T35	282	1	5	2.35	1.139
T36	282	1	5	2.29	1.223
有效的 N（listwise）	282	—	—	—	—

可以发现其中 T37 的平均分最低，为 1.54 分，而 T27 的平均分最高，为 2.79 分。这说明作业意识维度中，学生并不排斥或者是讨厌作业，但对家长总催作业的行为比较反感。

（四）作业兴趣维度的描述性统计分析

统计作业兴趣维度下四个题项的得分情况，结果如表 2-17 所示。

表 2-17　作业兴趣维度的描述性统计

	N	最小值	最大值	平均数	标准偏差
T26	282	1	5	2.54	1.334
T28	282	1	5	2.78	1.310
T29	282	1	5	2.44	1.115
T30	282	1	5	2.74	1.187
有效的 N（listwise）	282	—	—	—	—

可以发现其中 T29 的平均分最低，为 2.44 分，而 T28 的平均分最高，为 2.78 分。这说明作业兴趣维度中，学生相对喜欢教师布置的作业，而对难题的喜欢程度较低。但总得来说，学生的作业兴趣的得分比作业感受的得分稍高。

（五）作业焦虑维度的描述性统计分析

统计作业兴趣维度下两个题项的得分情况，结果如表 2-18 所示。

表 2-18 作业焦虑维度的描述性统计

	N	最小值	最大值	平均数	标准偏差
T31	282	1	5	3.49	1.402
T32	282	1	5	3.30	1.431
有效的 N（listwise）	282	—	—	—	—

可以发现其中 T32 的平均分较低，为 3.30 分，而 T31 的平均分较高，为 4.49 分。这说明作业焦虑维度中，来自教师方面的压力比来自家长方面的压力稍大一些。

二、作业负担的差异性分析

（一）作业负担的性别差异分析

作业负担与性别是否相关的假设是否成立呢？从统计结果来看，在作业意识维度，男女生的平均得分分别为 2.0 分和 1.9 分；在作业感受维度，男女生的平均得分分别为 2.6 分和 2.6 分；在作业兴趣维度，男女生的平均得分分别为 2.7 分和 2.6 分；在作业焦虑维度，男女生的平均得分分别为 1.4 分和 1.3 分；在作业负担的总分方面，男女生的平均得分分别为 10.8 分和 10.4 分（见表 2-19）。

表 2-19 群组统计资料

	性别	N	平均数	标准偏差	标准错误平均值
作业意识	1	144	2.0035	0.81566	0.06797
	2	138	1.9312	0.68013	0.05790
作业感受	1	144	2.6372	0.95430	0.07953
	2	138	2.5996	0.87469	0.07446
作业兴趣	1	144	2.6632	0.98117	0.08176
	2	138	2.5851	0.85034	0.07239
作业焦虑	1	144	3.4549	1.38032	0.11503
	2	138	3.3297	1.30061	0.11072
总分	1	144	10.7587	2.84873	0.23739
	2	138	10.4457	2.46532	0.20986

方差同质性的 Levene 检验均未达显著。作业意识（$F=1.661$，$p=0.198>0.05$）；作业感受（$F=0.416$，$p=0.519>0.05$）；作业兴趣（$F=2.369$，$p=0.125>0.05$）；作业焦虑（$F=1.171$，$p=0.280.05$）；作业负担（$F=1.146$，$p=0.285>0.05$）（见表 2-20）。可见，男女同学在作业意识、作业感受、作业兴趣、作业焦虑、整体作业负担几方面的离散情形无明显差别。

表 2-20　独立样本检验

		Levene 的变异数相等测试		针对平均值是否相等的 t 测试						
		F	显著性	T	df	显著性（双尾）	平均差异	标准误差	95%差异数的信赖区间	
									下限	上限
作业意识	采用相等的变异数	1.661	0.198	0.807	280	0.420	0.07231	0.08963	-0.10412	0.24875
	不采用相等的变异数			0.810	274.792	0.419	0.07231	0.08929	-0.10346	0.24809
作业感受	采用相等的变异数	0.416	0.519	0.344	280	0.731	0.03752	0.10914	-0.17733	0.25236
	不采用相等的变异数			0.344	279.451	0.731	0.03752	0.10894	-0.17694	0.25197
作业兴趣	采用相等的变异数	2.369	0.125	0.713	280	0.477	0.07805	0.10953	-0.13756	0.29366
	不采用相等的变异数			0.715	277.238	0.475	0.07805	0.10920	-0.13692	0.29302
作业焦虑	采用相等的变异数	1.171	0.280	0.783	280	0.434	0.12515	0.15986	-0.18952	0.43982
	不采用相等的变异数			0.784	279.921	0.434	0.12515	0.15965	-0.18912	0.43942
总分	采用相等的变异数	1.146	0.285	0.985	280	0.326	0.31303	0.31783	-0.31261	0.93867
	不采用相等的变异数			0.988	277.159	0.324	0.31303	0.31686	-0.31072	0.93678

（二）作业负担的年级差异分析

本研究假设年级影响着学生的作业负担。应用独立样本单因子方差分析探究年级对作业负担各个维度及对作业负担整体的影响，结果如下。

在作业意识方面，2～6 年级的平均数分别是 1.8 分、2.2 分、1.7 分、1.8 分、2.3 分，Levene 的方差同质性检验显著（Levene = 4.350，$p=0.002<0.05$），表示这五个年级的离散情形有明显差别（见表 2-21 和表 2-22）。

经事后比较 HSD 检验发现，作业意识的平均数中，3 年级和 6 年级的作业意识显著高于其他年级，3 年级和 6 年级之间没有显著差异，3 年级和 4 年级之间存在显著差异（见表 2-23）。

第二章 小学生作业负担的测评

表 2-21 描述性统计资料（作业意识）

	N	平均数	标准偏差	标准错误	平均值的 95% 信赖区间 下限	平均值的 95% 信赖区间 上限	最小值	最大值
2	50	1.8367	0.62405	0.08825	1.6593	2.0140	1.00	3.33
3	48	2.2118	0.66377	0.09581	2.0191	2.4045	1.00	3.67
4	63	1.7487	0.63420	0.07990	1.5890	1.9084	1.00	4.00
5	82	1.8943	0.73166	0.08080	1.7335	2.0551	1.00	3.50
6	39	2.3462	1.00028	0.16017	2.0219	2.6704	1.00	5.00
总计	282	1.9681	0.75194	0.04478	1.8799	2.0562	1.00	5.00

表 2-22 变异数同质性测试（作业意识）

Levene 统计资料	df1	df2	显著性
4.350	4	277	0.002

表 2-23 多重比较（作业意识）

因变数：作业意识

	(I) 年级	(J) 年级	平均差异 (I-J)	标准错误	显著性	95%信赖区间 下限	95%信赖区间 上限
Tukey HSD	2	3	-0.37514	0.14676	0.082	-0.7781	0.0278
		4	0.08799	0.13756	0.968	-0.2897	0.4657
		5	-0.05764	0.13032	0.992	-0.4155	0.3002
		6	-0.50949*	0.15516	0.010	-0.9355	-0.0834
	3	2	0.37514	0.14676	0.082	-0.0278	0.7781
		4	0.46313*	0.13915	0.009	0.0811	0.8452
		5	0.31750	0.13199	0.117	-0.0449	0.6799
		6	-0.13435	0.15657	0.912	-0.5643	0.2956
	4	2	-0.08799	0.13756	0.968	-0.4657	0.2897
		3	-0.46313*	0.13915	0.009	-0.8452	-0.0811
		5	-0.14563	0.12168	0.753	-0.4797	0.1885
		6	-0.59748*	0.14798	0.001	-1.0038	-0.1912

续表

	(I) 年级	(J) 年级	平均差异(I-J)	标准错误	显著性	95%信赖区间 下限	95%信赖区间 上限
Tukey HSD	5	2	0.05764	0.13032	0.992	−0.3002	0.4155
		3	−0.31750	0.13199	0.117	−0.6799	0.0449
		4	0.14563	0.12168	0.753	−0.1885	0.4797
		6	−0.45184*	0.14127	0.013	−0.8398	−0.0639
	6	2	0.50949*	0.15516	0.010	0.0834	0.9355
		3	0.13435	0.15657	0.912	−0.2956	0.5643
		4	0.59748*	0.14798	0.001	0.1912	1.0038
		5	0.45184*	0.14127	0.013	0.0639	0.8398
Scheffe 法	2	3	−0.37514	0.14676	0.166	−0.8303	0.0800
		4	0.08799	0.13756	0.982	−0.3386	0.5146
		5	−0.05764	0.13032	0.995	−0.4618	0.3465
		6	−0.50949*	0.15516	0.031	−0.9907	−0.0283
	3	2	0.37514	0.14676	0.166	−0.0800	0.8303
		4	0.46313*	0.13915	0.028	0.0316	0.8946
		5	0.31750	0.13199	0.219	−0.0918	0.7268
		6	−0.13435	0.15657	0.947	−0.6199	0.3512
	4	2	−0.08799	0.13756	0.982	−0.5146	0.3386
		3	−0.46313*	0.13915	0.028	−0.8946	−0.0316
		5	−0.14563	0.12168	0.838	−0.5230	0.2317
		6	−0.59748*	0.14798	0.003	−1.0564	−0.1386
	5	2	0.05764	0.13032	0.995	−0.3465	0.4618
		3	−0.31750	0.13199	0.219	−0.7268	0.0918
		4	0.14563	0.12168	0.838	−0.2317	0.5230
		6	−0.45184*	0.14127	0.039	−0.8899	−0.0137
	6	2	0.50949*	0.15516	0.031	0.0283	0.9907
		3	0.13435	0.15657	0.947	−0.3512	0.6199
		4	0.59748*	0.14798	0.003	0.1386	1.0564
		5	0.45184*	0.14127	0.039	0.0137	0.8899

* 平均值差异在 0.05 层级显著。

在作业感受方面,2~6 年级的平均数分别是 2.7 分、2.9 分、2.4 分、2.4

分、3.0 分，Levene 的方差同质性检验并不显著（Levene = 0.283，$p = 0.889 > 0.05$），表示这五个年级的离散情形无明显差别。（见表 2-24 和表 2-25）

经事后比较 HSD 检验发现，作业感受的平均数中，2 年级和其他年级没有显著差异，3 年级和 5 年级、4 年级和 6 年级、5 年级和 6 年级之间存在显著差异（见表 2-26）。

表 2-24　描述性统计资料（作业感受）

	N	平均数	标准偏差	标准错误	平均值的 95% 信赖区间 下限	平均值的 95% 信赖区间 上限	最小值	最大值
2	50	2.7100	0.93998	0.13293	2.4429	2.9771	1.00	4.75
3	48	2.8854	0.83786	0.12094	2.6421	3.1287	1.50	5.00
4	63	2.4206	0.86349	0.10879	2.2032	2.6381	1.00	4.00
5	82	2.3720	0.86980	0.09605	2.1808	2.5631	1.00	5.00
6	39	3.0128	0.94582	0.15145	2.7062	3.3194	1.00	5.00
总计	282	2.6188	0.91478	0.05447	2.5116	2.7260	1.00	5.00

表 2-25　变异数同质性测试（作业感受）

Levene 统计资料	df1	df2	显著性
0.283	4	277	0.889

表 2-26　多重比较（作业感受）

因变数：作业感受

	(I) 年级	(J) 年级	平均差异 (I-J)	标准错误	显著性	95%信赖区间 下限	95%信赖区间 上限
Tukey HSD	2	3	-0.17542	0.17918	0.865	-0.6674	0.3166
		4	0.28937	0.16794	0.422	-0.1718	0.7505
		5	0.33805	0.15910	0.213	-0.0988	0.7749
		6	-0.30282	0.18943	0.500	-0.8230	0.2173
	3	2	0.17542	0.17918	0.865	-0.3166	0.6674
		4	0.46478	0.16988	0.051	-0.0017	0.9313
		5	0.51347*	0.16115	0.014	0.0710	0.9560
		6	-0.12740	0.19116	0.963	-0.6523	0.3975

续表

	(I) 年级	(J) 年级	平均差异 (I-J)	标准错误	显著性	95%信赖区间 下限	95%信赖区间 上限
Tukey HSD	4	2	-0.28937	0.16794	0.422	-0.7505	0.1718
		3	-0.46478	0.16988	0.051	-0.9313	0.0017
		5	0.04868	0.14856	0.997	-0.3592	0.4566
		6	-0.59219*	0.18067	0.010	-1.0883	-0.0961
	5	2	-0.33805	0.15910	0.213	-0.7749	0.0988
		3	-0.51347*	0.16115	0.014	-0.9560	-0.0710
		4	-0.04868	0.14856	0.997	-0.4566	0.3592
		6	-0.64087*	0.17248	0.002	-1.1145	-0.1673
	6	2	0.30282	0.18943	0.500	-0.2173	0.8230
		3	0.12740	0.19116	0.963	-0.3975	0.6523
		4	0.59219*	0.18067	0.010	0.0961	1.0883
		5	0.64087*	0.17248	0.002	0.1673	1.1145
Scheffe 法	2	3	-0.17542	0.17918	0.916	-0.7311	0.3802
		4	0.28937	0.16794	0.564	-0.2314	0.8102
		5	0.33805	0.15910	0.343	-0.1553	0.8314
		6	-0.30282	0.18943	0.635	-0.8903	0.2846
	3	2	0.17542	0.17918	0.916	-0.3802	0.7311
		4	0.46478	0.16988	0.116	-0.0620	0.9916
		5	0.51347*	0.16115	0.040	0.0137	1.0132
		6	-0.12740	0.19116	0.979	-0.7202	0.4654
	4	2	-0.28937	0.16794	0.564	-0.8102	0.2314
		3	-0.46478	0.16988	0.116	-0.9916	0.0620
		5	0.04868	0.14856	0.999	-0.4120	0.5094
		6	-0.59219*	0.18067	0.032	-1.1525	-0.0319
	5	2	-0.33805	0.15910	0.343	-0.8314	0.1553
		3	-0.51347*	0.16115	0.040	-1.0132	-0.0137
		4	-0.04868	0.14856	0.999	-0.5094	0.4120
		6	-0.64087*	0.17248	0.009	-1.1757	-0.1060

续表

	(I) 年级	(J) 年级	平均差异 (I-J)	标准错误	显著性	95%信赖区间 下限	95%信赖区间 上限
Scheffe 法	6	2	0.30282	0.18943	0.635	-0.2846	0.8903
		3	0.12740	0.19116	0.979	-0.4654	0.7202
		4	0.59219*	0.18067	0.032	0.0319	1.1525
		5	0.64087*	0.17248	0.009	0.1060	1.1757

*平均值差异在0.05层级显著。

在作业兴趣方面，2~6年级的平均数分别是2.3分、2.6分、2.6分、2.6分、3.0分，Levene的方差同质性检验并不显著（Levene = 0.896，p = 0.467>0.05），表示这五个年级的离散情形无明显差别（见表2-27和表2-28）。

经事后比较HSD检验发现，作业兴趣的平均数中，3、4、5年级和其他年级没有显著差异，2年级和6年级之间存在显著差异（见表2-29）。

表2-27 描述性统计资料（作业兴趣）

	N	平均数	标准偏差	标准错误	平均值的95%信赖区间 下限	平均值的95%信赖区间 上限	最小值	最大值
2	50	2.3300	0.98902	0.13987	2.0489	2.6111	1.00	4.75
3	48	2.6458	0.80529	0.11623	2.4120	2.8797	1.00	4.75
4	63	2.6151	0.84341	0.10626	2.4027	2.8275	1.00	4.50
5	82	2.5915	0.90054	0.09945	2.3936	2.7893	1.00	5.00
6	39	3.0641	0.98628	0.15793	2.7444	3.3838	1.00	5.00
总计	282	2.6250	0.91868	0.05471	2.5173	2.7327	1.00	5.00

表2-28 变异数同质性测试（作业兴趣）

Levene 统计资料	df1	df2	显著性
0.896	4	277	0.467

表2-29 多重比较（作业兴趣）

因变数：作业兴趣

	(I) 年级	(J) 年级	平均差异 (I-J)	标准错误	显著性	95%信赖区间 下限	95%信赖区间 上限
Tukey HSD	2	3	-0.31583	0.18219	0.415	-0.8161	0.1844
	2	4	-0.28508	0.17076	0.455	-0.7540	0.1838
	2	5	-0.26146	0.16177	0.488	-0.7057	0.1827
	2	6	-0.73410*	0.19261	0.002	-1.2630	-0.2052
	3	2	0.31583	0.18219	0.415	-0.1844	0.8161
	3	4	0.03075	0.17274	1.000	-0.4435	0.5051
	3	5	0.05437	0.16385	0.997	-0.3955	0.5043
	3	6	-0.41827	0.19437	0.201	-0.9520	0.1154
	4	2	0.28508	0.17076	0.455	-0.1838	0.7540
	4	3	-0.03075	0.17274	1.000	-0.5051	0.4435
	4	5	0.02362	0.15105	1.000	-0.3911	0.4384
	4	6	-0.44902	0.18370	0.107	-0.9534	0.0554
	5	2	0.26146	0.16177	0.488	-0.1827	0.7057
	5	3	-0.05437	0.16385	0.997	-0.5043	0.3955
	5	4	-0.02362	0.15105	1.000	-0.4384	0.3911
	5	6	-0.47264	0.17537	0.057	-0.9542	0.0089
	6	2	0.73410*	0.19261	0.002	0.2052	1.2630
	6	3	0.41827	0.19437	0.201	-0.1154	0.9520
	6	4	0.44902	0.18370	0.107	-0.0554	0.9534
	6	5	0.47264	0.17537	0.057	-0.0089	0.9542
Scheffe 法	2	3	-0.31583	0.18219	0.558	-0.8808	0.2492
	2	4	-0.28508	0.17076	0.595	-0.8146	0.2445
	2	5	-0.26146	0.16177	0.625	-0.7631	0.2402
	2	6	-0.73410*	0.19261	0.007	-1.3314	-0.1368
	3	2	0.31583	0.18219	0.558	-0.2492	0.8808
	3	4	0.03075	0.17274	1.000	-0.5049	0.5664
	3	5	0.05437	0.16385	0.999	-0.4538	0.5625
	3	6	-0.41827	0.19437	0.330	-1.0210	0.1845

续表

	(I) 年级	(J) 年级	平均差异 (I-J)	标准错误	显著性	95%信赖区间 下限	95%信赖区间 上限
Scheffe 法	4	2	0.28508	0.17076	0.595	-0.2445	0.8146
		3	-0.03075	0.17274	1.000	-0.5664	0.5049
		5	0.02362	0.15105	1.000	-0.4448	0.4920
		6	-0.44902	0.18370	0.204	-1.0187	0.1207
	5	2	0.26146	0.16177	0.625	-0.2402	0.7631
		3	-0.05437	0.16385	0.999	-0.5625	0.4538
		4	-0.02362	0.15105	1.000	-0.4920	0.4448
		6	-0.47264	0.17537	0.126	-1.0165	0.0712
	6	2	0.73410*	0.19261	0.007	0.1368	1.3314
		3	0.41827	0.19437	0.330	-0.1845	1.0210
		4	0.44902	0.18370	0.204	-0.1207	1.0187
		5	0.47264	0.17537	0.126	-0.0712	1.0165

*平均值差异在 0.05 层级显著。

在作业焦虑方面，2~6 年级的平均数分别是 3.7 分、3.7 分、3.1 分、3.2 分、3.5 分，Levene 的方差同质性检验并不显著（Levene = 1.242，$p = 0.294 > 0.05$），表示这五个年级的离散情形无明显差别（见表 2-30 和表 2-31）。

经事后比较 HSD 检验发现，作业焦虑的平均数中，各年级和其他年级没有显著差异（见表 2-32）。

表 2-30 描述性统计资料（作业焦虑）

	N	平均数	标准偏差	标准错误	平均值的 95% 信赖区间 下限	平均值的 95% 信赖区间 上限	最小值	最大值
2	50	3.6800	1.24851	0.17657	3.3252	4.0348	1.00	5.00
3	48	3.6563	1.23838	0.17874	3.2967	4.0158	1.00	5.00
4	63	3.1429	1.31501	0.16568	2.8117	3.4740	1.00	5.00
5	82	3.1890	1.44581	0.15966	2.8713	3.5067	1.00	5.00
6	39	3.5385	1.30477	0.20893	3.1155	3.9614	1.00	5.00
总计	282	3.3936	1.34099	0.07985	3.2364	3.5508	1.00	5.00

表 2-31　变异数同质性测试（作业焦虑）

Levene 统计资料	df1	df2	显著性
1.242	4	277	0.294

表 2-32　多重比较（作业焦虑）

因变数：作业焦虑

	(I) 年级	(J) 年级	平均差异 (I-J)	标准错误	显著性	95%信赖区间 下限	95%信赖区间 上限
Tukey HSD	2	3	0.02375	0.26867	1.000	−0.7140	0.7615
	2	4	0.53714	0.25183	0.209	−0.1543	1.2286
	2	5	0.49098	0.23857	0.242	−0.1641	1.1460
	2	6	0.14154	0.28405	0.987	−0.6384	0.9215
	3	2	−0.02375	0.26867	1.000	−0.7615	0.7140
	3	4	0.51339	0.25474	0.261	−0.1861	1.2129
	3	5	0.46723	0.24164	0.302	−0.1963	1.1307
	3	6	0.11779	0.28663	0.994	−0.6693	0.9048
	4	2	−0.53714	0.25183	0.209	−1.2286	0.1543
	4	3	−0.51339	0.25474	0.261	−1.2129	0.1861
	4	5	−0.04617	0.22275	1.000	−0.6578	0.5655
	4	6	−0.39560	0.27090	0.589	−1.1395	0.3483
	5	2	−0.49098	0.23857	0.242	−1.1460	0.1641
	5	3	−0.46723	0.24164	0.302	−1.1307	0.1963
	5	4	0.04617	0.22275	1.000	−0.5655	0.6578
	5	6	−0.34944	0.25863	0.659	−1.0596	0.3607
	6	2	−0.14154	0.28405	0.987	−0.9215	0.6384
	6	3	−0.11779	0.28663	0.994	−0.9048	0.6693
	6	4	0.39560	0.27090	0.589	−0.3483	1.1395
	6	5	0.34944	0.25863	0.659	−0.3607	1.0596
Scheffe 法	2	3	0.02375	0.26867	1.000	−0.8094	0.8569
	2	4	0.53714	0.25183	0.339	−0.2438	1.3181
	2	5	0.49098	0.23857	0.377	−0.2489	1.2308
	2	6	0.14154	0.28405	0.993	−0.7393	1.0224

续表

	(I) 年级	(J) 年级	平均差异 (I-J)	标准错误	显著性	95%信赖区间 下限	95%信赖区间 上限
Scheffe 法	3	2	-0.02375	0.26867	1.000	-0.8569	0.8094
		4	0.51339	0.25474	0.400	-0.2766	1.3034
		5	0.46723	0.24164	0.444	-0.2821	1.2166
		6	0.11779	0.28663	0.997	-0.7711	1.0067
	4	2	-0.53714	0.25183	0.339	-1.3181	0.2438
		3	-0.51339	0.25474	0.400	-1.3034	0.2766
		5	-0.04617	0.22275	1.000	-0.7370	0.6446
		6	-0.39560	0.27090	0.711	-1.2357	0.4445
	5	2	-0.49098	0.23857	0.377	-1.2308	0.2489
		3	-0.46723	0.24164	0.444	-1.2166	0.2821
		4	0.04617	0.22275	1.000	-0.6446	0.7370
		6	-0.34944	0.25863	0.768	-1.1515	0.4526
	6	2	-0.14154	0.28405	0.993	-1.0224	0.7393
		3	-0.11779	0.28663	0.997	-1.0067	0.7711
		4	0.39560	0.27090	0.711	-0.4445	1.2357
		5	0.34944	0.25863	0.768	-0.4526	1.1515

在作业负担整体方面，2~6 年级的平均数分别是 10.6 分、11.4 分、9.9 分、10.0 分、12.0 分，Levene 的方差同质性检验并不显著（Levene = 1.411，$p = 0.231 > 0.05$），表示这五个年级的离散情形无明显差别（见表 2-33 和表 2-34）。

经事后比较 HSD 检验发现，作业焦虑的平均数中，1、2、3 年级和其他年级没有显著差异，4 年级和 6 年级之间、5 年级和 6 年级之间存在显著差异（见表 2-35）。

表 2-33 描述性统计资料（总分）

	N	平均数	标准偏差	标准错误	平均值的 95% 信赖区间 下限	平均值的 95% 信赖区间 上限	最小值	最大值
2	50	10.5567	2.27362	0.32154	9.9105	11.2028	6.00	14.25
3	48	11.3993	2.23488	0.32258	10.7504	12.0482	6.42	15.67

续表

	N	平均数	标准偏差	标准错误	平均值的95%信赖区间 下限	平均值的95%信赖区间 上限	最小值	最大值
4	63	9.9272	2.29488	0.28913	9.3493	10.5052	4.50	15.50
5	82	10.0467	2.81332	0.31068	9.4286	10.6649	4.67	16.17
6	39	11.9615	3.19424	0.51149	10.9261	12.9970	4.92	20.00
总计	282	10.6055	2.66789	0.15887	10.2928	10.9182	4.50	20.00

表2-34 变异数同质性测试（总分）

Levene统计资料	$df1$	$df2$	显著性
1.411	4	277	0.231

表2-35 多重比较（总分）

因变数：总分

	(I) 年级	(J) 年级	平均差异 (I-J)	标准错误	显著性	95%信赖区间 下限	95%信赖区间 上限
Tukey HSD	2	3	−0.84264	0.52129	0.488	−2.2740	0.5887
	2	4	0.62942	0.48860	0.699	−0.7122	1.9710
	2	5	0.50992	0.46287	0.806	−0.7611	1.7809
	2	6	−1.40487	0.55112	0.083	−2.9182	0.1084
	3	2	0.84264	0.52129	0.488	−0.5887	2.2740
	3	4	1.47206*	0.49424	0.026	0.1150	2.8292
	3	5	1.35256*	0.46883	0.034	0.0652	2.6399
	3	6	−0.56223	0.55613	0.850	−2.0893	0.9648
	4	2	−0.62942	0.48860	0.699	−1.9710	0.7122
	4	3	−1.47206*	0.49424	0.026	−2.8292	−0.1150
	4	5	−0.11950	0.43219	0.999	−1.3062	1.0672
	4	6	−2.03429*	0.52561	0.001	−3.4775	−0.5910
	5	2	−0.50992	0.46287	0.806	−1.7809	0.7611
	5	3	−1.35256*	0.46883	0.034	−2.6399	−0.0652
	5	4	0.11950	0.43219	0.999	−1.0672	1.3062
	5	6	−1.91479*	0.50179	0.002	−3.2926	−0.5370

续表

	(I) 年级	(J) 年级	平均差异 (I-J)	标准错误	显著性	95%信赖区间 下限	95%信赖区间 上限
Tukey HSD	6	2	1.40487	0.55112	0.083	−0.1084	2.9182
		3	0.56223	0.55613	0.850	−0.9648	2.0893
		4	2.03429*	0.52561	0.001	0.5910	3.4775
		5	1.91479*	0.50179	0.002	0.5370	3.2926
Scheffe 法	2	3	−0.84264	0.52129	0.625	−2.4592	0.7739
		4	0.62942	0.48860	0.798	−0.8858	2.1446
		5	0.50992	0.46287	0.876	−0.9255	1.9453
		6	−1.40487	0.55112	0.168	−3.1140	0.3042
	3	2	0.84264	0.52129	0.625	−0.7739	2.4592
		4	1.47206	0.49424	0.067	−0.0606	3.0048
		5	1.35256	0.46883	0.084	−0.1013	2.8064
		6	−0.56223	0.55613	0.906	−2.2869	1.1624
	4	2	−0.62942	0.48860	0.798	−2.1446	0.8858
		3	−1.47206	0.49424	0.067	−3.0048	0.0606
		5	−0.11950	0.43219	0.999	−1.4598	1.2208
		6	−2.03429*	0.52561	0.006	−3.6643	−0.4043
	5	2	−0.50992	0.46287	0.876	−1.9453	0.9255
		3	−1.35256	0.46883	0.084	−2.8064	0.1013
		4	0.11950	0.43219	0.999	−1.2208	1.4598
		6	−1.91479*	0.50179	0.007	−3.4709	−0.3587
	6	2	1.40487	0.55112	0.168	−0.3042	3.1140
		3	0.56223	0.55613	0.906	−1.1624	2.2869
		4	2.03429*	0.52561	0.006	0.4043	3.6643
		5	1.91479*	0.50179	0.007	0.3587	3.4709

*平均值差异在 0.05 层级显著。

三、作业负担的相关性分析

进一步对各作业负担的各维度之间以及各维度与作业负担之间的相关关系如表 2-36 所示。

表 2-36 相关性分析

		总分	作业意识	作业感受	作业兴趣	作业焦虑
总分	皮尔森（Pearson）相关	1	0.702**	0.777**	0.625**	0.638**
	显著性（双尾）	—	0.000	0.000	0.000	0.000
	N	282	282	282	282	282
作业意识	皮尔森（Pearson）相关	0.702**	1	0.508**	0.544**	0.116
	显著性（双尾）	0.000	—	0.000	0.000	0.052
	N	282	282	282	282	282
作业感受	皮尔森（Pearson）相关	0.777**	0.508**	1	0.389**	0.312**
	显著性（双尾）	0.000	0.000	—	0.000	0.000
	N	282	282	282	282	282
作业兴趣	皮尔森（Pearson）相关	0.625**	0.544**	0.389**	1	-0.013
	显著性（双尾）	0.000	0.000	0.000	—	0.833
	N	282	282	282	282	282
作业焦虑	皮尔森（Pearson）相关	0.638**	0.116	0.312**	-0.013	1
	显著性（双尾）	0.000	0.052	0.000	0.833	—
	N	282	282	282	282	282

**相关性在 0.01 层上显著（双尾）。

作业意识与作业负担的相关系数为 0.702，显著性水平也为 0.000 远远小于 0.01；拒绝原假设；作业意识与作业负担的相关关系为正向且相关性很强。作业感受与作业负担的相关系数为 0.777，显著性水平也为 0.000 远远小于 0.01；拒绝原假设；作业感受与作业负担的相关关系为正向且相关性很强。作业兴趣与作业负担的相关系数为 0.625，显著性水平也为 0.000 远远小于 0.01；拒绝原假设；作业兴趣与作业负担的相关关系为正向且相关性很强。作业焦虑与作业负担的相关系数为 0.638，显著性水平也为 0.000 远远小于 0.01；拒绝原假设；作业焦虑与作业负担的相关关系为正向且相关性很强。此外，作业意识与作业感受和作业兴趣、作业兴趣与作业感受和作业焦虑、作业兴趣与作业焦虑之间也有很强的相关性。

第三章　中小学作业设计现状的审视

第一节　小学作业设计现状的审视

通过使用小学生作业负担测量工具对 Y 小学的小学生作业负担测量可以发现，当前该小学学生的作业负担处于一般水平。本部分将对作业的形式与内容等进行分析，以审视 Y 小学的作业现状。

一、Y 小学课后作业设计的研究计划

（一）样本选取

Y 小学有 42 个教学班，每班学生在 52~55 名，全校共有 2000 余名同学。这意味着每天的作业样本数量至少在 4000 份以上（一般语文数学都有作业）。但以班级为单位，每个班级的作业是相同的，因此从作业设计的研究角度来看，只需在每个班选取一两份作业作为样本即可。值得注意的是，在个别时间节点学生的作业会与平时不同，比如受"六一"活动或者是"五一"假期的影响，学生在此期间的作业会比较少。即使在平时，学生周末的作业也会比平时的作业多。为了避免因假期或者是学校活动的影响而导致作业样本不能真实反映现状的问题，本研究选取不同年级一周时间内的作业文本为研究对象，为每科、每次作业进行编号。第一位数字代表年级、第二位数字代表班号、第三位字母代表学科（Y 语文、S 数学、W 外语、D 道法、K 科学）、后六位数字代表作业日期。比如"32Y20230512"代表三年级二班 2023 年 5 月 12 日的语文学科作业。

(二) 方法说明

本部分研究主要采用内容分析法，主要借助内容分析工具对学生作业的来源、内容、时长、形式、评价等进行量化处理，以此了解教师的作业设计方式、作业设置时长、作业实施特点及作业评价方式等。具体研究工具及说明如下。

第1项是本次作业的年级、班级、科目和日期等信息。

第2项是本次作业任务的来源，备选项有教材、教材配套练习册、教辅材料、自行选编、其他。

第3项是本作业预计完成时间，由研究者对学生本次的作业进行预判，备选项为0~30分钟、30~60分钟、60~90分钟、90分钟以上。

第4项是本次作业的作业类型，备选项为口头、书面、合作、实践、其他。

第5项是本次作业的功能，备选项为预习、复习巩固、能力拓展、激发兴趣。

第6项是本次作业的选择性，即本次作业是否为学生提供选择性作业或分层次布置作业，备选项为是、否。

第7项是本次作业的评价形式，主要记录教师以何种形式评价学生的该次作业，备选项为打对错、标注时间、标注等级、改正、写评语、其他批改符号、无痕迹。

第8项为作业与教学内容的一致程度即作业内容与课堂教学内容相关性，备选项为非常一致、比较一致、一般、比较不一致、完全不一致。

第9项为作业难度，备选项为非常难、有点难度、一般、比较容易、非常容易。

第10项为作业数量，备选项为非常多、有点多、一般、比较少、非常少。

第11项为作业的结构性分析，该项目分三个部分。第一部分是作业数量、类型、难度分布是否合理，备选项为非常合理、比较合理、一般、不太合理、非常不合理；第二部分是作业任务间存在较强关联，备选项为非常符合、比较符合、一般、不太符合、完全不符合；第三部分为作业与其他学科有较强关联，备选项为非常符合、比较符合、一般、不太符合、完全不符合。

（三）研究计划

小学作业的现状研究分两个阶段进行。第一阶段是前期的问卷调查阶段，主要对学生的作业负担现状进行了调查。第二阶段是作业的文本分析阶段，于 2023 年 4 月 2 日至 5 月 16 日进行，主要采用作业文本分析工具对作业内容的设计、学生的作业情况以及教师的作业评价等信息进行统计和分析。同时选取作业活动中的典型案例等进行分析，发现作业活动中存在的问题及进行原因分析。

二、Y 小学课后作业设计的现状审视

本次研究共获得作业文本 132 份，其中语文 61 份、数学 45 份、英语 26 份。应用内容分析工具进行统计分析，结果如下。

（一）作业任务来源

调查结果显示，作业任务的来源主要是教材、教材配套练习册和教辅材料。这说明教师往往采用现成的任务作为作业，而自主开发的作业较少（见表3-1）。观察作业文本可以发现，学生的作业来源往往是课本或者是配套练习册上的成题。当然这部分题是不够的，许多教师会通过多种途径找到中意的教辅材料给学生印题。

表 3-1 作业任务来源

选项	小计	比例
教材	58	43.94%
教材配套练习册	45	34.09%
教辅材料	45	34.09%
自行选编	13	9.85%
其他	7	5.3%

（二）本作业预计完成时间

可以发现，大概有一半的作业任务可以在30分钟内完成，而有三成的作业超过了30分钟，甚至有近一成的作业超过了一个小时（见表3-2）。值得注意的是，该结果只是一科的作业时间，而小学生每天至少有语文和数学两科的作业，这意味着大部分学生的作业时间应该是在1~2小时。教育部印发的《关于加强义务教育学校作业管理的通知》（以下简称"通知"）中明确要求："学校要确保小学一二年级不布置书面家庭作业，可在校内安排适当巩固练习；小学其他年级每天书面作业完成时间平均不超过60分钟。"而学校层面对作业时间的控制却不是那么严格，学生在学校课后服务的时间有40~80分钟是用来完成作业的，即便如此，学生回家后仍然还有作业任务。

表3-2 作业预计完成时间

选项	小计	比例
0~30分钟	72	54.55%
30~60分钟	45	34.09%
60~90分钟	13	9.85%
90分钟以上	2	1.52%

（三）作业类型

学生的作业类型主要以书面作业为主，占据九成以上（见图3-1）。其中又以答题的作业任务居多，少部分任务是听写和写新闻述评等。口头作业主要是语文和英语学科的背诵和朗读。实践类作业主要是应学校的活动要求，制作美术或手工作品，但这种类型的作业比例较小，往往是两到三周有一次相关作业机会。这显然与"通知"中提出的"合理布置书面作业、科学探究、体育锻炼、艺术欣赏、社会与劳动实践等不同类型作业"的规定还存在一定的差距。

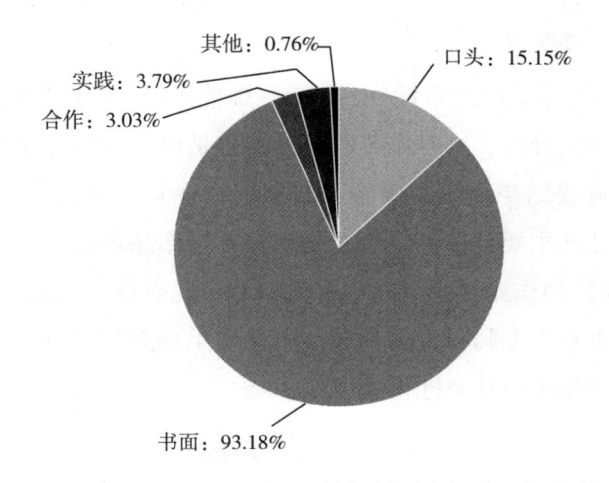

图 3-1 作业类型

（四）作业功能

"通知"指出要"切实发挥好作业育人功能，布置科学合理有效作业，帮助学生巩固知识、形成能力、培养习惯，帮助教师检测教学效果、精准分析学情、改进教学方法"。作业是一次供学生进行自主学习的机会，但大部分教师只注重其基本的功能。调查结果显示，该小学的作业大部分（88.64%）以帮助学生进行学习内容的复习巩固为主，也有部分（16.67%）作业是让学生对新知识进行预习，有 21.97% 的作业同时兼具能力拓展功能。这三部分作业占据绝大多数，主要体现了作业的基本功能。如图 3-2 所示，而兼具激发学生作业兴趣的作业占 6.82%，比例相对较小。

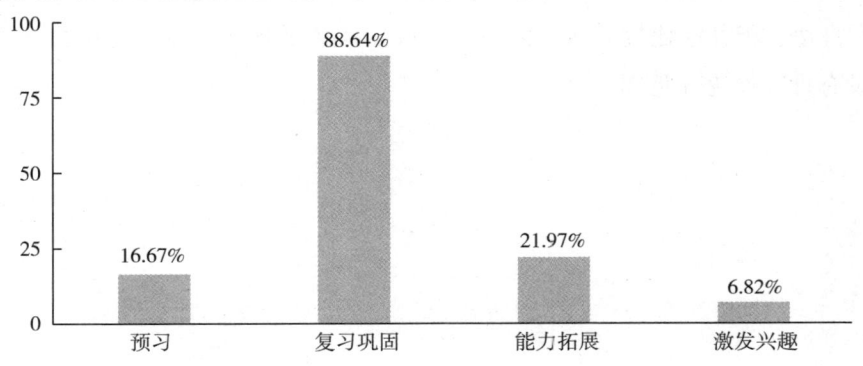

图 3-2 作业功能

（五）作业选择性

"通知"中鼓励学校"布置分层作业、弹性作业和个性化作业",这要求作业具备一定的选择性,同时作业的选择性也是体现教师作业观和学生观的重要表征。但调查结果显示,仅有4.55%的作业具有选择性(见表3-3),而且这部分作业还主要是让学生选择是制作手工作品还是制作美术作品。大部分（95.45%）的作业学生没有选择的权利,这种作业是以"大一统"的形式出现的,即对于老师布置的作业,每位学生都必须完成。这说明教师大部分时候没有为学生设计个性化的作业。

表3-3　作业的选择性

选项	小计	比例
是	6	4.55%
否	126	95.45%

（六）作业评价方式

教师对作业的评价方式影响着作业的效能。一方面,教师的评价会对学生完成作业起到督促作用。另一方面,教师也可以在评价中对学生进行激励或者是对学生进行学法指导等。调查显示,大部分教师的作业评价是以"打对错"和"标注时间"的形式呈现,打对错是为学生答案的真缺陷进行评判,而标注时间则主要是为了应对学校的作业检查。有部分教师也会标注等级,以此帮助学生了解自己的本次作业水平。有近三成的作业中教师会为学生写评语,但往往比较简洁,比如"很好""继续努力"等。还有12%的作业没有批阅痕迹（见图3-3）。

图 3-3 作业评价方式

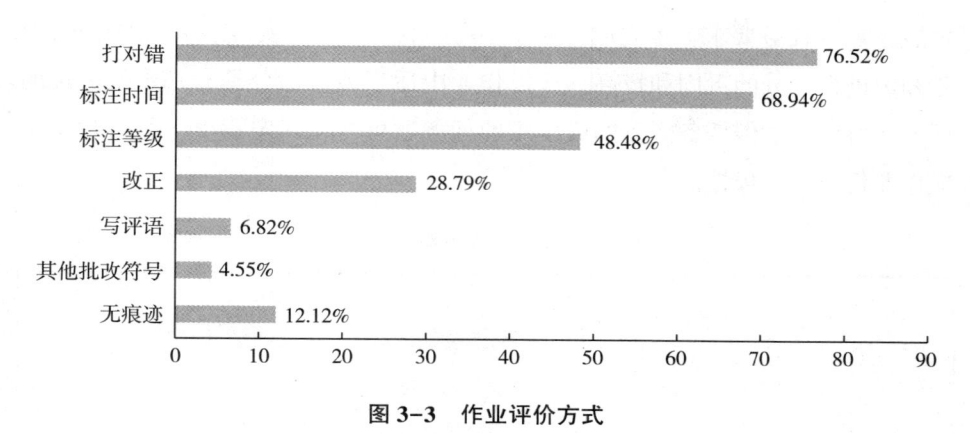

评价方式	比例
打对错	76.52%
标注时间	68.94%
标注等级	48.48%
改正	28.79%
写评语	6.82%
其他批改符号	4.55%
无痕迹	12.12%

（七）作业与教学内容的一致程度

作业与教学内容是否相一致在一定程度上可以体现出教师作业设计与课堂教学的契合性。但由于教师的作业多来源于课本、与课本配套的教辅资料等，所以作业内容与教学内容往往是一致的（见表3-4）。

表 3-4　作业与教学内容的一致程度

选项	小计	比例
非常一致	59	44.7%
比较一致	65	49.24%
一般	6	4.55%
比较不一致	2	1.52%
完全不一致	0	0%

（八）作业难度

"通知"要求"作业难度不得超过国家课程标准要求"。调查发现该小学的作业难度居于偏难水平，一半以上的题是基础题，难度不大，但有四成的题稍微有点难度（见表3-5）。一方面，这与教材中作业的设计以及教辅资料中作业的设计有关，一般作业都是基于课堂教学内容但在此基础上会有所变形和拓展。另一方面，这与教师对作业的认识有关。教师往往注重发挥作业的知识训练和能力拓展方面的功能，因此教师会选取部分处于学生"最近发展区"的任务要求学生完成，使学生在"挑一挑，够得着"的范围内对课堂知识进行充分的巩固和拔高。所以作业中适当地有部分具有一定挑战性的任务无可厚非。但任务重有四成偏难的任务这可能在一定程度上打击学生完成作业任务的积极性。

表 3-5 作业难度

选项	小计	比例
非常难	1	0.76%
有点难度	53	40.15%
一般	46	34.85%
比较容易	27	20.45%
非常容易	5	3.79%
本题有效填写人次	132	

（九）作业数量

从作业数量而言，调查结果显示该小学的作业数量具有适中水平。六成的作业数量处于一般水平，但也有近两成的作业数量偏多。其中周末作业的数量明显偏多，一般各科老师都会布置作业，语文数学作业数量明显多于平时，此外还有新闻评述和实践类作业等。另外，期中和期末考试前学生的作业数量明显增多。尽管教育行政部门不允许学校举行考试，但学校往往以水平测试的理由组织学生考试。教师为了让自己班的学生得到更好的分数，往往会在考试前布置更多数量的作业（图3-4）。

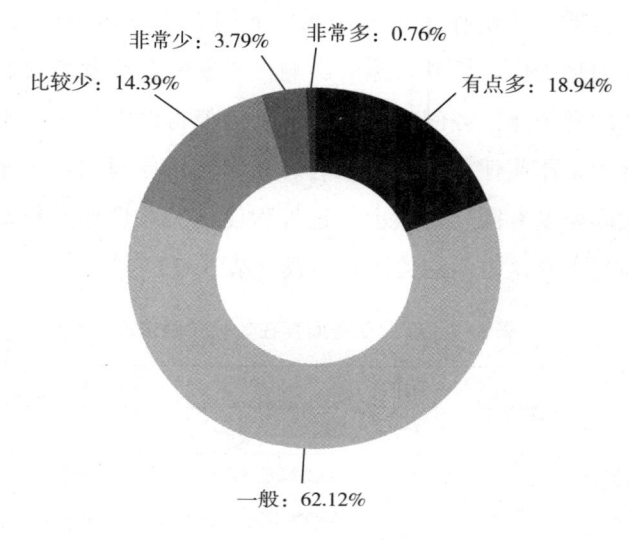

非常少：3.79%　非常多：0.76%
比较少：14.39%　有点多：18.94%
一般：62.12%

图 3-4　作业数量

（十）作业结构性

首先，作业的结构性是否合理体现在一份作业中任务的数量、类型、难度分布是否合理方面。调查结果显示，76%的作业的数量、类型、难度分布比较合理或非常合理。一方面，这与教师直接选取部分现成的作业任务当作作业有关。另一方面，这与教师对作业结构性的整体把控有关。这可以在一定程度上说明，教师在作业数量、类型、难度等方面的把控情况相对较好（表 3-6）。

表 3-6　作业数量、类型、难度分布合理情况

选项	小计	比例
非常合理	18	13.64%
比较合理	83	62.88%
一般	31	23.48%
不太合理	0	0%
非常不合理	0	0%

其次，作业的结构性是否合理体现在作业任务间是否存在较强的关联方

面。调查显示,近七成的作业中,作业任务间有着较强的相关性。同样地,一个主要的原因是受作业任务来源的影响,专家们在开发教材和教辅材料的过程中,会考虑到作业任务间的关联情况。但值得注意的是,本调查中的关联性主要体现为是作业任务的一致性。而在作业任务间的背景相关性和递进性等方面则关联程度有限。事实上,这种程度的关联性作业较难设计,专家和教师当前尚且少有这方面的关注和实践(表3-7)。

表3-7 作业任务间存在较强关联情况

选项	小计	比例
非常符合	15	11.36%
比较符合	74	56.06%
一般	43	32.58%
不太符合	0	0%
完全不符合	0	0%

最后,作业的结构性是否合理体现在作业任务是否与其他学科有较强关联方面。"通知"指出要"探索跨学科综合性作业",这要求作业任务要体现出与其他学科的关联性。但调查显示有七成以上的作业任务与其他学科的关联性一般或较弱。事实上能真正意义上称为跨学科的作业几乎为零。当前分科教学的现状使得作业难以实现跨学科,而且该学校尚未举行过跨学科教研等。此处所谓的"与其他学科有较强的关联"主要是指任务的背景、内容表述等方面的"生硬"的关联(表3-8)。

表3-8 作业与其他学科有较强关联情况

选项	小计	比例
非常符合	1	0.76%
比较符合	8	6.06%
一般	75	56.82%
不太符合	48	36.36%
完全不符合	0	0%

第二节　高中作业设计现状的审视

与小学作业相比，高中作业往往呈现出更多的特点。因为高中阶段学生的一个重要的学习目标是升学，这可能导致作业活动更加功利化。本部分以 L 高中的数学作业为研究对象，从作业的数量、形式等方面审视作业的现状，并分析其中存在的问题。

一、L 中学高中数学作业设计现状的研究计划

（一）样本选取

L 县每个学期末会组织各个高中进行作业的对调检查，主要检查内容是作业的次数是否达到标准。每个学校为了迎接检查，都会将本学期每个班级的所有作业进行收集。于是研究者借此机会进行 L 中学高中数学作业设计的现状调查。高中一共 42 个班级，每个班的作业本均在 50 本以上，累计高中数学作业的总体数共有 2100 份以上。每个班级的作业内容基本是一致的，不同的可能是学生完成的数量或者是质量。基于此，研究者决定采用随机抽样的原则从每个班的作业中随机选取 5 本作为样本，于是作业样本总数为 210 份。作业是由教师设计的，为了研究教师的作业设计目标以及对作业设计的详细过程进行了解，研究者选取本校所有的高中数学教师为研究对象。高中数学教师共 21 名，其中男教师 16 名，女教师 5 名。具有高级职称的 12 人，中级职称的 7 人，初级职称的 2 人。其中 3 人具有研究生学历。高一到高三每个年级都有 14 个班级，前 6 个为 3A 班，后 8 个为 2A 班。按照班号次序分别为每个班级的作业编号，高一年级为 1001~1014 号、高二年级为 2001~2014 号、高三年级为 3001~3014 号。

（二）方法说明

本部分研究主要采用民族志的研究范式。因为研究者的特殊身份，既是研究者，又是实践者。这双重身份使得其可以深入被研究群体中，深入了解研究对象的想法与行为。同时，研究者又可以不断在"局外人"与"参与

者"两重身份间切换自己的角色,对观察到的事实与访谈获得的资料进行深入的理解与审视。这有利于研究者能更"忠实"地领会研究对象的意图,更大程度地展示作业设计中各种因素的影响机制。具体地,在作业现状研究部分采用内容分析法和访谈法相结合的方式获取和验证相关信息。内容分析法主要借助内容分析工具对学生作业的来源、内容、作业评价等进行量化研究,而访谈法则主要是通过对学生和老师的访谈了解作业的来源、作业的内容等信息,同时对学生的作业情感、作业时间等信息进行了解。在原因分析部分和作业设计的影响因素方面主要采用访谈法获取信息,以此了解教师的作业观、教师设计作业的流程以及教师批改作业的方式等。

(三)研究计划

本部分研究主要分为现状研究与原因分析两部分。现状研究分两个阶段进行。第一阶段是文本分析阶段,于 2019 年 7 月 4 日至 7 月 5 日进行,主要采用作业文本分析工具对作业内容的设计、学生的作业情况以及教师的作业评价等信息进行统计和分析。第二阶段是访谈阶段,于 2019 年 7 月 6 日至 7 月 13 日进行,主要通过对学生的访谈了解其对作业的认识和态度,通过对教师的访谈了解其对作业的认识与作业设计的流程及思路等,然后进行信息的梳理。之后进行原因分析,主要针对现状分析阶段收集到的材料进行分析,探究当前作业设计的成因及相关因素的影响机制。

二、L 中学高中数学作业设计的现状审视

作业载体方面发现 L 中学高中数学作业的载体以作业本和教辅资料或者试题为主,有个别作业会以笔记本或改错本的形式呈现,未发现有其他形式的作业。值得注意的是,高一、高二年级主要以作业本为载体,而高三年级主要以教辅资料或试题为载体。在高二发现有两个班的作业也是以教辅资料呈现的,一般这是不允许的,但有的教师为了"应付"检查,将练习册的活页上交当成作业以"充数"。高三有两个班级的作业同时有教辅资料和作业本两种,作业本上主要让学生把高考经典题型的解题过程进行展示。高三还有两个班级在提交教辅资料当作业的同时也提交了学生的改错本。虽然学生

的作业载体涉及三种类型，但其中主要以作业本、教辅资料和试题居多。

作业来源与作业载体密切相关。以作业本为载体的作业其任务一般来自课本，而以教辅资料或试题为载体的作业任务的来源自然是教辅资料或试题。但也发现高一作业中有4个班级、高二作业中有1个班级的作业中有部分任务来源于教辅资料。比如有的班级将考试试题当成一次作业夹在了数学作业本中上交。发现高二年级有两个班级的作业中有个别任务是教师改编而来的。因为该次作业内容只有一个组合题，包含了一类型的知识点，教师用了一次作业让学生对这类型的知识点进行训练。总的来说，课本和教辅资料是L中学高中数学作业任务的主要来源。

平均任务数量是对学生每次作业的作业量的反映。统计结果如图3-5所示。高一学生的平均任务数量大部分在6~7个任务，高二学生的平均任务数量大部分在7~8个任务，而高三学生的平均任务数量最高，大部分在12~14个任务。

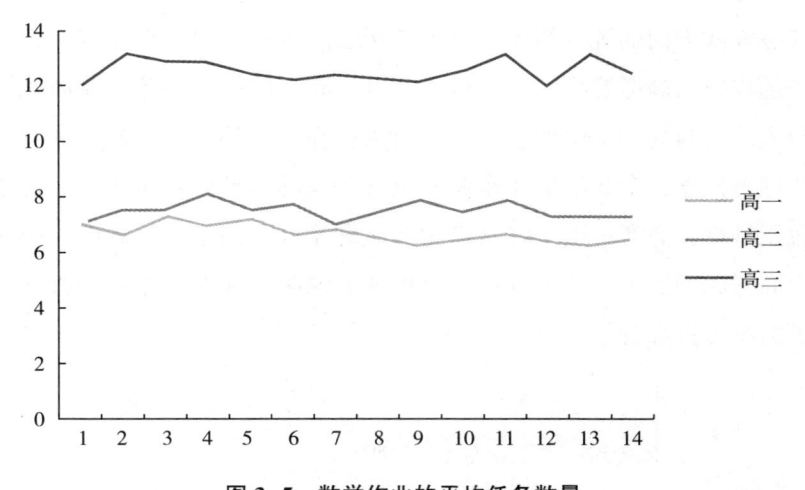

图 3-5 数学作业的平均任务数量

任务分类方面的统计结果如图所示（见图3-6），可以发现三个年级的作业任务的任务分类都包含基础巩固类和技能提升类。高一高二分别有8个和6个班级有探究类任务，而高三则有14个班级均有探究类任务，但这并不能说明高三更重视探究类任务。因为高三的作业是以教辅资料呈现的，其中会有部分探究类任务，但学生一般都会跳过不做，这说明教师并未强调其必须完成。而高一高二的作业主要以作业本的形式呈现，教师已经将课本中的探究类任务"剔除"出作业任务中了。

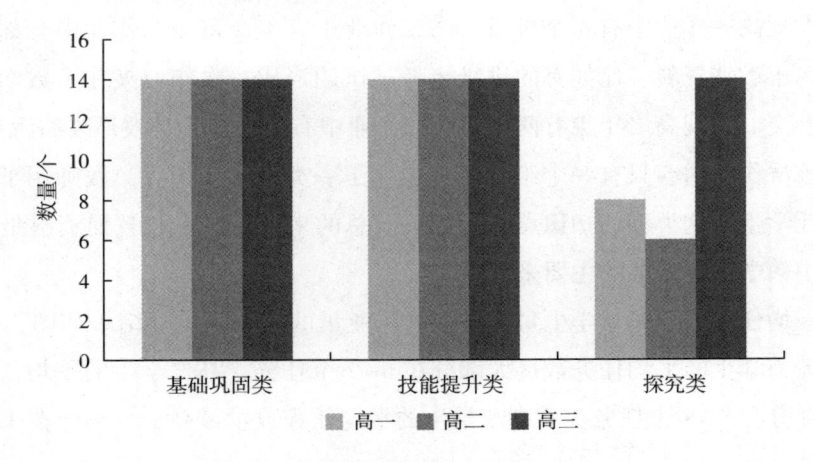

图 3-6　数学作业的任务分类情况

任务样式方面的统计结果如图 3-7 所示。可以发现三个年级的数学作业中任务的样式以高考题型为主。相比而言，高一的作业任务中非高考题型的占比较大。这与高一学生的学习内容有关。高一内容比较基础，老师为了帮助学生理解概念，会让学生在作业中进行定理的推导或者是画图，这些内容由于过于基础，高考一般不将其作为考试题型。总的来说，高中的作业任务还是以高考题型居多。这可以在一定程度上说明教师设计作业的目标主要还是为了为高考做准备。

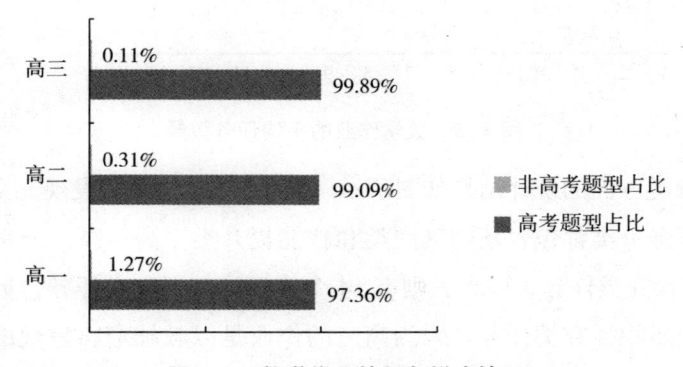

图 3-7　数学作业的任务样式情况

在知识联系方面，可以发现81.4%以上的作业任务都是围绕本节课的内容设计的，17.6%的作业任务会涉及回顾旧知，不到1%的作业任务会涉及预习新知（图3-8）。

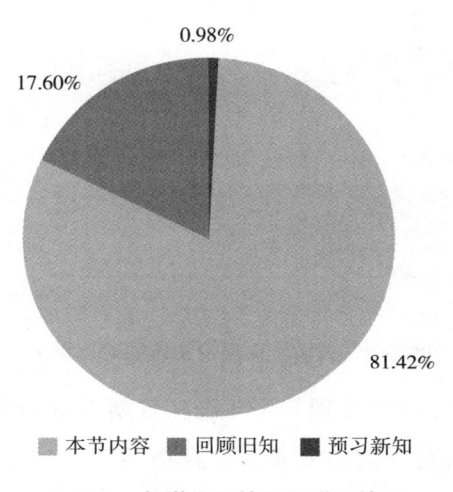

0.98%
17.60%
81.42%

■ 本节内容　■ 回顾旧知　■ 预习新知

图3-8　数学作业的知识联系情况

其中，回顾旧知的比重高三较大，这是因为高三的学习任务主要是复习，所以其作业任务中常常会联系旧知。而预习新知以高一和高二为主。因为高一高二多为新授课，本节知识点更可能作为下一节知识点的基础。

评价主体方面，可以发现不同年级作业评价的主体差异性比较大（图3-9）。高一的数学作业主要由教师来评价，而高二五分之一以上的作业由学生来评价，在高三，则有六成以上的作业主要由学生来评价。这与高三作业量较大、作业频次较高有关。而在高一，教师更希望能通过作业了解学生对课堂知识的掌握情况。

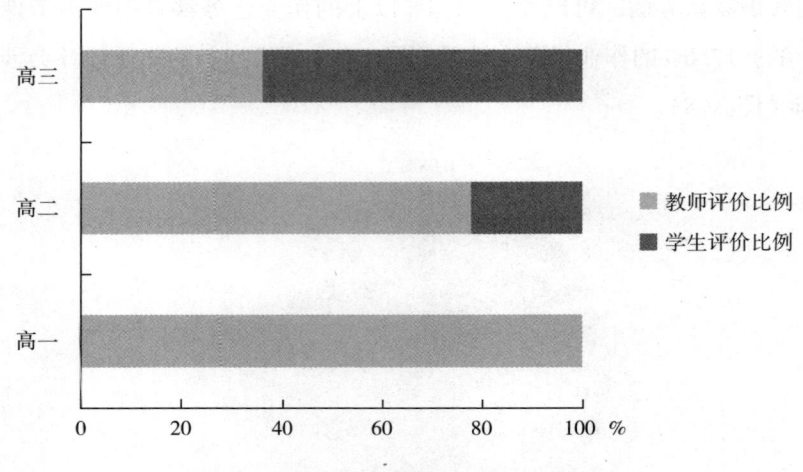

图 3-9　数学作业评价主体的对比情况

在评价内容方面，可以发现三个年级在日期书写和等级赋予方面没有差异，在评语书写方面有一定的差异，而在指导性意见方面存在较大的差异（图 3-10）。

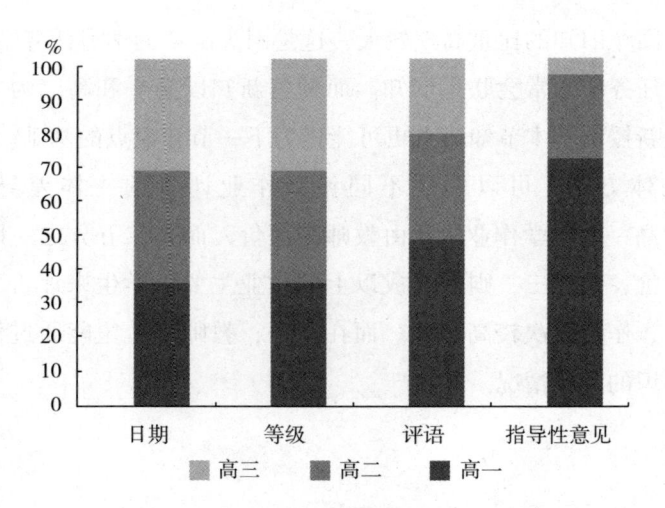

图 3-10　数学作业评价内容的对比情况

这与学校的作业管理有关。学校检查作业的一个主要标准是作业的次数，是以作业的批阅日期为依据的，所以教师的批改中必须要有日期。而学校在历年的培训中一直强调要用等级评价来激励学生，所以教师们在作业批改中形成了为学生赋予等级的习惯。这种等级往往比较随意,有的以"好""很好"为主要评价等级,有的则用"A"和"B"为评价等级,作业做得不太好的往往也写个"好"或"B",很少有更低的等级。在评语和指导性意见方面,高一教师写得更多一些,而高三的较少。但总体而言,这两类评价内容出现的频次较低。高一到高三各年级中评语在作业评价中出现的频率分别为0.40、0.27和0.19,而指导性意见在作业评价中出现的频次分别为0.15、0.05和0.01。同样,这也与高三作业的数量与频次较高有关。高年级教师亲自进行作业批改的次数较少,所以评语和指导性意见的数量也相对较少。

三、L 中学高中数学作业设计的问题分析

(一)作业类型:类型丰富但未结合类型特点进行设计

通过作业文本分析工具分析,并结合日常对教师的访谈,以作业设计的目标进行分类,可以将作业设计分为"刷题型""课堂补充型""笔记改错型""传统型"四种常见类型。

1. "刷题型"

高中数学作业中,有一种作业是直接以教辅资料的形式上交的。这部分作业看起来就像是一叠书,每个学生一本,作业便是这本教辅资料中每一节的内容。教辅资料分两种,一种是课本配套的练习册,一种是学生统一选用的商业教辅用书。选用练习册的教师一般认为"练习册上的题类型多,比课本上的有所提升。"有的认为"练习册是学校统一购买的,用这个学校不会有意见。"还有的教师认为"练习册是人教社出版的,和课本配套,而且也比较权威。"而有的老师则是"被迫"的。典型的两种说法是"学生没时间又做作业又做练习册,所以干脆用练习册当作业,学生还不用抄题。"和"如果不做练习册,将来(练习册)空空的会被家长说(老师不尽责)。"选取商业教辅资料的教师认为现有的资料都不适宜。有的教师认为"课本上的题太简单,不够做,而练习册上的题又不符合自己的想法,不想用。"有的教师认为"课本上和练习册上的题不够应付高考,不如外面买的资料上的题全。"还有部分教师则采取自主编辑的方式设计作业。即在众多教辅资料中,

选取与自己想法较为一致的内容去复印，以此作为学生的作业。他们认为，"人家的题肯定是精挑细选的，质量不错"，而且"学生也不用抄题，节省下的时间可以多做几道题"。有的教师则通过网络下载中意的题当作业。"网上的题内容多，难度由自己选，学生可以多见见高考题和模拟题，长长见识。"

2. "课堂补充型"

有部分教师设计的作业或教师设计的作业中有部分任务是以"课堂补充型"的样态出现的。课堂的时间是有限的，有时教师在课堂上会遇到比较繁杂的推导过程，或者有时教师会突然出现一些想法，这会影响课堂教学的进度，于是教师把这部分内容设置为作业，使作业成为课堂教学的延伸。受课堂教学时间的限制，教师往往将课堂作为"重要知识"的训练"场域"。所谓"重要知识"是指与高考相关的知识与技能。有的知识虽然重要，但由于太费时，而且又不能由教师代劳，所以教师更愿意将这部分知识的推导过程作为作业。"这节课推导余弦公式的过程有点复杂，但这是个重点，有一年哪个省来着就是用这个当成一道高考题呢！所以我给他们（学生）说了思路后让他们下去推，一来不浪费课堂时间，二来让他们自己体会一下推导过程。"教学活动是一种实践性较强的活动过程，不但陈述性知识间是前后联系的，而且程序性知识也是可以迁移的。还有时候，在课堂教学中，如果教师在讲解一个知识点的时候突然想到另一个与之相关的知识，但又不想影响课堂教学的整体效果，冲淡本节课的主题，常常也会将该相关知识作为作业。"这个题是我在讲点到直线的距离那节课时，因为书上主要使用的是传统的求法，对向量法提了一下，但课上又没时间给他们推导。所以就把思路和他们（学生）说了一下，让他们当成作业中的一个题（把过程）推一下。"

3. "笔记改错型"

还有部分作业是以"笔记改错型"的形式出现的，作业内容主要是对课堂教学内容的笔记或是对错题的改正内容，即作业本成为"笔记本"或"改错本"。"笔记型"作业多见于高年级，因为高年级的作业主要以教辅资料为主，"笔记型"作业可以为学生提供总结与反思的机会。当然，也有部分低年级的教师也愿意尝试使用该种形式的作业。比如，在高一三角函数模块的学习中，由于这部分内容知识点较多、较杂，需要学生专门抽时间进行梳理。有的教师往往就会借假期作业的时间让学生将相关知识点进行总结，以此作为作业。"一来为学生节省时间，不然平时他作业那么多，也没时间整理。二来可以督促学生整理知识点，以后回忆的时候也好有个参考。""改错型"作业一般多出现在考试之后，教师会让学生将错题在作业本上进行改正，当成一次作业。原因是多样的。有的教师认为考试是一种契机，学生对答错的题印象深刻，可以作为一次很好的学习机会。"学生对考试中做错的题有种不甘的情结，改正一下可以让他们对这个知识点或方法的印象加深。"而有的教师则是秉持"有效失败理论"，将学生的错误当成一种教学资源，"我让他们先把出错的过程写出来，分析当时他们的思考过程，然后进行改正。"更为"激进"的教师则完全将作业本变为"改错本"，让学生将平时练习中做错的题都收集到作业本上，其目的是"这样一举两得，既督促学生整理了错题，又能应付作业检查。"

4. "传统型"

有一部分教师沿用着传统的作业模式即将每一节内容的课后习题当做作业内容让学生做在作业本上。L中学在每学期开始，都会为每个学生发统一的各科作业本。"循规蹈矩"的教师一般会沿用传统的做法将其作为作业本，因为这个作业本是"官方指定的"，在交作业时检查人员没毛病可挑。"学校发了就用这个本子，一来学生花钱了，空着浪费，二来这是学校发的，以前领导检查的时候就是让交这个本子了，其他的资料都不能算作业，交了要挨批的。"而对于作业内容，则主要来源于课后，也有教师会选部分经典例题让学生做在作业本上。但教师的动机是不同的。有的教师有"免责倾向"，"课本上课后的题虽然简单一点，但有时候高考题会用这个题当母题进行改编，如果咱跳过不做万一到时候考出来学生不会，学生就会说当时老师没让做，这是教学事故啊！"这种担心多少有点杞人忧天，但这种做法确实可以"免责"，因为"让你做了你还不会就是你的事。"有的教师选用这类型题当作业的原因是这种题比较基础和简单。"我代的是普通班，学生水平不行，就让他们做做课后的题把公式会套用了就行。"普通班教师一般会认同这种观点，学生基础差是事实，与其在外面找题不如让学生把书上的题练一练，课后习题还是比较经典的和有一定权威性的。还有的教师认为，"让学生把题抄在作业本上就是为了让他们把答题过程写出来，这样可以规范他们的答题步骤，考试少扣分。"持这种想法的老师也不在少数，高中学习的指向是高考，或者起码是为了应付平时的期中、期末考试。对于解答题来说，答题步骤的规范性会影响阅卷老师对采分点选取的准确率，按照标准规则做出的题往往容易获得"步骤分"，从而提升总成绩。

总的说来，"刷题型""课堂补充型""笔记改错型""传统型"作业能在一定程度上促进学生的认知水平和元认知水平的发展，但也有一定的局限性。"刷题型"作业能使学生见到多种样式的题型，经历高强度的训练，这有利于帮助学生实现答题思路的"自动化"和"模式化"。而且当前巩固知识和提升技能为作业设计的主要目的，大量的训练对这个目的的实现是有帮助的。此外，对学生元认知的训练也主要以学生在"刷题"中形成的感悟为主。但"刷题型"的作业一般存在着机械训练的弊端，即教师对作业内容不加干预，任由学生"刷题"，这可能导致作业活动非常耗时、无趣和盲目。学生就像是筛选难题的机器，教师则只有在学生遇到难题时才进行解答。知识的建构、方法的感悟主要靠学生自己完成。"课堂补充型"作业设计的出发点是将作业活动看作课堂教学的延伸。它也有通过作业实现知识的巩固和训练的目的，但相比"刷题型"作业，这种作业中会融入教师对教学知识的价值性判断。比如教师认为某个知识点重要，则会在课后作业中为学生设计相关内容。此外，"课堂补充型"作业可以拉近课堂教学与作业活动的距离，增强二者间的联系。作业为课堂服务，而课堂对作业起统领作用。但是"课堂补充型"作业往往容易将作业活动的功能"狭隘化"，只强调作业的巩固知识和训练技能的基本功能，而往往忽视其在学生自主性学习能力方面的发展功能。"笔记改错型"作业将作业与课堂笔记以及纠正改错活动结合在一起，既省时省力，又可以促进学生学习反思能力的提升。笔记是学生进行知识梳理和进行图式化加工的过程，在做笔记的过程中，学生需要了解知识的应用，对知识的要点进行提取并进行归纳总结。这是发展学生信息处理能力的良好的途径。而改错则是学生针对自己认识的误区进行纠正的过程，学生针对自己的"迷思概念"或者是对相关程序性知识的误读进行纠偏，这是学生进行知识建构的重要过程。然而，当前的作业活动中，"笔记改错型"作业只占很少的比例，而且教师设计此类作业的初衷并非是为了提升学生的反思能力，而主要是为了减轻自己与学生的作业"负担"。"传统型"作业作为传统的作业形式，其在凸显作业的基本功能方面有着天然的契合性。更为重要的是，这种作业形式比较强调学生对作业过程的展示，也比较强调答题步骤的规范性。一方面，学生解决问题的过程是学生通过不断的思考选定问题解决的模式最后加以实施的过程，学生的答题过程蕴含着学生的思维方式，其答题的文字等符号也蕴含着学生的学习态度等信息。教师通过学生的作业过程可以对学生的思维及学习情感进行反推，从而进行评价。另一方面，数学问题的解决是需要以较强的逻辑思维作支撑的。通过学生的答题步骤，教师可以检查学生的逻辑方式和发现学生认识上的相关误区，并对其进行纠正。而且步骤的规范可以引领学生的思维习惯，这对提升学生的数学表达是有帮助的。但"传统型"作业往往比较耗时，有的教师还要求学生抄题，这可能会影响学生的作业时间。而且其选题一般来源于课后题，这种题在难度分布以及内容的丰富性等方面往往存在着局限性。这可能导致作业不能更好地满足更多学生的学习需求。

（二）作业活动：不利于学会学习素养的发展

作业活动一般包含作业目标、作业内容、作业活动的组织以及作业评价四个要素。结合访谈发现，当前 L 中学的作业活动在这四方面与指向学会学习素养发展的作业设计的理念存在较大差距。主要体现为作业目标窄化、作业内容低质化、作业活动控制化和作业评价形式化。

1. 作业目标窄化

在知识本位和考试本位的影响下，作业成了对课堂学习内容进行强化记忆和复现的过程。❶ 作业的目标与教学的目标是高度一致的。在以学生发展

---

❶ 刘辉. 作业研究变革：学习导向的作业分析 [J]. 中小学管理，2018（7）：42-45.

为教育目标的教学观中，教师布置作业的目的是为了促进学生的发展。然而当前的基础教育中，存在着以提升学生考试成绩为教学目的的狭隘的教学取向。在这种教学观的指导下，教师为学生布置作业的目的就是提升学生的成绩，以此实现升学率的提升。为了使得学生能够"精准"地掌握知识，教师不惜占用学生大部分的课外时间，让学生进行机械的、重复的训练。即使学生对所学知识已经基本掌握，但教师为了让学生在考试过程中提升准确率和答题速度，相应地对学生提升了学习要求，造成了学生的"过度学习"现象。此外，当前对学生实施评价的主要手段是考试，考试一般是以文本任务的方式对学生进行评价，因此作业也逐渐与考试趋同，具体表现在作业的形式、作业的内容都与考试别无二致。甚至在相当多的情况下，教师会直接为学生印一份或一套教辅资料上的测试题作为学生课后或假期的作业。

教师作为"经济人"其选择功利化的作业目标有其合理性的一面。然而，教师从事的是教育行业，教育的目标才是教师所应该追求的价值目标。教育的目标是为了培养全面发展的人。学生是处于发展阶段的个体，学生阶段是其进行人生积累的重要阶段，而高中阶段是其后续升学或就业的关键时期。在终身学习的时代背景下，将学会学习作为高中阶段教学和作业设计的目标才是合乎教育目的的，也是有利于学生长远发展的。当前"窄化"的作业目标是短视的和狭隘的，虽然可能在短期内促进学生的发展或者学习成绩的提升，但在促进学生学习能力发展方面的作用有限。因为目标具有引领和导向作用，指向浅层的知识训练和技能提升的目标往往会引发"刷题"等机械重复性训练的作业形式的出现。这种作业形式并不是发展学生学会学习素养的良好载体。素养的形成以及能力的提升需要较长的过程，这就要求相关活动在目标设计时要摒弃急功近利的思想，既要基于学生的长远发展考虑，又要拥有"静守花开"的心态；既要注重将知识掌握作为作业活动的基本目标，又要将学会学习素养作为作业活动的终极指向。这样才能对作业活动进行科学引导，使其在内容、活动组织以及评价等方面进行一体化的设计，最终使作业活动成为发展学生学会学习素养的良好载体。

2. 作业内容低质化

作业的来源一般是课后习题和教辅资料。教师备课一般以准备课堂讲课的内容为主，少有时间花在作业设计方面。因此，一般的作业内容往往以课本中的课后习题为主。课后习题较为简单，学生在课堂甚至在预习时就可能已经完成，但教师往往还会将课后习题作为作业让学生重新写到作业本上，主要意图是想让学生重新做一遍进行规范性训练。课后习题做完的情况下，教师往往会通过复印教辅资料上的成题或通过网络获取套题等形式为学生"设计"作业。这种作业往往只经过教师粗略地"审阅"、凭经验感觉题还"不错"，于是就成为学生的作业。这样的作业没有融入教师的教育理念，也无法更大程度地顾及到学生的学情。这种只是为了给学生"找点事做"而临时选取的任务，不可能使作业发挥其最大化的功能。甚至，还有的教师为了应付检查而为学生设计作业。比如对于个别内容，学生已经在课堂基本掌握了相关知识，也没有考试的压力，但教师为了让领导检查时"有据可依"，仍然会为学生布置抄写性的任务。这种"文本作业"非但低质和低效，也是没有存在意义的。

　　指向学会学习素养的作业内容应该是丰富的和精心设计的。在数学知识方面，通过作业设计应该使知识具有一定的层次性、选择性和关联性。知识的难度一般应该是由易到难的，这有利于提升学生的学习效能感，也便于学生进行任务的选择。任务的选择性要求作业内容是可供选择的，这有利于学生根据自身能力选择适合自己需求和能力的作业任务进行完成，这是体现学生学习自主性的关键举措，也是供学生进行个性化学习的重要途径。关联性是指作业内容之间、作业内容与前后知识点之间应该是有关联的，这有利于发展学生知识联系的能力。要实现这样的作业功能，随意选取的任务或是直接选取的套题是难以实现的，必须通过对每个题进行精心设计才有可能实现。在非正式学习的知识方面，为了优化学生的学习情感与丰富学生的元认知知识，在作业内容中加入相关知识供学生进行非正式学习是一条可能的途径。然而，这方面知识的选取与设计也并非是随意的。一方面，为了减轻学生的阅读负担，将这方面的知识作为问题的背景是一种可以尝试的路径。另一方面，为了强化学生对认知策略和元认知策略的理解，可以结合本节作业中的具体知识或是思想进行说明。这些都要求教师对相关内容进行精心设计。通过这样的途径提升作业内容的质量可以使作业成为发展学生学会学习素养的良好载体。

3. 作业活动控制化

受行为主义心理学的影响，教师秉持和践行着"刺激—反应"的学习观，相信通过多次重复的刺激能够强化认知、记忆甚至生成能力，将学生学习的过程看作条件反射的结果。在行为主义学习观和熟能生巧的传统教学观的影响下，教师更倾向于通过增加作业数量来实现教学的增值。[1] 教师为学生布置更多的作业以期帮助学生更牢固地掌握知识。一方面，课外作业被当做是一种控制学生课外学习的手段；另一方面，教师之间也存在着通过课外作业争夺课外时间的现象。在访谈中有教师反馈："不能让学生闲着，否则他会贪玩，多布置点作业他就老实了。"也有教师提到，"我不布置作业学生就不看我这门（课），只看布置作业的那些科目。"这些希望通过作业对学生进行"控制"以及为了"争夺"学生的课外时间而布置作业的心理使得每位教师都会为学生布置"适量"的作业，而多个"适量"的作业加起来使得学生的作业时间几近"饱和"，这对于学生来说是非常沉重的负担。此外，作业的控制化还体现在教师通过作业"控制"学生的思维方面。教师往往要求学生在作业中应用"通法"，而对其他解法则会以"通用性不强"和"过程太复杂"等理由"排斥"，建议学生"想想即可，还是用通法求解快"。

在"控制化"的作业活动中，一方面，学生成为了条件反射的训练对象。教师希望学生通过大量的训练形成条件反射，通过大量的做题熟悉各种题型最终形成答题的"图式"，实现答题思维调用的"自动化"。另一方面，学生成为低效重复劳动的牺牲品。教师为学生设计作业的目的是"合法"占有属于自己学科的学习时间或者是侵占其他科目的学习时间，而对作业的内容质量并未予以足够的重视。这种不能保证质量的作业难以提升作业的效能，也难以更大程度地促进学生的发展。更重要的是，这种"控制化"的作业活动使得学生在作业活动中很难有进行反思与试错的时间。学习的自主性一方

---

[1] 陈罡. 作业研究：从教学内容到学习经历——基于作业负担为中心的视角 [J]. 教育理论与实践，2019, 39（14）：50-52.

面体现在学生在任务选取方面拥有自主性，另一方面体现在学生对自己的行为调节有自主性。而教师通过加大作业任务的手段使得学生的作业内容趋近饱和甚至远远超过饱和的状态，这使得学生很难有时间去"从容"地在试错中建构知识，也很难有机会进行学习的自我调节。疲于应付作业任务也使得学生较少有机会进行学习的求助和交流。此外，要求学生回归"通法"进行问题解决的做法可能在很大程度上会影响学生思维能力的发展，这不利于培养学生反思性学习的品质，难以发展学生的学会学习素养。

4. 作业评价形式化

在大班制教学中，教师对学生的作业进行批阅的工作量是相当大的。一般语数外科目一位教师代两个班，物理、化学等科目一位教师代三个班。布置一次作业教师需花三个小时左右的时间进行批改。如果要对作业进行详批详改则需要更多的时间。因此，教师在批改作业时一般重点关注答案，或者只查看部分作业中学生对问题的解答过程以达到对学生大体作业情况的了解。在批阅中也一般是简单地画勾或叉并写上日期。有部分教师还可能根据学生的准确率和作业的书写情况为学生评等级。受教学进度的影响，教师对学生作业中出现的问题的剖析深度有限，对学生进行纠正的重视程度也不够，往往只是在新授课之前用几分钟时间对一下上节作业的答案以此做个简单的反馈。这样形式化的评价只能简单地让学生知道自己答案的对错，而对自己出错的原因不是很清楚。同样教师知道学生哪些题存在问题，但对问题产生的原因以及哪些同学在这方面存在问题则不甚清晰。这样，教师为了给领导检查一个交代、为了在学生面前体现自己对作业的重视，用形式化的符号进行作业的评价与反馈。虽然这在一定程度上起到了督促学生完成作业的作用，但这种形式化的评价只是一种浅表化的评价方式，只是对学生知识的掌握情况进行了一个总体的和浅层的评判，而学生的学习状态、学习心理等方面的评价则难以涉及。这影响着教师对学生个体情况的了解，同时也导致了教师难以针对学生的情况而设计更有针对性的和更具个性化的作业。

作业评价形式化的直接来源是教师"去烦"的心理，而其根源是教师对评价认识的不足。批改作业的繁重工作是教师工作的日常，即使是简单地判断作业中答案的正误和写批改日期也往往需要花费教师很长的工作时间。批改之频与批改之烦导致教师对作业的功能进行窄化的理解，即作业评价的功能是督管学生的作业行为。一部分教师可能会认识到作业对课堂教学的诊断等功能，而很少有教师能认识到作业评价对学生的情感激励及对学生学习行为的诊断等功能。形式化的作业评价往往只注重作业的表象，较少对作业内容甚至对学生的学习情感与行为进行深层次的分析。指向学会学习素养的作业设计中要求作业评价具有科学性和指导性。这既要求通过多元主体的评价保证评价的全面性和客观性，又要求通过质性与量化相结合的方法保证评价的科学性和可视化，还需要通过质性和指导性的评语对学生的认知情况以及元认知发展情况进行诊断并提出发展性的意见。这些都是当前"形式化"的和浅层的作业评价所难以实现的。

（三）作业功能：异化为功利化的工具

受行为主义和功利主义的影响，当前的作业一般表现为"难、烦、多"的作业内容以及机械重复的训练形式。更有甚者，将作业异化为控制的工具和竞争的资本。这样的作业严重侵占了学生的自主学习时间，损害了学生的身心健康。如此被异化的作业不但是低效的，而且可能是有害的。

1. 作业窄化为训练的工具

受行为主义的影响，有的教师执迷于"S-R（行为-刺激）"理论，将其奉行为"教育铁律"。行为主义主张教育的价值在于控制外部环境以及学生的行为，以此作为影响学习效果的可操作的变量。[1] 于是教师大量布置作业以期将作业当作外部变量，并通过使学生进行重复的训练而形成条件反射，从而提高答题的速度。在知识细分的时代，完整的知识已经被人为割裂，在学生的教科书中呈现的是"被设计"的知识，这种知识依照学科逻辑编排，既具有独立性，又具有关联性。学生的学习是通过"各个击破"和"循序渐进"的方式进行的。要想掌握后续内容，学生首先需要了解当前所学的内容。这使得学生对知识的掌握具有"是否能维持其后续学习"的重要意义。

---

[1] 杨启亮. 困惑与抉择——20世纪的新教学论［M］. 济南：山东教育出版社，1995：309.

因此，加深学生对当前知识的理解是教师和学生共同追求的目标，而作业正是实现这个目标的重要途径。于是人们相信，教师根据当前的学习内容设计高覆盖率的、能提升学生灵活应用知识和能力的、能拓展学生思维的作业。只要学生严格按照要求完成教师设计的作业，就能巩固知识、拓展能力，就能为后续的学习做好准备。除此之外，为了保证学生记忆的持久性和提升学生知识应用的灵活性，教师"不屑"也"无力"采取其他途径，只有通过大量的、重复的训练，使得学生熟悉各种知识应用的情境，以此缓解学生在大型考试中面对出现的新题型而产生的"陌生感"，提高答题的速度和准确率，从而取得较高的分数。这种以知识为中心的、工具化的和功利化的作业设计是"去伦理化"的作业设计，不利于学生学习意义与学习情感的发展。

2. 作业异化为控制的手段

从社会学视角审视，传统的作业是由教师主导进行作业内容的设计、作业活动的组织与作业结果的评价等，学生较少参与作业设计。所以学生完成作业的过程实际上是学生接受控制和被规训的过程。[1] 教师作为教学组织者，被《教师法》赋予其教学自主权。尽管教学活动一般是指课内的教学活动，但作为课堂的延伸，作业也理所当然地被纳入到教师的权力范围内。另外，教师的知识、社会对教师职业的推崇以及学生与家庭希望通过教师实现学生学业上的"成功"，这使得教师拥有了绝对的权威。因此，对于教师布置的作业很少有人质疑，甚至教师随意布置的作业也可能会被家长与学生奉为"圣旨"，极少有家长和学生反思作业的科学性和合理性。在作业数量上，教师会在能实现"使学生基本掌握相关知识"的基础上尽可能再多地为学生增加作业数量，以此控制学生的学习时间，防止学生沉迷于电子游戏等事物而造成学习的"分心"。在作业评价方面，教师为了减轻个人的批阅负担，可能会让学生自己对作业的正误等客观性的内容进行评价，自己则主要关注学生的作业数量与作业次数是否"达标"。甚至在假期作业中，教师会"授权"家长代替自己督促学生完成作业并保证作业的完成质量。在此过程中，教师间接地实现了对家长的"控制"。家长慑于教师的权威，往往选择顺从。同

---

[1] 张济洲. 中小学作业观：特点、问题与走向 [J]. 课程·教材·教法，2013，33（7）：25-30.

时，家长对作业的认同也有出于"控制"孩子的考虑，否则孩子将难于监管，可能沉迷于电视或电子游戏。正因如此，家长也希望借教师的作业来弥补自己对子女监管权威的不足。因此，尽管家长反对教师为自己分配检查作业任务的做法，但其对作业本身往往持支持的态度。如此，作业更多以一种"控制"的符号出现，成为教师与家长"合谋"的结果。而这种控制的结果是学生疲于应付，没有时间参加其他课外活动，甚至失去了自主学习的机会，几近沦落为完成作业的机器。

3. 作业演化为竞争的资本

在当前以纸笔考试为升学条件的评价制度下，学生需要在规定的时间内解答一定数量的题目，根据答题质量量化后的分数作为评判学生是否具有升学机会的依据。这种考试的形式与当前文本型作业的形式是高度一致的。而且，考试的时间有限，需要学生用更快的速度理解和解答题目，学生要想取得较高的分数就需要在平时进行大量的训练，而作业正是为学生提供"模拟考试"训练的重要形式。可以毫不夸张地说，作业是为考试服务的。因此，学生为了在千军万马中胜出、家长为了通过升学考试为孩子争取更好的学习机会和社会资源、教师和学校为了能在同行的竞争中更具优势，作业演化成了竞争的资本。教师为学生布置再多的作业家长都不会觉得过分，甚至学生自身也会在完成作业的过程中与同学进行对比而获得所谓的"成就感"，学校则出于自身利益考量，对此心照不宣。作业也会引起教师间的相互竞争。代同一个班的科任教师，在学生有空的自习课或假期时，都会瞄准这个"空档"，为学生布置"适量"的作业，而且布置作业时往往会强调科目的重要性以及宣称"我这是为你们好"，以此博得学生的认可。如果是一位老师的作业占据这个"空档"学生还能应付，可一旦几位老师都"瞄准"这个"空档"为学生布置作业，那么学生则需要用这个"空档"二到三倍的时间来完成作业。难怪有的学生会发出"不要为我们放假了"的心声。

四、L中学高中数学作业设计"低质化"的原因分析

(一) 无需与无奈：教师不愿意优化作业设计的客观原因

1. "用不着"：粗放型的作业管理导致作业设计的"随意性"

教学管理中，比较普遍地存在着粗放型管理的样态。一方面，这与当前教学评价的结果导向有关。当前的教学评价主要以结果评价为主，即以学生的考试成绩为考核教学质量以及教师绩效的主要指标，所以教学管理中，主要关注教学成绩。另一方面，这与教学的复杂性有关。教学过程是一个充满不确定因素的动态的变化过程，这使得教学管理中难以为教学过程的管理设定一个统一的管理模式。于是教学过程的管理中，学校往往给予教师比较充分的"自主权"。作为教学活动的一个组成部分的作业则更是常常处于"弱监管"的样态中，学校主要关注作业的次数、作业是否有批改的痕迹。其他比如作业的内容、形式等，都不作要求。这就在一定程度上导致教师对作业设计的重视程度不够。一方面，教师存在"技术化"的倾向，另一方面，教师难以全面地认识作业的本质与价值，更难以将其与学生的自主学习联系在一起，甚至有教师还在怀疑作业存在的意义。许多教师认为，"作业就是个安慰剂，能让上级放心、自己安心、学生收心。"在作业设计中，许多教师直接选取课后或教辅资料上的题当成作业。有的教师甚至在临下课前一两分钟才在课后习题中找与本节课所讲内容相关的题将其布置成作业。有教师认为精心设计作业没必要，"用不着那么费劲，差不多得了，学校又不管那么细。"有的教师则感觉精心设计作业不值得，"你精心设计半天学生今天做完了你明天还得设计，累死也没人看见。"

2. "不会做"：教师作业设计能力的缺失导致作业内容的"拿来主义"

作业设计能力决定着作业设计活动的动机与质量。❶能力一般包括知识、技能与态度三方面。❷在知识方面，作业设计需要涉及教学论、课程论、学习论以及心理学等方面的知识。而教师的知识体系中一般只有职前教育中所

---

❶ 王月芬. 作业设计能力——未被重视的质量提升途径 [J]. 人民教育, 2018 (Z2): 58-62.
❷ 陈琦, 刘儒德. 当代教育心理学. 第2版 [M]. 北京: 北京师范大学出版社, 2007: 220-221.

学的教育学与心理学两部分内容。有的师范教育中，连教学设计课程都不开设。这在很大程度上导致教师作业设计能力的欠缺。这也导致了教师对作业的片面性的认识，教师往往只认识到作业的练习与巩固的功能而忽视作业在学生学习能力提升和学习习惯的养成等方面的功能。在作业设计技能方面，当前的教学主要以课堂教学为重心，无论是管理还是评价，都更为关注课堂教学设计。所以，教师们主要以"课时"为单位，注重分析学情、分析知识间的联系、课堂教学环境设计和互动环节设计等。而对同一节课的课前与课后之间的联系关注较少，这使得教师很少针对作业设计进行学情分析、课外学习环境的设计以及作业的互动设计等方面着力，更少进行相关设计能力的提升。能力的缺失导致教师在作业设计中深感力不从心，于是倾向于选择成题当作作业。许多教师认为，"自己选半天，又容易漏掉知识点，还不容易把握难度，人家资料上选的题比咱们选得好多了。"在态度方面，教师一方面受传统教学中"重教轻学"理念的影响，将作业看作是课堂教学的补充，或者是学生自己进行知识巩固的过程而没有给予足够的重视。另一方面，受教学评价体系的影响，教师更注重将作业看作是学生"练题"的环节。而教辅资料上的成题正好满足了教师的这种认识，因而直接拿来即可。

3. "这样更好"：教学评价的导向引发了作业形式的"考试化"

教学评价直接影响着作业的内容与形式。当前的教学评价以学生的考试成绩作为评价学生、教师以及学校的主要指标。这种评价是通过学生进行纸质化答题的终结性的评价，评价方式就是让学生在规定的时间内答题，学生的答题速度与正确率影响着学生的考试成绩。这不但需要学生能够掌握相关知识点，而且还需要学生能用比较快捷的算法和精准的运算能力进行解答，以保证考试的得分。于是，教师们将作业当成学生"备考"的"练兵场"。作业内容必然是本节课的重要内容，也必然是考试的高频考点。作业任务更多地以解答题的形式出现，为的是让学生梳理答题思路，规范答题步骤，以实现"见题有思路、步骤不扣分"的目的。有的教师甚至直接用一份"限时训练"的资料当成作业，要求学生在规定时间内做资料上的题，到时交回。"这样才能让学生有一种紧迫感，在大型考试中也不紧张。"教学评价的导向正是作业的内容、作业形式、作业的答题模式甚至每个题的赋分都与考试高度一致的主要原因。于是，作业成了一次次小型的"考试"，作业过程也演变成了学生的备考过程。教师们比较认同这种模式，"这样的作业更好，省力、省心还能对学生进行针对性的训练，让学生紧张起来，挺好的。"

（二）有利与有心：教师倾向于将作业异化为控制学生的工具

1. 用"合法任务"侵占了学习的时间

时间问题是中小学作业研究中的一个重要议题。作为一种"合法任务"，课外作业是学生在课外必须完成的，任务量的大小决定着占用学生课外自主活动时间的多少。因此，时间往往会成为作业研究领域的重要的关注对象。国外早期许多作业方面的研究多是以时间为变量进行的。在中小学生"减负"的相关研究中，作业时间更是作为首要的研究对象出现。研究者通过调查学生花费在完成作业上的时间以作为判断学生课业负担轻重的依据。为了保证学生的课外学习负担不至于过重，许多国家都对中小学生的作业时间做出了限制性的规定。2018 年我国教育部下发的《中小学生减负措施》（"减负三十条"）规定，小学生高年级家庭作业时间需控制在一小时之内，初中生家庭作业不超过 90 分钟。

在时间社会学中，时间是一种资源。拉科夫（Lakoff）和约翰逊（Johnson）分析了人们的主流时间观后得出三个隐喻，即时间是金钱、时间是一种有限的资源以及时间是一种有价值的商品。"作为一种有限的资源，时间的总量是确定的，一旦用了，就不能重新得到"。[1] 课外的时间本应是学生及其家庭自主支配的。由于作业的存在，学生需要花一定的时间来完成"任务"，这必然会影响到学生的自主发展与个性化的学习。特别是对于部分学业水平较为落后的学生来说，花费在作业上的时间远远超过了国家规定的时间，甚至会占据其课外活动的几乎全部时间。

就学生而言，课外时间影响着其个人资本的积累。在一定程度上，特别是在知识掌握的初期，学习成就与学习时间呈正相关性。那么，在课堂学习

---

[1] 约翰. 哈萨德. 时间社会学 [M]. 北京：北京师范出版社，2009：14-18.

时间相同的情况下，学生的课外学习时间影响着学生的学习成就。作为"合法任务"，课外作业"名正言顺"地占据着学生的课外活动时间，也必然会影响着学生的学习成就。一般来说，花费足够长的时间来完成作业，有利于促进学生对教师预设的内容的掌握。但学生是存在差异性的，学生的学业水平、学习能力、兴趣爱好和个性特征等不同，所需要学习和愿意选择的学习内容也不同。任由同质化的课外作业占据了学生大部分的自主学习时间，只能满足一部分学生的学习需求，有其他学习需求的学生只能"被迫地"进行学习，而没时间进行自主学习。

就教师而言，对学生的课外时间的控制也影响着其个人资本的积累。学校和社会对教师的评价一般是以其教学成绩作为主要评价指标的。对于普通教师而言，能够通过高尚的德行或者是个人魅力获得领导、学生与家长认可的机会很少。要引起大众的注意与认可，就需要使自己的行为符合大众的需求。[1] 教师所能做的，就是提高学生的学习成绩，提高所带班级的升学率，以此实现个人价值。而要实现学生学习成绩的提升，一方面要提高学生的学习效率，另一方面也要保证学生的学习时间。这二者之间并不矛盾。提升学习效率可以帮助学生在短时间内掌握更多的知识，而延长学习时间可以在一定程度上提升学生知识掌握的稳定性。目前对学生的评价形式是高风险性评价，这要求学生在固定的时间获得更高的得分。所以，学生不但要"会"，而且要"对"和"快"，这对学生答题的速度与精确度提出了较高的要求。而学生之间的"过度竞争"导致了家长和学生产生了"过度学习"的需求。正因如此，在以高风险性评价为终结性评价方式的国家与地区，比如中国、日本、韩国、台湾等地，很少有人质疑作业的合理性。教师正是顺应了学生以及家长的这种需求，使得为学生布置一定量的作业成为了"天经地义"的事。在分科教学的教学模式下，教师对自己所带的科目负责。虽然教师希望学生能够在多学科间实现均衡发展，但更希望学生能在自己所带学科的学习上花更多的时间，以取得更高的成绩。因此，在常规的课堂教学之外，课外

---

[1] 杨炎轩，王珺瑶．压力视阈下我国中小学教师师德失范行为的归因与治理［J］．现代教育管理，2021（6）：99-106．

活动时间成了教师们争夺的焦点，课外作业正是这种争夺战的"利器"。

2. 用"文本符号"规定了学习的内容

作业内容是作业质量的重要影响因素。作业一般是在教师不在场的情境下需要学生独立完成的任务。这与课堂教学不同，课堂教学中师生间的交流是面对面的，可以相互观察和交谈，通过视觉符号和听觉符号进行交流，这是一种多通道的交流方式，可以在很大程度上保证信息表达的准确性，达到精准的相互了解的目的。而在课外，学生的学习主要以自主学习为主，作业内容便成为了教师与学生间接交流的一种"文本符号"。就目前的纸质作业而言，这种交流的符号具有单向性，即作业内容是教师向学生单向传输的信息，是教师意志的体现。虽然在作业的批改与评价阶段，学生的信息会反馈给教师，但这种交流是滞后的，在学生完成作业的阶段，师生的交流主要还是以作业内容为载体进行的单向交流。

作业内容的设计在很大程度上取决于教师的教学观。教学观是教师在教学过程中受价值观、教育理念、教学能力和教学经验等因素的影响所形成的教师个人的教学理念。教学观指导着教师的教学行为。在课外活动中，教师无法做到对学生进行耳提面命，作业就是其教学行动的延伸。故而，教学观影响着作业设计，而作业中也体现着教师的教学观。一直以来，中小学教师对作业的认识一般都停留在知识巩固与能力提升等基本功能的层面，这使其所设计的传统作业大多以知识的学习与巩固为主。作业内容基本是课堂教学内容的重复与延续。考虑到学生是在教师不在场的情况下进行学习的，而且假设学生是没有完全掌握课堂所学知识的，于是作业内容往往被设计为是与课堂所学内容相近的、难度适中的例题或习题的"变式"。

事实上，能对作业进行"精心设计"的教师并不多见。其一，作业设计取决于教师的作业观。一般作业是作为课堂教学流程的最后一部分出现的，而且其活动范围不在课堂之内。我们在听课中不难发现，教师往往会在临下课前，总结完本节知识后才顺带布置一下本节课的作业。虽然在凯洛夫的教学五步法中作业是作为其中一个重要环节出现的，但由于其是最后一个环节的缘故，往往在现实教学中没有受到教师的足够重视。其二，作业设计取决于教师的教学能力。虽然大部分教师的教学资历是达标的，但在教学设计特别是作业设计方面的能力往往还有待提升。作业设计虽然看似容易，但好的作业设计必须涉及到学情分析、知识逻辑关系的梳理、学生心理活动的预设等，这对教师的教学能力提出了更高的要求。其三，作业设计取决于教师的设计动机。作业的周期很短，一般是一到两天。面对教师精心设计的作业，学生未必能体会到其中的价值而草草应对，教师还没批阅完上一次的作业就需要进行下一轮的作业设计。而且在作业管理方面，领导对作业的检查一般只看作业是否进行了批改，对作业的形式与质量不做严格要求，作业设计也不会作为评价教师的主要指标。因此，教师不愿意在作业设计上耗费时间。

出于便利性的考虑，教师选取的作业内容一般来源于课本的习题或者是课本配套的习题册。这种作业内容与课堂教学的相关性较强，而且习题与习题册中的内容往往由较高水平的专家编写，质量较高。然而，由于其面向范围广，也导致其个性化程度不高，只能是引导学生对基本内容进行巩固，很难使学生的能力有较大的提升，更难以进行个性化的辅助学习。另一种常见的现象就是，当前"学生的作业大多是来自市面上现成的教辅资料。随意取材自市面上五花八门、良莠不齐的教辅资料"[1]。的确，有的教师为了拔高教学难度，会在若干教辅材料中选取自己认为合适的内容作为作业，教师很少就这部分内容进行改动，而是直接选用或采用"拼盘式"的组合，这也导致了作业内容的质量良莠不齐。虽然有学者倡导作业内容应符合学生的心理特征、应与课程标准保持一致。但在功利主义的驱使下，教师往往狭隘地以考试要求作为作业设计的主要依据，这导致作业成为考试的"预演"，具体表现在作业内容与考试内容高度一致，作业难度与考试难度逐渐趋同、作业内容的呈现形式与考试题型如出一辙等方面。

3. 用"教师权威"限制了学生的行为

作业是学生自主学习的机会，应体现学生的自主性。然而，当前中小学作业无形中对学生的学习行为进行了严密的控制。课外学习中学生的学习方式本应是自主的，学生本可以在课外就自己感兴趣的内容以自己喜欢和适合

---

[1] 卢光辉. 试论中小学作业问题的可能解决之道 [J]. 课程·教材·教法, 2017 (8): 116-121.

的方式进行自主地学习。然而，完成作业却成为"合法地"和"大一统"的课外学习方式。学生完成作业成了天经地义的事，一旦不能完成，便是违规，可能受到相应的惩罚。因此，无论学生愿不愿意、需不需要，课外作业必须完成，而且要按时的、保质保量地完成。这就使得学生在课外学习中，只有在完成作业的前提下才能进行完全自主的学习。

作业的合法地位是与教师的权威紧密相连的。教师是学生学习的指导者，从这个角度来看，教师是为学生提供服务与支持的。但是教师在教学过程中可能会通过为学生提供表现机会、对待学生的态度、是否为学生提供精准的指导等途径体现自己的作用。在大班制教学的情境下，教师必然成为稀缺资源，成为学生与家长争相取悦的对象。这使教师在教学过程中拥有了比自己职业标准要高得多的权威。教师利用这种权威，可以突破相关规定的约束，实现对学生甚至对家长行为的控制。[1]

教师认为学生在课外自主学习的行为应以作业为主。这不但可以实现对学生学习内容的控制，还可以对学生的学习行为进行控制。其一，完成作业意味着学生进行了学习行为；其二，完成作业表明学生的学习行为是按自己的要求进行的；其三，完成作业在一定程度上可以表明学生的学习行为的结果是符合自己预期的；其四，完成作业可以规范学生的学习行为。因为作业完成的质量可以体现出学生的能力水平和完成作业的态度。通过这样的控制，教师可以保证课外作业成为课堂教学的延续，可以保证学生的学习行为符合自己的意愿。即使学生有其他方式的学习需求，这些学习行为都或多或少地受到作业的制约。比如，有的学生在参加校外培训机构的学习中，也往往会以课外作业为载体，要求校外培训机构的教师为其解决课外作业中的问题。"唯作业"的课外学习方式不可能满足所有学生的学习需求，不同学生的发展水平不同、个性习惯不同，其学习需求必然有一定的差异。然而教师致力于培养"一个模子里出来"的学生，也即能应试的学生，无法顾及学生的个性特征。在以"为了大多数学生的成功"为教学目标的教学观的影响下，教师"无奈地"忽视了学生的个性发展。

---

[1] 李德显. 课堂秩序论［M］. 桂林：广西师范大学出版社，2000：155-168.

在教学过程中，教师往往用"有罪的"预设和心态来决定对待儿童的态度与行为，这是一种"有罪推定"的儿童文化心态。❶ 在这种"有罪推定"文化的影响下，教师预设学生在完成作业的过程中必然是不自觉的。因此，需要用作业量来控制学生的学习行为。只要布置足够多的作业，学生就无暇偷懒，就没时间玩游戏。这在一定程度上导致学生作业量的增加，加重了学生的学业负担。此外，教师认为好的作业质量必然是与好的作业过程相关联的，因此，可以通过以作业质量促进作业过程的手段，注重对学生完成的作业数量、质量与书写的整洁程度等进行评价，以此"规范"学生完成作业的过程。为了实现对学生行为的"远程监管"，教师利用自身的权威发动家长进行学生作业完成过程的监督，甚至要求家长进行作业的检查与辅导。这使家长成为课外学习活动中教师身份的代理，成为教师"遥控"操纵学生的主要工具。为了激发家长参与控制学生的积极性，在假期作业中，有的教师会要求家长在班级微信群中进行作业的"打卡"，即将学生完成的作业拍照发布在交流群中，便于教师进行量化统计，也便于在家长之间形成"竞争"，这在一定程度上也实现了对家长行为的控制。

4. 用"规范步骤"固化了学生的思维

在思维方面，学生是有较大差异性的群体。这导致学生在学习过程中，掌握知识的途径、对知识的建构方式以及解决问题的思路都不尽相同。作业是教师为学生设定的任务，是为学生提供知识应用的学习机会。在完成作业的过程中，学生难免会表达出多种思维方式。对于学生而言，特别是在初学阶段，创造性的思维较少，更多的"创造性思维"属于学生天马行空的"畅想"或者是"迷思概念"的表达。这给教师作业的评价带来很多麻烦，一方面教师需要花精力去理解学生的"思路"，另一方面，教师需要花时间进行纠正与交流，这会占用课堂教学时间。因此，教师更希望学生的思维"规范"一些。

为了规范学生的思维，教师在设计作业时，在题型选取方面主要以客观题为主，这样使无论学生采取什么样的思维方式，答案都是固定的。这种隐

---

❶ 闫守轩，朱宁波. "过度教育"的表征、归因与救赎 [J]. 中国教育学刊，2012（8）：18-21.

藏思维过程的题型使得答案固定、易于评价，甚至可以"去人工化"地进行作业批改。这在减轻教师的工作负担的同时也体现出客观题的机械性与"去个性化"的特征。特别是在解答这类型题的过程中，教师会让学生对知识进行机械的记忆或者是为学生传授"特值法""排除法"等技巧，这些机械的和"投机性"的学习方法对提升学生思维能力的影响有限。课外作业中，即使有的任务是以"主观题"的形式出现的，但其本质其实也是大容量的、多步骤的和思路在可控制范围内的任务，学生必须以"规范"的方式解答，思路也往往局限在几种常规思路中。作业中也很少会出现开放性问题等任务形式。

教师习惯于用"规范步骤"的做法来控制学生的思维。一方面，教师希望通过规范学生的答题步骤来规范学生的思维，从而提升学生答题的效率。发散的思维往往具有不确定性，而且具有失败的风险。更重要的是这种异于常人的思维虽然可能比较巧妙，但不具备推广性。规范性的思维才能让学生产生熟悉感，这在一定程度上可以提升学生答题的准确率。另一方面，规范的步骤是以考试的评分标准为蓝本的。在解决问题的过程中，学生必须用课本上已经学习过的知识，其他地方获取的知识则被认为"不具备解释力"，或者是"太突兀"。而答题步骤也必须按照大型考试中的评分标准来进行，从书写形式到推导过程中都要"规范"，不但要表达精准，也要便于找到"采分点"。这其实是为学生在考试中不发生意外的扣分和在不完全会的题目中尽可能多地拿过程分而做准备的。

如果其他控制是对学生知识与身体的限制，那么对思维的控制则是对学生思想的规约。教师往往以"学生的思维能力弱""学生的创新思维大多是错的"等为借口，不鼓励学生进行思维训练，而引导学生通过"规范"的思路来迅速获得"掌握"知识的乐趣，致使学生相信只要按教师的思路做，肯定能得到正确的答案。等学生到了高年级，思维逐步僵化，教师仍然会感觉到学生的思维能力有限，仍然不敢放手也不愿意花费更多的时间让学生思考。相比而言，教师更愿意让学生掌握常规的思路去应付考试。在此过程中，教师和学生都是"受益者"。然而这种做法却忽视了生活中大部分问题都具有不确定性和不能用固定的思维去应对的现实。更重要的是，这种"规范"思维的行为扼杀了学生思维的自由，使得学生逐步丧失了自主思考的意识，也逐步失去了自主学习的动机和能力。

第三节　作业设计的影响因素及作用机制

作业设计的主体是教师。然而，教师身处教育和学校场域，其进行作业设计的行为会受到外界环境的影响与条件的制约，同时也受到内在动机和作业观等因素的影响。探究影响教师作业设计的因素及影响机制有利于在后续的相关研究中结合其进行作业设计模式的开发与应用，同时也有利于为提升教师作业设计能力和提升作业设计质量提供理论支持。

一、分析框架

本部分研究主要采用"拟剧理论""路径依赖理论""自我效能感"为分析框架。"拟剧理论"将人的行为分为"前台表现"与"幕后表现"。对作业而言，由于其常常处于"弱管理"中，因而作业设计一般具有个体性和隐蔽性的特点，其相当于是教学活动的"后台"。当然，在应对作业检查时，作业又处于"前台"。根据作业设计及作业管理的特点，可以应用"拟剧理论"从作业的文本内容等方面分析教师作业设计中的"幕后行为"和从形式与数量等方面分析教师作业设计中的"前台行为"。作业作为一种教学活动，是融嵌在整个教学活动以及教育系统中的，因此，可以利用"路径依赖理论"分析教育系统特别是教学评价体系是如何影响作业设计活动的。"自我效能感"是指"人们对自己是否能成功进行某一成就行为的主观判断"。❶ 教师在优化作业设计时，会受到自身能力的影响。可以利用"自我效能感"理论分析教师作业设计能力对教师作业设计活动的影响。

---

❶ 陈琦，刘儒德．当代教育心理学．第2版［M］．北京：北京师范大学出版社，2007：220．

二、材料整理与分析

通过对教师的访谈，利用扎根理论的研究范式将访谈内容进行自下而上的逐级编码。首先在开放编码中研究者悬置个人"前见"，根据材料的字面意思结合研究者的"共情理解"，对意义进行初步命名，共形成 125 个自由节点。然后研究者对这些节点进行反复对比、分析与整合后，将其归纳成 18 个类属。最后，研究者在关联式编码的基础上，将二级编码抽象为五个核心类属，分别是作业管理、教学评价、教师作业设计知识、教师作业设计技能和教师作业设计态度（表 3-9）。

表 3-9 高中教师作业设计影响因素的三级编码表

开放式编码（节选）	主轴式编码	选择式编码
"学校一般一个月检查一次，县里面一学期检查一次。""一般主科一个月 8~12 次，副科少点。""教务员不管你那么多，只要次数够了就不扣分。"	作业政策 作业要求 作业检查	作业管理
"课堂就那么一会儿，主要还得学生下课多做练习。""你不布置作业学生下课就不学你这门课呀。""考试又不这考，所以（项目学习）没啥用。"	教学延伸 争夺时间 考试导向	教学评价
"大学学的那点心理学知识早忘记了。""每天又忙又累，几乎没时间看书"，在职培训则主要以在线进行继续教育为主，但多流于形式。"继续教育都是形式，讲得那些没用，学习时'挂机'就行。""就咱们学习图书室那几本书，都是前朝古辈的，还经常不开门。"	职前教育 自主学习 在职培训 环境支持	教师作业设计知识
"毕竟教了将近二十年书了，现在每节课后大概能知道学生哪儿会出问题，就围绕这些问题出几个题。""没必要自己编，市面上有那么多（资料），根本做不完。而且自己编，作业每天都有，你能编得了那么多，累死！""那些活动啊、探究什么的作业，都是花架子，再说咱也不会，也麻烦。""作业不会可以问老师、问同学呀。""作业学生也没时间反思，上课听讲解就相当于反思了。"	经验主义 拿来主义 缺少支持设计 缺少反思设计	教师作业设计技能

续表

开放式编码（节选）	主轴式编码	选择式编码
"作业根本不用专门设计，临下课随便找几个题让他们练练就行。""考什么就做什么，主要围绕高考的高频考点选题。""教辅资料那么多，都是人家精心编制出来的，肯定比咱们拼凑的质量高。""刚入职时，我也满怀理想，想做一个不一样的老师，但如果你标新立异了其他同事就会排挤你，而且那么做也和提高学生的成绩没什么帮助，所以后来就老老实实（用传统的方法）教书了。"	应付心理 功利取向 畏难心理 教师文化	教师作业设计态度

三、作业设计的影响因素分析

（一）作业管理

虽然作业容易引发广泛的关注，但却往往处于"弱监管"中，这使作业管理对作业设计的影响有限。首先，宏观层面少有作业管理方面具体的相关制度与措施。虽然在两个"意见"中对作业的形式等提出了建议，但没有硬性和具体的要求，这使学校的作业管理无章可循。所以，学校往往采取简单的作业管理方式。L学校每个月会收学生的作业，以此作为评判教师绩效的依据之一。其检查标准是看作业的次数是否达到规定的要求，看教师是否有批阅作业的痕迹。这使得教师为了应付检查，往往东拼西凑，凑够次数即可。没有批改痕迹的"临时抱佛脚"地进行批改，或者让学生"互批互改""自批自改"。"教务员不管你那么多，只要次数够了就不扣分。"这也正是"应付型作业"出现的原因之一。

2018年，县教育局成立了一个项目组，专门负责中学教学质量的提升。该项目组出台的一份文件就是关于规范作业的，其中规定了各科作业每个月的作业次数要求，特别地，还规定了必须要在每次作业的顶端写上"日期+第几次作业"的字样，为的是方便检查。每学期结束，项目组会组织部分教师作为检查员分赴各学校检查作业，主要还是检查作业的次数。其中，"日期+第几次作业"的字样必须写上，否则作业便是无效的，相关教师会在全县教育系统内被通报批评。所以，教师们"顺从"地要求学生在每次作业的顶端写上相关字样。可见,作业管理会影响教师的作业设计。教师会按照管理要求使自己的作业"达标"。但由于现有的作业管理过于粗放,仅停留在作业数量及批改次数上,所以教师们只需花费较少的精力即可完成作业设计。

(二) 教学评价

教学评价对教师的教学活动起着重要的导向作用,作业活动作为教学活动的一个组成部分,很大程度地受到教学评价的影响。教学评价应该涵盖教学活动的全过程。但当前学校层面的教学评价活动受各种因素的影响,往往"窄化"为根据学生的成绩对相关教师进行评价。在这种评价体制的导向下,教师的教学活动都以提升学生的考试成绩为主要目的。为了实现效果的"最优化",作业往往成了教师们提升教学成绩的"主阵地"。"课堂就那么一会儿,主要还得学生下来多做练习"。所以,一方面,教师们通过作业争夺学生的课外学习时间。因为"你不布置作业学生下课就不学你这门课"。另一方面,作业的内容及形式与考试呈现"同质化"的倾向。作业内容即考试要点,作业形式与考试特别是与高考中的题型别无二致。有的教师也想尝试进行作业变革,但受教学环境以及评价体制的影响而作罢。"我对项目学习感兴趣,本来想利用长作业的理念,把项目学习当成学生的作业形式。但考虑到现在的学生没时间出去,周末让出去又怕出事了自己还得担责任。还有就是这个东西肯定见效慢,甚至可能没有什么明显的效果,领导、同事还有家长会认为你是在瞎折腾。更重要的是这个考试又不考,学生们参与的积极性也不高。所以筹备了几天,放弃了。"教学评价的导向作用使得所有教学活动都朝向其评价标准而形成了一定的"隐性的共识",并在管理、教学甚至意识中,形成了一套大家公认的体系。受"路径依赖"的作用,作业的变革往往会与"体系"相冲突,比如作业内容不能脱离教学和考试的内容、作业形式要与当前的教学模式以及考试形式相吻合、作业中的题型与考试内容一致才能引起大家的认同等。因此,作业设计在当前的教学评价体系中,很难有突破性的变革。

(三) 教师作业设计知识

教师的作业设计知识是教师进行作业设计的基础。作业的本质是一种供学生进行自主学习的机会，而其实施的时空又是在课堂教学之外的，其还与家庭和社会有一定的联系。因此，作业设计知识一般应包括课程论、教学论、心理学、哲学和社会学等方面的知识。当前教师教学方面的知识主要来源于职前教育，主要是师范教育所学的教育学和心理学。"大学那会儿主要就是学了教育学和心理学，教育学就记得个因材施教，心理学就记得记忆要靠强化。比如那个狗流口水不就是强化的结果吗！"这种对教育学和心理学的碎片化和片面化地认识的现象是普遍存在的，而且教师对其他与教育教学相关的知识也存在一定的误解。比如有的教师认为，"社会学没用，咱们是学校，和社会还是有一定差距的。"他们主要认为对教学有帮助的还是教育学和心理学。职后的教育主要以自学和在职培训为主。但教师在日常工作中，忙于教学事务和家庭事务，学习时间有限。"每天又忙又累，几乎没时间看书""现在看的书主要是教材和教辅书""晚上要么有晚自习，没晚自习还要辅导孩子写作业，哪有时间听网课。"在职培训则主要以在线进行继续教育为主，但多流于形式。"继续教育都是形式，讲得那些没用，学习时'挂机'就行。"而且学校也没有相关的学习条件。"就咱们学校图书室那几本书，都是前朝古辈的，还经常不开门。"的确，学校图书室订购的期刊数量非常少，图书也主要是面向学生的，适合教师进行专业提升的图书少而陈旧，不能满足教师拓展知识结构的需求。

（四）教师作业设计技能

作业设计技能一般包含作业需求的分析能力、作业内容的选取能力、作业形式的设计能力、作业实施的掌控能力和作业设计的评价与反思能力。作业应该是针对学生的学习需求而设计的，但教师对学生的需求分析主要依赖于经验。"毕竟教了将近二十年书了，现在每节课后大概能知道学生哪儿会出问题，就围绕这些问题出几个题。"针对作业需求，教师应该通过各种途径选取和开发作业内容。这方面教师主要以从教辅资料中选取成题为主，很少进行改编和开发。"没必要自己编，市面上有那么多（资料），根本做不完。而且自己编，作业每天都有，你能编得了那么多，累死！"教师其实是有能力进行作业内容的编制的，但由于作业次数非常频繁，教师不愿意花太多的精力在作业内容的选取上。作业形式影响着学生的作业兴趣与思维方式，这要求教师能用灵活和丰富的作业形式吸引学生的注意力、提升学生的作业动机。但受教师对作业认识的影响，教师更愿意将作业作为提升学生考试成绩的手段。"那些活动啊、探究什么的作业，都是花架子，再说咱也不会，也麻烦，还不如多练题，这样学生才能熟练，多拿分。"作业设计中，应该考虑到作业的实施情况，可以给学生提供一定的作业辅助措施，以实现对作业实施的"掌控"，使得学生在作业中可以通过一定的途径找到解决问题的办法，保证作业实施的顺利进行。但当前的作业设计中，教师往往局限于传统的学习帮扶措施。"作业不会了可以问老师、问同学呀。"很少有教师考虑到学生可能由于性格原因而难以通过传统的教辅措施获取帮助，也很少有教师会考虑到信息技术等手段在作业辅助中的应用。对于作业的评价与反思，也很少有教师会认识到其价值。虽然教师的自我反思有利于提升教师的作业设计能力。❶ 但有的教师却认为，"课堂教学才用得着反思，作业还反思什么，学生做老师讲就行了。"

（五）教师作业设计态度

教师的作业设计态度受教师对作业价值的认识、教师的教学观等因素的影响，决定着教师作业设计的动机。多数教师主要认同作业的知识巩固与技能提升的价值，这体现在教师作业设计的随意性中。"作业根本不用专门设计，临下课随便找几个题让他们练练就行"。有的教师甚至怀疑作业存在的价值。"无非就是让学生练练题，平时课堂上学生也练得不少。所以作业就是个形式，是给上面的人看的。"更多的教师还是将作业与教学目的联系起来。"考什么就做什么，主要围绕高考的高频考点选题。"教师们会为自己逃避参与作业设计找借口，认为找的成题比自己开发的作业的质量高。"教辅资料那么多，都是人家精心编制出来的，肯定比咱们拼凑的质量高。"但同时，他们也承认教辅资料的局限性。"没有一个（教辅）资料是称心如意的，用一段时间后总会感觉不好用。"这些与教师的教学观有着紧密的联系。教

---

❶ 王月芬. 课程视域下的作业设计研究［D］. 上海：华东师范大学，2015：58.

师的教学观开始成形于职前教育。入职后在教学实践中，受教学环境以及考核评价等方面的影响，形成实践性的知识，从而使教师形成适合自身所在教学场域导向的教学观。"刚入职时，我也满怀理想，想做一个不一样的老师，但如果你标新立异了其他同事就会排挤你，而且那么做也对提高学生的成绩没什么帮助，所以后来就老老实实（用传统的方法）教书了。"教师群体文化和教学评价会影响教师的教学观，自然会影响到教师的作业设计观。人都有一种用最短途径实现目的的本能。受教学评价的影响，教师将职业发展和个人成功与学生的成绩相联系，所以教师的教学目的被窄化为是为了学生的考试。这种教学目的直接影响着教师作业设计的态度，致使教师在作业设计中出现重教学而轻作业、过于重视作业的巩固功能以及在作业设计中将作业与考试同质化等现象。

四、影响因素的作用机制

（一）"拟剧理论"：作业管理的精细程度决定着作业设计的表征

"拟剧理论"是以戈夫曼为代表的社会学家提出的一种社会学理论，是指人会面对不同的场景展现自己的公共性和私人性两方面的特点，即"前台行为"和"幕后行为"。教师面对作业管理就像是演员站在前台面向观众，这是教师展示自己公共性特点的场域。教师会按照作业管理的要求，根据其中的每条标准去调整自己的作业设计，以使作业设计与评价标准相吻合而免受扣分和批评。比如在作业次数、作业格式的要求等方面，教师会"顺从"相关规定。但作业管理往往是粗放的，在相关指标中只涉及数量、外在形式等内容，无法深入作业内容进行监管。学科性质的差异性和教学活动的复杂性，使得教学管理中难以制订作业内容相关的评价标准。所以，真正的作业内容反而是展示教师私人性的地方。由于这部分内容处于"弱监管"中，教师具有比较充分的自主性。于是，在这个"后台"，教师可以比较随意地选择作业的内容。而行为由态度所决定，这最终导致作业表现出随意性、应付性和考试化等特点。这些作业内容方面的特点才是展示教师个体真正的作业态度和教学哲学的"证据"。"个体希望自己的表演符合标准，就必须隐藏自己的一些行为"。❶ 而由于作业管理的粗放性，教师根本无须隐藏这些行为。因此，要提升作业质量，需要将作业管理的作用范围从"前台"向"幕后"延伸，强化作业内容方面的管理。这并非是要剥夺教师作业设计的自主性，而是无论管理如何精细也无法触及教师真正的"后台"。通过精细化的作业管理，结合学科特点，在作业内容的选取、题型的设计、任务的模式等方面给教师提供更为丰富的作业设计的思路和辅助。这样才有利于突破作业形式文本化和作业功能单一化的弊端，强化作业的功能。

（二）"路径依赖"：教学评价通过教师作业设计的态度影响着作业设计的目的

"路径依赖"是指经济、社会或技术等系统一旦进入某个路径（不论好坏），就会在惯性的作用下不断自我强化，并且锁定在这一特定路径上。❷ 决策的制订与执行，往往会受现有体制等条件的制约，使得决策对当前的体制产生"依赖"。也即新的行为往往是"嵌套"在旧制度的基础上的。❸ 作业设计中教师具备比较充分的自主性，但作业却不是由教师信马由缰地进行设计的。教师在作业设计中，需要将作业的功能最大化。而教师对作业功能的理解很大程度上取决于教师对作业的态度。态度是人在实践活动中，通过不断积累实践性知识而形成的。教师对教育的认识一般产生于职前教育阶段甚至可能更早，新手教师往往更具有教学改革的精神，所以他们也更容易在作业方面进行尝试性的变革。但这种变革容易受到学校文化、教师文化以及教学评价体系的影响。❹ 他们处在以教学成绩为评价核心的学校教学场域中，任何与评价制度不高度一致的变革都会受到轻视甚至抵制。于是，富有改革精神的教师逐渐丰富了自己的实践性知识，选择了"依赖"教学评价体系，并使得这种"依赖"成为"惯习"。教师在"科学时间"的作用下逐渐走向僵

---

❶ 戈夫曼. 日常生活中的自我呈现［M］. 冯钢，译. 北京：北京大学出版社，2008：34.
❷ 尹贻梅，刘志高，刘卫东. 路径依赖理论研究进展评析［J］. 外国经济与管理，2011，33（8）：1-7.
❸ 方征，华旻烨，康乃馨. 我国中小学教师评价方案有效吗——基于霍伊学校结构理论的中美比较研究［J］. 现代教育管理，2020（3）：71-77.
❹ 龙宝新. 当代教师教育变革的文化路径［M］. 北京：北京师范大学出版社，2012：152.

化与麻木，失去了教育的"初心"。[1] 作业内容与高考内容高度相关、作业形式与高考题型别无二致的现状正是作业高度依赖教学评价体系的真实写照。"高考是指挥棒"的说法由来已久，在当前倡导改革评价体系的形势下，作业变革需要切实改变传统的以文本答题为主的一元化和以学生考试成绩为主要考核标准的"唯成绩"的教学评价体系，需要真正强化对学生和对教师的多元化和过程性的评价。考试注重实践能力的考查，作业中必然会出现实践性的内容；对教师的评价以其教学方式的多样性和学生对学习的态度为主要评价指标，教师必然会注重作业形式的多样性与作业内容的趣味性。所以，变革作业的根源是优化教育评价体系。

（三）"自我效能感"：教师作业设计能力直接决定着作业设计的质量

"自我效能感"是"人们对自身能否利用所拥有的技能去完成某项工作行为的自信程度"。人对自己行为的决策取决于人对行动成功的可能性的预设，这在很大程度上取决于人自身能力的大小。"艺高人胆大"正是这个道理。在作业设计中，也有部分教师试图通过改变作业的形式和精选作业内容等途径对作业进行优化，但受作业设计能力的制约，优化效果不够明显，这影响了教师继续进行作业变革的信心。作业设计能力包含作业设计知识、作业设计技能与作业设计态度三方面。首先，作业设计知识包含课程论、教学论、心理学、哲学和社会学等方面的知识，但是在教师教育中，在这些知识方面的学习不够系统，导致了作业设计知识的"结构性缺失"，影响了教师的作业设计活动。在教师的作业设计技能方面，教师对作业设计目的的理解过于狭隘、在学情方面缺乏精准性地分析的方法、在内容选取方面缺乏整合与改编内容的能力、在作业辅助中缺乏有效的手段、在作业设计评价中缺乏深入的反思。这使得教师在作业设计中感到"力不从心"。在作业设计态度方面则受教学评价的影响，将作业作为课堂教学的延伸及提升学生考试成绩的手段。能力的缺失导致教师"不愿"也"不能"进行作业的有效设计，极大地影响了教师的作业设计"效能"。首先，可以从完善教师作业设计的知

---

[1] 辛继湘，唐泽霞．柏格森"生命哲学"视域中的教师时间审视与重建［J］．教育科学，2021，37（5）：49-55．

识结构出发，通过培训等方式使教师将教育与教学置入社会与历史的情境中进行审视，从而实现对作业功能与本质的认识。其次，还可以通过"做中学"的方式，引领教师针对作业设计的各个环节进行"逐个击破"和"整体优化"式的技能训练，以此提升教师的作业设计技能。最后，教师作业设计态度的转变虽然会依赖于教学评价，但也可以通过教师对作业的深入认识，进行自我调适，以此实现其作业态度的转变。通过这三方面的作用，促进教师作业设计能力的发展，提升教师作业设计的"自我效能感"，最终促进教师优化作业设计的行为，提升作业设计的质量。

第四章　重新认识作业

第一节　作业隐喻与作业变革

作业一般指课外作业，是教师为学生设计的课堂教学之外的学习活动。2019年6月，相继出台的《国务院办公厅关于新时代推进普通高中育人方式改革的指导意见》与《中共中央国务院关于深化教育教学改革全面提高义务教育质量的意见》都将丰富作业形式和提升作业质量等作为深化基础教育课堂教学改革的重要举措。对于中小学生而言，作业是一种重要的学习机会，对于社会而言，作业是衡量学生学习负担的"晴雨表"。人们对作业的认识在一定程度上反映了当前作业的功能与价值取向。因此，以隐喻的视角，结合相关案例，将作业作为喻体进行分析，可以探究作业呈现的样态以及社会对当前作业的认识。根据人们对作业的理解与认识，有利于帮助我们发现作业的设计与实施中存在的问题，并结合对作业功能的反思，探究作业变革的基本理路。

一、作业隐喻研究的意蕴

隐喻不仅是一种修辞手法，更是人类认知事物的基本方式之一。1980年，美国学者乔治·拉卡夫（G. Lakoff）与马克·约翰逊（M. johnsen）在其共同撰写的《我们赖以生存的隐喻》一书中指出，"隐喻广泛存在于日常生活中，我们思考与行动的概念系统从本质上讲便是隐喻的。"[1] 解读隐喻的过

---

[1] 莱考夫，约翰逊. 我们赖以生存的隐喻[M]. 杭州：浙江大学出版社，2015：4.

程，是寻求对隐喻所代表的思维、思考、内心言说的揭示与彰显的过程。❶作业是人们所熟知的事物，无论是在校的学生还是学生的家长，都正经历着和曾经经历过完成作业的过程。人们对作业的形式、作业的内容等都非常熟悉，而且人们容易根据自己对作业样态的了解，形成对作业价值和作业功能的认识。基于这种认识，人们在各种表述中用作业来比喻社会或生活中的相关事物。近年来，新闻界似乎掀起一股"作业隐喻"的热潮。本研究选取相关新闻为研究对象，从中探寻新闻事件中"作业"的意旨，这有利于帮助我们结合新闻事件本身的含义，挖掘其用作业作为喻体时其对作业的认知。值得一提的是，传统的隐喻研究中是根据喻体来研究本体，而本研究则是根据新闻本体的所指来分析其作为喻体的作业。这可以从"旁观者"的视角去审视作业，并从中探究作业的现状。同时，结合当前作业中存在的不足，基于作业的功能，可以为作业的优化与变革提供新的思路。

二、作业隐喻的基本样态及成因分析

（一）承诺说

"又谈崩一对？G7今年恐怕交不出作业"❷是指当地时间2018年6月7日举行的七国集团（G7）首脑会议中，成员国内部产生矛盾，英美两国存在一定的争议，从而导致G7不能完成预期的目标。此处用"作业"比喻目标，而这种目标源自G7成立的初衷以及对各国利益的承诺。"新增10万个学位，成都基本公服三年攻坚'交作业'"❸是指成都市强化基础教育建设，新增10万个学位，实现了优化公共服务的承诺。

承诺说反映的是人们对作业价值的认识，也即人们认为作业是天经地义的，是学生就应该完成作业，这是学生应尽的义务。在古代，作业虽然没有

---

❶ 张良. 论课程生活中的知识理解——基于隐喻的视角 [J]. 西北师大学报（社会科学版），2016，53（5）：55-62.
❷ 观察者网. 又谈崩一对？G7今年恐怕交不出作业 [EB/OL]. (2018-06-09) [2020-12-11].
❸ 成都日报锦观. 新增10万个学位，成都基本公服三年攻坚"交作业" [EB/OL]. (2020-12-07) [2020-12-11].

被明确提出，但在《学记》中就有"退息必有居学"的说法，也即学生在完成"正业"之外，还应该在课外进行复习和巩固。而作业正是能为学生提供知识巩固与知识运用的机会。所以，人们往往对于作业的价值深信不疑。美国曾经出现过作业的存废之争。在19世纪，受行为主义心理学的影响，人们认为大量的训练可以促进知识的掌握与技能的生成。当时美国高中期望学生每天的课外学习时间是2~3个小时，❶事实上学生为了避免在学校受到教师的惩罚，往往要花费更多的时间来完成背诵性的作业，因此其在作业上花费的时间远远超过这个标准。随着作业量的增加，人们发现家庭作业影响到儿童的成长与家庭的生活，然而学校却坚持认为家庭作业对学生是有利的。于是，在19世纪末，美国出现了"反作业"的浪潮。当时，许多著名的教育专家也加入了"反作业"的行列，借助《纽约时报》《妇女家庭杂志》《教育科学》等杂志进行作业价值的讨论。人们列出了作业的"罪状"：其一是家庭作业对学生身心的损害。比如影响学生身体健康、造成学生视力下降和为学生提供逃避劳动责任的借口等。其二是家庭作业对学生多样化教育机会的剥夺。比如学生没有时间去接受音乐、舞蹈、阅读等方面的教育，甚至没时间去参加户外活动。其三是家庭作业影响了家庭生活。比如有家长认为家庭作业剥夺了他们自己的休息时间，也有家长认为家庭作业侵犯了家长实施校外教育的自主权。甚至有人指出，对于中小学生来说，家庭作业就是"合法的犯罪"。❷"反作业"的浪潮在20世纪30年代进入高潮，在20世纪中期趋于沉寂。在这次作业的"存废之争"中，美国许多地方和学校大大地削减了家庭作业的数量，甚至有的学校或校区还极端性地废除了家庭作业。然而，时至20世纪80年代，随着《国家处于危机之中》《一个称作学校的地方》以及《什么在起作用》等一系列论著的相继发表，美国各界开始重新反思其既有问题。人们认识到家庭作业并非是造成美国教育失败的原因，❸相反，

---

❶ Reese W J. The Origins of the American High School [M]. London: Yale University Press, P. O. Box 209040, New Haven, CT 06520. 1995：201.

❷ 任宝贵. 美国历史上的废除家庭作业运动及其对我国的启示 [J]. 外国中小学教育，2010（1）：51-55.

❸ National Commission on Excellence in Education. ANation at Risk: The Imperative for Education Reform [M]. Washington. D. C.: U.S. Government Printing Office，1983：5-10.

人们逐渐就家庭作业问题达成共识，认为家庭作业是课程与教学的有机组成部分，是联系家庭教育与学校教育的桥梁，对于提升教育水平、提高学生的学业成绩和提高劳动力的素质等方面起着至关重要的作用。

从美国作业的"存废之争"可以看出，作业的价值与国家的教育观往往是相适应的。人们对家庭作业的质疑是受"进步主义教育运动"影响的。"反作业"浪潮的时间与其立论的基础都与"进步主义教育运动"是一致的。而随着苏联人造卫星的成功发射，美国教育的钟摆又转向了对基础知识和技能的重视，于是作业练习与巩固的功能又被重视起来，家庭作业也拥有了更"稳固"的地位。

就我国而言，作业作为一种学习活动，其合法性很少受到社会的质疑。特别是其有助于学生进行知识的训练与巩固的基本功能极大地迎合了我国的教学评价方式。所以，即使是处在"减负"的风口浪尖，人们也只是讨论如何优化作业，很少有完全取消作业的说法。这说明作业在人们的认识中已经根深蒂固。作业往往被当作课堂教学的延伸，当作学生在课后对相关知识进行练习、巩固和评价学生学习效果的机会。

(二) 思路说

"河南三地限行时间调整 网友：郑州快来抄作业"[1]是指河南省的三门峡市、洛阳市和漯河市在汽车单双号限行的基础上，增加了许多人性化的措施，有网友发出"郑州啥时候能调整呢？快来抄作业！"的呼吁。也即网友在呼吁郑州也能仿照其他三市的做法实施类似的措施。"在这个问题上，澳大利亚开始照抄英美'作业'了……"[2]说的是澳大利亚爆发军队丑闻后仿照英美等国家的做法，文中指出，"在应对类似战争丑闻时，澳大利亚似乎是照抄了欧美盟友的'作业本'"。这两个案例中，"抄作业"的意思是来模仿或照搬他人的思路和做法。

思路说反映的是人们对作业方法的认识，也即人们认为作业方法是客观

---

[1] 网易河南. 河南三地限行时间调整 网友：郑州快来抄作业 [EB/OL]. (2020-12-08) [2020-12-11].

[2] 参考消息. 在这个问题上，澳大利亚开始照抄英美"作业"了…… [EB/OL]. (2020-12-10) [2020-12-11].

的和可移植的，在解决同类型问题中，可以用相同或相似的方法。这种认识的形成与长期以来我国中小学作业形式的僵化有着很大的关系。作业的形式取决于作业设计者即教师的作业观。教师如果认为作业是课堂教学的延伸，那么作业的形式往往以客观题等形式出现，为的是帮助学生练习与巩固课堂所学的知识。如果教师将作业看作为考取高分而进行的训练，那么作业的形式就会与考试形式"同质化"，即作业形式与考试形式高度一致，在时间分配、题型以及答题策略等方面都与考试是高度一致的。如果教师将作业看作学生自主学习的机会，那么教师就会设计活动性的作业，让学生在活动中培养自己的动手能力和实践能力。但在我国长期以来以终结性考试为评价学生和教师甚至是学校的评价体系中，教学活动常常异化为是在为各种考试而做准备，那么作业"理所当然"地成为备考的工具。作业形式与考试形式逐步趋同，学生要求在规定的时间内解答与考题形式一致的问题。而且在解决问题的时候，学生往往被要求用"常规"的思路。一方面，"常规"的思路具有广泛的适用范围，另一方面，"常规"的思路被学生训练过许多次，学生已经形成"条件反射"，这有助于保证学生在答题时有思路，而且在一定程度上可以提升答题的准确性。于是，虽然"常规"的思路可能会造成学生思维的单一性和僵化，但却在教学中备受推崇。于是，在作业活动中，学生缺乏教师的辅助，而且又受到作业时间的限制，学生往往更愿意用"常规"的思路去解题。这就使得人们对作业的方法形成了一种认识，也即解决相同或类似的问题，所用的方法也应该是相同的或类似的。这就产生了"抄作业"的行为。有的学生在完成作业的过程中，遇到不会的问题自己没法独立解决，又为了应付教师的检查，于是抄写别人的答题过程与答案。而由于题型与答题思路的趋同性，教师也很难发现"抄作业"的行为。

作业作为一种学习活动，其形式可以是多样的。部分学者对作业的类型进行了研究（表4-1），不难发现，作为作业的基本功能，练习与巩固性的书面作业是作业类型的一个重要组成部分。

表 4-1 部分学者对作业类型的分类

学者	作业类型
陈剑华	①实践作业（实验、观察、美术作品等）；②书面作业（客观性测试、随笔、论文、调查报告等）；③口头、听力作业；④表演作业。
利和皮瑞特 （Lee & Pruitt）	①练习型；②准备型；③扩展型；④创造型
迪茨和库特 （Dietz & Kuhrt）	①巩固知识和技能；②扩大知识领域；③使知识和技能系统化；④将知识和技能运用于特定的事例和情况；⑤运用知识和技巧解决问题；⑥介绍新的课题

我国许多学者也提出了作业可以有丰富的类型。但在教学实践中，作业类型的选用取决于教师的作业观，教育评价体系与教师文化等都影响着教师作业观的形成。在当前的教学情境下，为了迎合评价体系，特别是在基础教育的高学段，教师往往更愿意选择书面型的作业，是为了实现练习、准备、巩固知识和技能等方面的目的。因此其对学生的作业方式与思维也进行着"规训"。这造成了学生思维的"标准化"，其核心是思维的单一、趋同与僵化。

（三）任务说

"2 公斤！嫦娥五号首次月球采样来交作业啦"[1] 是指嫦娥五号将完成在月球采样的任务并返回。"各位编剧 阿来喊你们交作业了！'四川三部曲'分集剧本完成创作"[2] 是指著名作家阿来牵头打造的"四川三部曲"《川盐世家》《保路悲歌》《铁血荣耀》分集剧本创作进入第一阶段的收尾工作。"按照计划，2020 年内，编剧们完成分集剧本的创作。不负阿来所望，编剧们都按时交出了'作业'，并多次研讨切磋。"这两个案例中的"交作业"是指完成任务，用作业来比喻任务。

任务说反应的是人们对作业目的的理解，也即人们认为作业是一种学习

---

[1] 环京津新闻网.2 公斤！嫦娥五号首次月球采样来交作业啦 [EB/OL]. （2020-12-01） [2020-12-11].

[2] 四川在线遂宁频道.2 公斤！各位编剧 阿来喊你们交作业了！"四川三部曲"分集剧本完成创作 [EB/OL]. （2020-11-28） [2020-12-11].

任务，特别更倾向于将作业理解为是一种被动的学习任务，而做作业是完成任务的过程。典型地，作业领域的研究专家库珀就将家庭作业定义为"学校教师布置给学生期望其在非学校时间里完成的任务。"❶ 任务是围绕活动的目的进行的，作为任务的作业也是服务于作业目的的。作业目的与人们对作业的认识有密切的关系。以作业功能的视角考察，不同历史阶段对作业有三种认识：作业即知识操练、作业即心智训练和作业即自我探究（表4-2）。❷

表 4-2 不同历史阶段对作业的典型认识

认识分类	代表人物	认识内容
知识操练	夸美纽斯、赫尔巴特、凯洛夫	夸美纽斯将练习作为巩固知识的重要方法；赫尔巴特把这种练习当做书面作业的形式确定下来；凯洛夫将作业作为课堂教学的五个环节之一
心智训练	裴斯泰洛齐	认为练习或作业不只是简单的知识复演，而是内化知识进而发展思维和职业技能的过程。后续有学者从自我管理能力、自我效能感、学习动机与兴趣、学习责任感、学习习惯与态度等方面探究了作业的非教学目标
自我探究	杜威	作业不是机械的知识操练，也不是复杂的心智训练，而是儿童自我探究的过程

也有许多学者通过调查等方式对作业的目的进行了研究。Epstein 等研究发现美国教师布置家庭作业的主要目的集中在十个方面，❸ 可以将其归结为三类。第一类是为促进学生的学习，包括为学生提供知识巩固的机会、促使学生为学习新知识做准备和为学生提供参加实践活动的机会等。第二类是促进学生心智发展，包括发展学生的个性、帮助学生改善亲子关系和促进学生的同伴互助等。第三类是实现作业的社会功能，包括加强家校合作、执行学校或地区的政策、树立学校形象和惩罚问题学生等。德国学者 Trautwein 指

---

❶ The battle over homework: Common ground for administrators, teachers, and parents [M]. Thousand Oaks, CA: Corwin Press, 2007: 4.
❷ 郑东辉，孙慧玲. 作业概念的变迁及其意义 [J]. 当代教育科学，2015（4）：21-24.
❸ Epstein J L, Van Voorhis F L. More Than Minutes: Teachers' Roles in Designing Homework [J]. Educational Psychologist, 2001, 36 (3): 181-193.

出，教师布置作业的目的有很多，但最主要目的是提高学生成绩、提高学生动力和自我调节能力和促进家庭与学校的联系三种类型。[1] 值得注意的是，该研究是通过对教师的调查访谈及从相关文献中总结出来的，很多只是成年人知觉到的家庭作业目的。因此毫无疑问反映的是成年人的观点。[2] 在以学生的视角分析作业的目的方面，Xu 和 Corno 通过访谈对比学生、家长和教师三者知觉到的家庭作业的目的，结果显示父母与教师有相同的家庭作业目的，即巩固所学知识和发展自我调节功能，而学生在很大程度上也认为家庭作业能使他们更好地理解巩固学习的知识，但是占主导地位的是家庭作业的完成可使他们受到家长和教师的赞赏。[3] 可见，作业设计者与作业完成者对作业目的的认识是不尽相同的，作为学生，其把作业当作一种学习任务，完成的目的是"取悦"教师。

当前我国许多中小学教师对作业的认识还主要停留在作业即知识操练的层面，将作业看作帮助学生进行知识巩固的任务，目的是根据学生作业完成的量与质评判学生对知识的掌握情况。要实现这个目的，学生就必须要先完成作业。受教师教学权威与教学评价体系的影响，学生被动地或"自觉地"接受完成作业的任务。这种任务被认为是"合法的"和合理的，尽管这种任务是教师主导的，学生是被动接受甚至是被强迫要求完成的。

三、作业隐喻的反思及对作业变革的启示

作业的"承诺说""思路说""任务说"反映了人们对当前作业的价值、形式与目的等方面的认识，在一定程度上也体现了作业的现状。这种现状是受教师的教学观与作业观影响的，是当前教育评价体系下的产物，其功能是片面的和狭隘的。首先，作业是一种学习机会。作业实施的时空与形式等方

---

[1] Trautwein U, Niggli A, Schnyder I, et al. Between-Teacher Differences in Homework Assignments and the Development of Students' Homework Effort, Homework Emotions, and Achievement. [J]. Journal of Educational Psychology, 2009, 101 (1): págs. 176-189.

[2] Coutts P M. Meanings of Homework and Implications for Practice [J]. Theory Into Practice, 2004, 43 (3): 182-188.

[3] JL Xu. Case studies of families doing third-grade homework [J]. Teachers College Record, 2004, 100 (2): 402-438.

面与课堂教学不同,[1] 可以将作业的功能进行拓展,也即使作业的功能多元化,从单向度的知识巩固走向多元化的心智训练。其次,作业是一种自主的学习机会。可以以作业为契机培养学生的自主学习能力和实施个性化的教学。再次,作业是一种实践性的学习机会。作业是将课堂所学知识进行应用的过程。结合学生的生活经验,为学生设计具身性的实践活动,可以提升学生的作业动机,帮助学生实现深度学习。最后,作业是一种能为学生提供精准服务的学习的机会。作业具备诊断性的功能,通过学生完成作业的过程,可以为学生提供诊断性的帮助。可以从这些方面充分利用作业的功能,提升作业的有效性。然而,作业的优化与变革是一项系统性的工程。相对于教学活动,作业是教学活动的一个子系统。但作业活动本身也是一个比较复杂的微观系统,它受进行活动的影响,但系统内部也有着比较完善的构建。在作业变革中,可以从作业的功能、作业的模式、作业的内容、作业的实施与作业的评价等方面着力,以保证作业变革能从作业的价值观、教师的作业观以及相关管理机制与评价体制等方面得到支持。

(一)作业功能由单一性走向多元化

作业作为一种学习活动,绝不只是课堂教学的延伸,其功能也绝不只停留在最基本的巩固知识的层面。就学生个体而言,作业是一种供自己独立完成的、有一定自主性的学习机会。可以以此为契机,在激发学生的学习兴趣、培养学生的自主学习能力等方面着力,培养学生的学习习惯,发展学生学会学习的核心素养。就家庭而言,作业是联系家校的纽带,是家校合作的重要契机。通过作业,家长可以了解学生的学习情况,而学校也可以将教学理念等通过作业呈现给家长。特别是在需要家校合作完成的作业中,学校和家庭可以展开一定程度的互动,这有助于强化双方的交流与理解,为家校合作的顺利进行奠定良好的基础。在社会层面,作业是占据学生课外活动时间的载体,影响着学生课外活动的选择,在一定程度上决定着学生课外活动的内容。这有助于促使学生围绕相同或相近的内容展开学习,能在一定程度上消弭家

---

[1] 赵彩娟. 拓展课堂边界:时间、空间与内容[J]. 教育理论与实践,2020,40(32):3-5.

庭资本对学生的影响，这有助于学生学习机会公平的实现。因此，在作业设计中，应该突破对作业功能狭隘的认识，除将作业作为巩固与训练知识的机会之外，还应将促进学生的自主学习、促进家校合作与促进教学公平的实施作为作业实施的目的。

（二）作业模式由大一统走向个性化

当前的作业模式是大一统的，即所有学生的作业形式、作业内容都是相同或相近的。学生是具有不同认知水平、不同学习兴趣和不同学习风格的独特的个体。为不同学习起点与学习能力的学生布置相同的作业是对学生个性的泯灭，是一种"重物轻人"的，以知识为本而非以人为本的作业设计行为。作业是为促进学生的发展而服务的。虽然学生处在同一个班级，听着相同的老师讲课，所学的内容也相同。但由于学生的差异性，导致其所接受的知识以及所需要发展的能力各不相同。这就要求教师能根据学生的学情，为学生设计个性化的作业。分层作业是一种个性化作业的形式，但如何科学地对学生进行分层，同一层次的学生的学习需求如何区分，这都是传统的分层作业无法解决的问题。要真正使得作业模式走向个性化，一条可能的出路是借助信息技术手段辅助作业的实施。利用大数据分析手段，在学生完成作业任务的时候记录学生的信息，为学生逐级推送更为综合性的和更有挑战性的任务，这可以保证把任务设置在学生的最近发展区，既可以激发学生的学习兴趣，又可以促进学生循序渐进的发展。这可以破解当前个性化作业设计的难题，为学生设计出符合其个性化发展及需求的作业，真正实现个性化的作业模式。

（三）作业内容由离身性走向具身性

当前的作业内容是离身性的。作业内容源自抽象的知识，与考试内容相近，这部分内容来自课程标准的要求，是对经验与技能的高度抽象。其远离了学生的生活经验，因此难以引起学生对作业内容的兴趣。虽然教育的一个目的是为学生的未来做准备，也是为以后的学习奠定基础。但在分科教学中，所学的知识是从真实的自然与社会生活中提炼的和高度抽象后按照一定的逻辑组织而成的。这部分知识本身就具有"去生活化"的特点。而在作业中，教师往往直接抽取课本中的内容或者是从教辅资料中挑选部分习题让学生对课堂所学的抽象的知识进行应用。这更使作业内容远离了学生的生活，造成了作业内容的离身性。在当前将能力培养转为发展核心素养、在逐步推行项目学习和跨学科学习的背景下，可以在学生感兴趣的和符合其认知与经验的前提下，在现实生活中选择相关主题，采用项目学习等模式让学生完成实践性的作业。主题是学生自选的，也是符合学生生活经验的，题目是师生或生生协商的，探究过程需要学生全身心地参与，问题解决需要学生步步递进和不断的尝试，结果的表现需要学生自己汇总、梳理和展示。这样的作业内容和实施与学生的生活经验密切相关，符合学生的自身认知，可以提升作业的具身性，最终提升学生对作业的兴趣。

（四）作业实施由放纵式走向辅助式

当前的作业在实施中，虽然从表面看，学生有一定的自主性，也即学生可以选择完成作业的顺序，甚至可以选择作业完成的时间和数量。但这种自主却往往是放纵式的，教师对学生的作业过程很少涉足，任由学生探索与调整。于是在作业实施过程中，有许多学生遇到困难得不到及时的帮助，作业中也缺乏对学生学习策略的指导。这也是学生"抄作业"的原因之一。作业作为学生自主学习的机会，却对提升学生自主学习能力和发展学生学会学习核心素养方面的作用有限。在作业中为学生提供的辅助可以包含问题的解决与学法的指导两方面。学生面对作业中的"拦路虎"必然有一种恐惧与胆怯的心理，教师可以通过课后自习时间的巡视或者在线交流等方式为学生提供思路方面的点拨，帮助学生突破障碍，继续进行作业活动。在学法指导方面，教师应该了解学生不会解决相关问题的原因，根据学生的认知情况，为其提供脚手架式的辅助，或者可以让其暂且搁置，等时机成熟再做讲解。在当前教学条件下，全面实现辅助式的作业实施有一定的条件限制，但可以通过教师现场解答、为学生提供常见问题所汇集的纸质性的材料和促进学生间的交流互动等方式，可以在一定程度上帮助学生突破难点，保证作业实施的顺利进行。

（五）作业评价由调查性走向诊断性

当前的作业评价主要是以调查学生的学习情况为主要目的的。教师面对百本左右的作业，一般大概地检查一下学生的对错情况，完了批阅等级与日期。由于作业批改的工作量较大，所以教师不可能为每个学生的每个错误进行改正，一般将其进行标注让学生自己进行改正。教师则通过批改作业大概地了解学生对所学知识的掌握情况，并汇总错误的种类等。这种作业评价是调查性的，面向的是全体学生，难以起到个性化诊断的作用。每个学生的认知能力有一定的差异，教师讲授相同的内容，由于学生的前期经验存在一定的差异，所以其在新知识的建构过程中会出现多种情况。在完成作业的过程中，这些情况可能会通过答题而体现出来，所以作业是对学生进行诊断性评价和辅助的重要契机。首先，教师要让学生在作业中将答题的过程进行详细的表述，这有利于其展现自己真实的思维过程。其次，教师可以有针对性地对部分学生的作业进行详细批改。这部分学生可能是发散思维比较好的，也可能是认知能力发展比较落后的。他们的作业可能更多地会呈现一些好的想法或认知方面的误区。教师在作业评价中可以将其进行汇总整理。最后，教师针对这些问题对相关学生或同一类的学生进行纠正。以此实现诊断性的评价。

第二节 作业的内涵及功能

一、作业的内涵

作业在中国古代有多种含义。一种是当做名词，有"所从事的工作、业务"之意，比如司马迁在《史记·高祖本纪》提到"常有大度，不事家人生产作业"；宋代司马光在《与吴丞相书》提到"人无贫富，咸失作业。"另一种是当动词用，为"劳动、从事生产工作"之意，比如东汉班固在《东观汉记·魏霸传》提到"为将作大匠，吏皆怀恩，人自竭节作业。"但无论是名词还是动词，一般都与体力劳动相关。中国古代虽然未见"作业"之名，却有作业之实。比如孔子主张"学而时习之"，其中"习"便是"练习、实践"之意。《学记》中有"时教必有正业，退息必有居学"，其中"居学"

则指课外作业。可见中国古代的教育思想中就重视"学以致用"和"以用促学",而"作业"正是达到这种目的的重要手段。

据陈桂生先生的研究,在国外,"作业"的德语为 Arbeit,原指奴仆的劳作。18 世纪,德国学者率先把"作业"从体力劳动推广应用于脑力劳动,形成"书本作业"之类的概念。直至近代人们才发现"作业"的价值,并不断拓宽作业的概念和应用范围。从教学组织形式来看,古代的教学以学生的"学"为主,因此学习过程就可以看作学生"作业"的过程,近代应产业化的要求,开始实施班级授课制,教学组织形式转化成以教师的"教"为主,以学生的"学"为辅,在此过程中,为了提高教学效率,教师在教的过程中直接介绍概念和范例,学生消化和吸收。然而,这种教学法容易导致"教与学脱节、学与用脱节"。随着矛盾的激化,欧洲的"新学校"与美国的"进步主义教育"运动爆发,这种教育思潮或称为"作业思潮"。然而,新教育过于注重实用主义而使得教学的重心从"教—学—用"的一端走向另一端,未能解决教、学、用之间的矛盾,自然地促成了传统教育的反弹。虽然新教育失去其主流地位,但其"作业"思想却被传统教育吸收,因而形成教学中的"作业"[1]。可见,作业的本质应该是一种学习活动,是一个"用"知识的过程,其目的是为了解决"教与学"之间的矛盾。

从功能视角审视,作业一般具有知识操练、心智训练和自我探究三种功能[2](表 4-3)。

表 4-3 不同历史阶段对作业的典型认识

认识分类	代表人物	认识内容
知识操练	夸美纽斯 赫尔巴特 凯洛夫	夸美纽斯将练习作为巩固知识的重要方法;赫尔巴特把这种练习当做书面作业的形式确定下来;凯洛夫将作业作为课堂教学的五个环节之一

---

[1] 陈桂生."作业"辨析[J]. 上海教育科研, 2009 (12): 59-61.
[2] 郑东辉, 孙慧玲. 作业概念的变迁及其意义[J]. 当代教育科学, 2015 (4): 21-24.

续表

认识分类	代表人物	认识内容
心智训练	裴斯泰洛齐	认为练习或作业不只是简单的知识复演，而是内化知识进而发展思维和职业技能的过程。后续有学者从自我管理能力、自我效能感、学习动机与兴趣、学习责任感、学习习惯与态度等方面探究了作业的非教学目标
自我探究	杜威	作业不是机械的知识操练，也不是复杂的心智训练，而是儿童自我探究的过程

就当前的作业形式来讲，一般分为两种，一种是以技术理性指导的"文本作业"，另一种是以过程哲学指导的"活动作业"。凯洛夫主编的《教育学》中的"课堂教学五步法"中提到的作业以"文本作业"为主。凯洛夫指出，作业的功能在于帮助学生进行独立的学习，并从中进行知识的巩固和技能的训练。可见凯洛夫是将作业看作课堂教学的延伸，使原本伦理性的家庭空间被无形地转化为学习教育的"校外课堂"。教育领域产生较大影响的过程理念模式是由约翰·杜威提出的，他的教育观点与怀特海的过程哲学的论说有很多共同之处。❶ 就作业而言，杜威的"活动作业"不是指传统的书面的作业，而是指"复演社会中进行某种工作或与之平行的活动方式"。这是一种通过实际工作比如木工、烹饪和缝纫等形式进行的作业。杜威的活动作业旨在为学生提供真实的动机与需求，着眼于在学生经验的智力与实践之间保持平衡，其关注点在于学生自身的发展而非发展的目的，从作业中提升学生观察、制订计划以及反省的能力。他认为，"只要着眼点在于外部结果而不在于包含在达到结果的过程中的心理和道德的状况和生长，这种工作可以叫手工工作而非作业"。❷

从作业的内涵分析，作业可以作为发展学生学会学习素养的载体。作业是一种学习活动，而素养正需要以学习活动为载体获得发展。随着作业一词的演化，在中小学教育教学中，作业已然成为一个重要的关键词。然而，人

---

❶ 李方，温恒福. 过程教育研究在中国 [M]. 福州：福建教育出版社，2012：4.
❷ 约翰·杜威著，赵祥麟，任钟印，等. 学校与社会·明日之学校 [M]. 北京：人民教育出版社，2005：91.

们对作业一词的用法往往包含两层含义，一种是狭义地将作业理解为是作业任务，另一种是将作业理解为是一种学习活动。本研究将作业看作一种学习活动，特别是学生具有一定自主学习机会的学习活动。而当前的作业形式主要以"文本作业"为主，这是由相应的学科特点、学习特点以及教师的教学观所决定的。以数学作业为例，尽管数学作业一般以"文本作业"的形式出现，但是其中的任务却是帮助学生进行一个个"问题解决"的情境。学生需要围绕问题进行知识点的选择、问题图式的搜索以及尝试进行问题的解决等。这正是学生进行数学学习的活动，也是发展学生学会学习素养的契机。

二、作业的功能

作业是通过训练巩固知识的过程，是学生学习过程中理论联系实际的纽带。发挥作业的功能可以帮助学生更好地掌握知识与技能、实现学生个性化的发展，同时作业作为一种学习机会也可以成为实现"优质而公平"的教育目标的一种可行的路径。

（一）作业具有促进学生进行知识巩固的功能

帮助学生进行巩固知识和提升知识运用能力是作业的基本功能。在知识分化的时代，学生们接受的是被人为割裂的知识，要进行知识的还原与应用，必须创设相应的情境，让学习者从真实世界中"切取"的情景片断或虚拟的情境中感受所学知识的作用并学会灵活应用相关知识的技能。从心理学视角来看，学生的课堂学习时间有限，通过课堂一般只能形成短时记忆，要维持记忆的持久性就需要做一定的重复刺激，而作业正是使课堂知识重现的途径。在作业设计时，以课堂所学知识为出发点，用一定比例的基础题帮助学生巩固知识，再设置一定比例的"拔高"性的题目供学生进行能力拓展的训练。作业一般是以问题的形式呈现的，这种问题正是作业中为学生知识应用所创造的一个个小的情境。通过完成作业可以帮助学生记忆相关知识，并从完成特定任务的过程中加深对知识的理解。以知识论视角审视，当前的学科知识虽然是分裂的，但课程存在着自身的逻辑体系，前后知识之间往往是相互关联的。通过作业理解当前所学知识一方面可以起到回顾和巩固知识的作用，另一方面又可以为后续的学习奠定基础。因此作业过程既是知识巩固的过程，也是进行新知识学习的准备过程。

(二) 作业具有促进学生进行能力拓展的功能

知识的价值在于应用，而学生的发展在于其知识应用能力的提升。课堂时间的有限性决定了课堂学习的基础性。教师可能用情境引入来激发学生的兴趣，可能通过探究活动来提升学生的积极性以及加深学生对知识的理解，但这一定是有限的。知识的深入理解以及学生知识应用能力的提升必须由学生个体在任务驱动中，由学生主动地，在解决问题的过程中完成。课堂教学中教师授课的对象是全体学生而非学生个体，考虑到学生的能力水平差异，教师往往针对其中的部分学生群体（比如中等生）预设教学目标，在这样的教学过程中不可能使得每位学生都得到充分的发展。作为课堂的延伸，作业为学生提供了自主学习的机会。作业一般是由一个个小任务构成，学生在任务完成的过程中将问题情境与自身所掌握的知识相结合，在二者之间建立联系，调取有用的信息解决问题，从中可以加深学生对知识的理解并提升学生知识的应用能力。此外，作业中可以适量加入开放性和综合性的任务，让学生结合特定的情境理解问题，并结合问题的需求从自身所掌握的知识中调取相关内容进行组织，设定解决问题的方案。同一问题用不同的视角或不同的知识进行理解可能有不同的结果，学生可以就解决问题的过程以及问题的结果进行反思，判断结果的科学性和合理性。这种形式的作业既可以提升学生独立解决问题的能力，也可以帮助学生实现知识应用能力的拓展。

(三) 作业具有促进学生进行交流合作的功能

交流是增进理解的重要途径。首先学生在完成作业的过程中需要交流。作为独立的有个性的个体，学生在课堂所接受的知识是有差异性和选择性的，而作业则往往是涵盖课堂整体知识的。这就导致了有的学生不会做这部分题，而有的学生不会做另一部分题。甚至在一个题中，有的学生能解决其中的一部分问题而有的学生则可以解决另外一部分问题。这也可以解释教学过程中对于一个题目，为什么单个学生可能不会做，而几个学生商量过后则能顺利解答的现象。当前的作业主要是以学生个体独立完成为主的，在完成过程中缺乏交流使得学生完成作业的过程可能是"困难重重"的。虽然这在一定程度上可以培养学生独立思考的能力，但对于大部分的"后进生"则可能出现在大部分题中都会遇到"拦路虎"的情形，从而阻碍其顺利完成作业的进程。这就需要在完成作业的过程中为学生提供相互交流的机会，让学生在学习过程中学会"同伴互助"，及时地解决问题，提升学习的信心。其次，师生也应该就作业展开交流。具体包括作业设计的目的以及完成作业过程中所遇到的疑问和解答等。作业的设计不是盲目的，教师应该和学生说明作业设计的意旨，让学生了解作业的指向，甚至了解作业中哪些是需要重点对待的，哪些是完成即可的。这有利于帮助学生有针对性地完成作业并形成对作业的正确认识，在一定程度上减轻其作业负担和减少其对作业的排斥心理。就作业过程中可能出现的问题，教师可以预先为学生做好设计，让学生遇到困难时可以找到突破的路径。最后，作业还应该充分发挥家庭这一特殊的空间和功能，寓学习于生活，培养学生的习惯养成，同时可以为父母参与孩子的教育提供条件。教师应该让家长了解作业的目的、形式、数量与难度，以此帮助家长形成对学生的正确认识。教师和家长可以就学生的作业情况展开交流，以之为载体，相互之间了解学生在家和在校的情况，便于形成教育的合力。同时也可以及时为学生作业中遇到的问题提供支持与辅助。

（四）作业具有促进学生进行意义建构的功能

美国学者 L. 迪·芬克在他的"创造有意义的学习经历"理论中提出，学生的学习应该是在教师引导下所进行的积极的、主动的和充满活力的和感兴趣的自主学习过程。"有意义的学习经历"主要体现在学习过程对学生的影响和变化两方面。作业作为教师为学生预设的任务，暗含着教师的教学导向，而作业的完成过程更多地是学生进行自主学习的过程。因此，作业可以成为帮助学生实现"意义建构"的载体。在作业设计中，教师应该以课堂基础知识为起点，针对知识与学生的特点，设计能激发学生兴趣的、在学生最近发展区的、有一定现实意义或发展意义的任务，为学生的发展搭建"脚手架"，以此帮助学生实现意义的构建，从而达到帮助学生完善知识体系的目的。意义构建的影响可以从两方面进行评价，一是过程，二是结果。过程是指学生在完成作业过程中所表现出的积极性和主动性，结果是指作业对学生在习惯、态度以及心理品质等方面的持续影响力。意义建构是建构主义学习理论的具体表现形式，是帮助学生在完成作业过程中体现学习乐趣、逐步构建知识体系、深化作业影响的重要途径。它可以提升作业的意义与价值，可以使作业过程构成学生的一种生活经历、一段生命历程。

（五）作业具有促进教育公平发展的功能

在班级授课制下，学生们按照一定的规则分布在教室中，在规定的时间（40分钟左右）由教师传授着特定的、相同的学科知识。学生的能力与发展水平有异，因此对知识的掌握程度各不相同。这导致了课堂教学不公平的产生，这种不公平是教育过程的不公平。即使教师在课堂教学过程中能够注重教育过程的公平实施，也因为课堂时间以及教师精力有限等原因难以避免教育结果不公平的出现。要实现课堂教学的公平，需要实施"差别对待"，并对后进的学生予以更多的支持，缩小学生间学业水平的差距，以此促进教育结果公平的实现。而学生的在校时间有限，教师难以为他们提供个性化的帮助，幸运的是，作业为学生提供了课外学习的机会，这是帮助教师实现教育公平理想的重要契机。教师可以为学生设置不同难度和不同数量的作业，以满足不同层次学生的发展需求。特别是对于后进生，教师可以为其设置难度适宜的作业，并通过作业让学生发现自身在学习过程中存在的问题，以此对课堂学习进行查缺补漏，实现知识水平的提升。提供个性化的作业实施，一方面可以缩小后进生与资优生之间的学业水平差距，更大程度地实现教育结果的公平。另一方面可以帮助学生为后续的学习做好知识准备，以实现新一轮学习过程中的起点公平。在此过程中，教师可以通过网络或当面辅导的形式为后进生在作业过程中遇到的困难提供及时的帮助，并为他们指明后续学习的方向。通过这种在作业实施过程中为后进生提供积极补偿的方式也可以促进教育公平的实现。

从作业的功能分析，作业可以作为发展学生学会学习素养的载体。第一，作业是促进学生进行知识巩固与技能训练的良好载体。学生学会学习素养的发展是以知识的"学会"为基础的，只有学生通过学习学会了基本的知识、掌握了基本的技能，其才能进行后续的和深层次的学习，并在此基础上进行学习素养的发展。第二，作业可以为学生提供学习交流及意义建构的机会。建构主义学习理论认为，学习过程是学习者在讨论交流或自我反思中不断地进行意义的自我建构的过程。而无论是知识、技能还是素养，都同时具备个体性和社会性，都需要在这样的反思性的意义建构活动中获得和发展。第三，作业还可以促进学生学习的机会公平。作业活动的查缺补漏和个性化学习的过程可以在一定程度上帮助学生实现学习的风险公平，即通过作业可以使得在下一轮的学习中，学生间的学业水平差距达到最小。这样可以更大程度地提升"班级授课制"下学生学习的效能。这有利于为学生提供更多学习的机会，从而更大程度地促进学生学会学习素养的发展。

第三节　知识分类视角下作业的审视[1]

学者对知识的理解视角不同，用不同的标准对知识进行了不同方式的分类。比较有代表性的是陈述性知识与程序性知识的分类、知识获得阶段的分类以及显性知识与隐性知识的分类。在不同的知识分类视角下进行作业的审视，可以帮助我们从知识认知的角度更深刻地理解作业的本质，有利于教育工作者重新认识作业的重要意义，并为教师科学地进行作业的设计、实施与评价提供理论支持，有利于提升作业的有效性。

（一）作业是学生进行陈述性知识和程序性知识学习的活动

安德森根据知识的状态和表现方式把知识分成两类：陈述性知识（declarative knowledge）和程序性知识（procedural knowledge）。在安德森的基础上，梅耶（R. E. Mayer，1987）将陈述性知识称为语义知识，并将程序性知识分为两类，一种是用于具体情境的"程序性知识"，用来调节控制针对外部对象的活动，另一种是有关自身认知活动的一般方法的"策略性知识"，用来调节自己的认知过程，比如如何学习、如何思考、如何记忆、如何解决问题等。于是，有学者习惯将知识分为陈述性知识和程序性知识两类，而有

---

[1] 本部分已发表，刘辉，李德显. 理解作业：知识分类视角下作业的审思与启示［J］. 当代教育科学，2020（5）：25-29.

学者则将知识细分为陈述性知识、程序性知识和策略性知识三类。之间的关系及内容如表4-4所示。

表 4-4　陈述性知识和程序性知识的分类

知识名称	知识		
	陈述性知识（语义知识）	程序性知识	
		程序性知识	策略性知识
特点	静态的	动态的	
	易于表述	难以表述	
	通过符号（语言、文字等）评价	通过活动评价	
作用	描述客观知识	解决问题	调控认知过程
内容	事实、定义、规则、原理等	怎样进行推理、决策或者解决某类问题等	如何学习、如何思考、如何记忆等

　　就作业而言，其中能直接记忆、可直接表述的内容就是陈述性知识。比如语文中的字、词，物理中的公式等。而在组织字词成为语句或作文的任务或让学生解决具体问题的任务中所考察的是学生的程序性知识。作业中的学法等知识属于策略性知识。陈述性知识是静态的，容易被提炼与表述，这类型知识的掌握过程往往比较机械，行为主义的"刺激-反应"理论可以作为其理论支持。也即通过不断地、不同形式的刺激，使得陈述性知识在学习者头脑中形成记忆。实际掌握过程中，一方面，可以通过强刺激比如背诵、默写和复述等形式帮助学习者形成浅层记忆；另一方面，可以在后续的学习中，通过回顾与应用等方式对浅层记忆进行强化，帮助学习者形成深层记忆。所以，在作业设计中，既要注意对当前所学陈述性知识的回顾，又要注重以往所学知识的重现，以促进学习者对陈述性知识的掌握。陈述性知识是程序性知识的基础，可以想象，如果学习者没有掌握基本的概念，那么思想、方法以及策略等程序性知识对其而言无异于是空中楼阁。但陈述性知识的掌握只是完成了表层的学习，学习的目的是掌握解决问题的能力以及学会学习的方法，也即掌握程序性知识与策略性知识。程序性知识是与一定的问题相联系的，在一定的问题情境面前，它才会被激活，而后被执行。程序性知识是在

陈述性知识的基础上进一步发展起来的，个体把陈述性知识与具体的任务目标联系起来，从而去解决某个问题，在解决问题的过程中，个体把陈述性知识转化成程序性知识，安德森把这一过程称为知识编辑（knowledge compilation）。在作业中，大部分作业内容是以任务的方式出现的。教师借助题目为学生设置相关的问题情境，为学生创建应用陈述性知识的机会。对内而言，学生在情境中需要根据陈述性知识的内涵与外延适应相关的应用环境，即学生在解决问题时需要选取适当的知识并将其按照情境特点进行重组，解决当前的问题。对外而言，学生在解决该问题的过程中，需要不断进行问题的评估与计划的调整。这都是学生掌握程序性知识的过程，也是学生个体经验积累的过程。此外，作业过程也是学生自主学习的过程，在任务的完成顺序、作业过程中的求助与讨论等都需要学习者对之做出决策，学习者会根据自己的需求与能力调整作业进度等，这是策略性知识的生成过程。总得来说，作业过程是以程序性知识带动陈述性知识的学习过程。对于低学龄的学生或者在知识的初级学习阶段而言，作业更多地会体现为陈述性知识，但这往往容易成为作业设计者简单地和机械地进行作业设计的借口。陈述性知识的记忆虽然必要，但如果通过问题情境的设计使学习者在程序性知识的获得过程中不断巩固程序性知识，则会起到更好的效果。而在知识的高级学习阶段，作业内容应该以程序性知识为主，让学习者在应用知识和解决问题的过程中形成推理等能力，并在完成作业的过程中，学会调节学习进度、制订学习计划、学会如何学习，从而促进学习者学会学习素养的发展。

（二）作业是促进学生进行"进阶性"知识学习的学习活动

根据知识及其应用的复杂多变程度，斯皮罗（R. J. Spiro）等把知识分为结构良好领域（well-structured domain）的知识和结构不良领域（ill-structured domain）的知识。结构良好领域的知识是在解决某些问题时的比较规则和确定的知识，比如法则、公式等。而不能套用原先办法，在新情境中需要学习者在原有经验的基础上，重新做具体分析、建构新的理解方式和解决方案而产生的知识则是结构不良领域的知识。针对结构良好与结构不良领域的划分，斯皮罗等人按照学习所达到的深度和水平的不同，将学习分为初级知识获得与高级知识获得两个阶段。初级知识获得只要求学习者将概念和事实进行再现，而高级知识获得则要求学习者把握概念的复杂性，并将其灵活应用到各种具体的情境中。乔纳森（D. H. Jonassen）等又在此基础上提出了知识获得的三阶段，即初级知识获得阶段、高级知识获得阶段和专家化知识学习阶段。知识获得的三阶段的特点如表4-5所示。

表4-5 知识获得的三阶段的特点

知识阶段	初级知识获得	高级知识获得	专家化知识学习
属性	结构良好领域	结构不良领域	精细的结构
形成基础	概念、技能	知识	活动
形成方式	字面编码	相互联系的知识	图式化的模式
形成途径	练习反馈	师徒制学习引导	经验

作为一种知识学习的过程，作业可以与知识获得的三阶段相对应。在初级知识阶段，学生往往还缺少可以直接迁移和利用的关于这一领域的知识，这时的理解更多是靠简单的文字编码等形式实现的。这个阶段的作业任务应该为学生设计结构良好的问题，让学生通过大量的练习和反馈提升知识掌握的牢靠程度以及应用的灵活性。在高级知识获得阶段，可以为学生设计问题情境，以此创设结构良好领域知识的运用环境。在此过程中，学习者会涉及大量的结构不良领域的问题，其中主要是以对知识的理解为基础，着眼于知识的综合联系和灵活变通。在专家化知识学习阶段，可以为学生设计现实情境中的真实问题，让学生通过项目学习等方式进行学习。真实的问题来源于自然和社会，可以由教师发掘，也可以由学生自主发现，但问题的解决则主要由学生自主进行。在解决问题的过程中，学生会面临更加复杂的知识情境以及需要更加丰富的和综合性的知识。这需要学习者在头脑中储备大量的图式化的知识模块，而且可以在这些模块之间建立丰富的联系，从而可以灵活地对问题进行表征，就像专家那样深刻地分析问题并灵活地解决问题。重建知识的情境特征意味着知识的掌握、运用不能脱离具体的情境，而是伴随着情境中问题的澄清与有效解决，知

识的工具性、资源性才由此获得实现❶。专家化知识学习阶段是前两个学习阶段的升华，也是学习者进行深度学习的过程。在作业中，这三个阶段可以在同一作业中用不同类型的任务体现，也可以在专题学习时按照时间顺序以及学生学习的深入程度进行任务的设计。无论是哪种方式，都应该把握教育的节奏，注重循序渐进原则在作业设计中的应用。

（三）作业是学生同时进行显性知识与隐性知识学习的学习活动

波兰尼根据知识能否进行清晰的表述和有效地迁移，将人类的知识划分为显性知识（explicit knowledge 或 articulate knowledge）和隐性知识（tacit knowledge 或 inarticulate knowledge）两种。显性知识是指那些可以用书面语言、图表或数学公式表达出来的知识。显性知识可以通过书籍等载体得以表达，可以比较容易得以整理、编码，具有确定的含义和内容，是一种编码型知识（codified knowledge）。隐性知识是指那些存在于个人头脑中的、与某个特定环境相关的、难以正规化、难以沟通和言传、难以清晰地表达和直接传递的和不能被系统地阐述出来的知识。隐性知识是隐含的、难以编码的知识，它往往被偶然发现，并且不能和个人、社会以及地域背景轻易分开。正如波兰尼所言，"我们所知道的要比我们能言传的多"（We can know more than we can tell）。在波兰尼看来，显性知识只是冰山露出水面的部分，而隐性知识则是隐藏在水下的部分。显性知识与隐性知识的特点与内容比较如表4-6所示❷。

表4-6 显性知识与隐性知识的特点与内容比较

知识类型	显性知识	隐性知识
特点	系统、明确	零星、模糊
	明晰、表达	缄默、意会
	理论、文字	实践、行动
	共有、社会化	特有、个性化
	可验证、可分享	难验证、难分享
内容	公式、定理、规律、原则、制度等	诀窍、个人特技、习惯、信念等

---

❶ 张良. 核心素养的生成：以知识观重建为路径 [J]. 教育研究，2019，40（9）：65-70.
❷ 余文森. 个体知识与公共知识——课程变革的知识基础研究 [D]. 重庆：西南大学，2007.

可以发现占知识更大比重的隐性知识是需要在实践活动中进行学习与评价的。当前，学生的学习活动主要在学校进行，准确地说是通过课堂学习的方式进行的。学校为每个课时都安排了相应的科目，相应科目的教师按照教学计划传授相应的知识。由于课堂教学时间与教学进度的限制，课堂教学只能是由教师传授或者是教师引导学生进行基本概念、定理等内容的学习，其中，学生只能对相关内容进行初步的了解，少有时间进行知识的深入应用。因此，课堂学习只能是学习显性知识的主要途径。更为重要的是，大班制的课堂教学难以实现知识的个性化学习，这也在一定程度上造成了隐性知识难以通过课堂生成。为了让学生弥补课堂训练的不足，教师会给学生布置课外作业，这为学生提供了能够充分应用知识的机会。因此，作为为学生创建知识应用情境与机会的作业活动成为了学生隐性知识形成的重要契机。

以数学学科为例。数学学科的显性知识一般表现为教材中呈现的概念、公式、定理等内容，这部分内容属于陈述性知识，学生可以比较容易地记忆，但如何准确和灵活地进行定理等内容的应用是学生在解题过程中容易遇到的问题。这也可以解释学生在数学学习中容易出现"上课听得懂，课后不会做"的现象。因为课堂所讲解的知识以显性知识为主，而课后作业中所考察的内容却以隐性知识为主。事实上，在数学作业中，很少有教师会为学生设计考查显性知识的任务，也即很少有进行定义复述、公式抄写等任务。更多的是，教师针对显性知识的内涵与外延，为学生设计技能操作型和知识应用型的任务，让学生在解决问题的过程中回顾显性知识，并在知识的应用过程中掌握相关技巧，以达到隐性知识的生成。同时，教师通过对学生作业完成情况的观察，也可以了解学生隐性知识的掌握情况并依此对学生的学习进行评价。

（四）知识分类对作业设计的启示

1. 优化作业设计，更科学合理地承载不同类型的知识

（1）兼顾内容的基础性与拓展性。虽然事实、概念、定义和规则等陈述性知识的主要传播场域是在课堂，但作为课后自主学习的过程，作业也应该对此有所体现。一方面，陈述性知识是程序性知识的基础，需要通过再现等形式进行强化。另一方面,陈述性知识是显性的知识,可以通过作业便于教师对学生陈述性知识的掌握情况进行评价。陈述性知识比较固定,因此适宜用直接的和简单的方式进行考查。即使是程序性知识,也应该注重学生学习的节奏,要先为学生设计简单的知识应用的情境,便于学生结合自己对陈述性知识的初步了解,对其进行简单的和尝试性的应用。因此,作业设计中要注意作业内容的基础性。学生学习的顺序是由浅入深、由易到难的。所谓的"浅"与"易"是相对于学生的认知水平而言的,也是初级知识获得阶段的体现。随着学生认知水平的提升,其对陈述性知识的内涵与外延有了更加深入的了解,可以逐步提升作业任务的难度,特别是可以为学生设置不同的知识运用情境,让学生在不同的情境中深入理解陈述性知识的适用情境以及提升相关应用的灵活性。这个过程可以提升学生推理、操作以及知识迁移的能力,同时伴随着技巧的形成。此外,还可以为学生设置基于真实情境的任务,促进学生在复杂的情境中进行知识的应用,促进学生进入专家化知识学习阶段。这正是帮助学生实现深度学习的关键。

(2)加强作业任务的衔接性与综合性。作业内容的衔接性体现在陈述性内容的重现与不同阶段知识的衔接两方面。一方面,陈述性知识的记忆与掌握形式比较机械,不同情境下的应用只能促使学生形成短时记忆,所隔时间越久,知识被学生遗忘的可能性越大。因此,在作业中,教师可以根据艾宾浩斯的记忆理论,在适当的时候将陈述性知识进行重现,唤醒和加深学生的记忆。另一方面,知识的不同阶段也是相互衔接的。知识的不同阶段是相对而言的。对于初学者而言,对知识的灵活应用必须建立在初级知识获得的基础上,随着学生认知水平的提升,所掌握的知识增多,对知识的综合应用必须建立在以往知识简单应用的基础上。这需要教师精心设计逐层递进的教学活动,引导学生依据已有的知识结构来领悟新旧知识的关联,通过适当的训练去巩固提高学生的学力,从而获取与完善新的知识和技能。此外,知识分类虽然是基于一定标准的,但各种分类之间并没有明确的界限。这要求作业具备一定的综合性。所谓综合,既可以是对不同学科的陈述性知识的综合,也可以是不同分类的知识之间的综合。事实上,真实世界的知识都是综合性的，即使在学校的学习中也几乎不存在严格意义上的知识分类。而且不同类别的知识之间也是可以相互转化的。比如学生学习显性知识后将其内化为自己的智慧，这就将其转化成为隐性知识，而隐性知识如果将其表述为原则等形式，也可以实现隐性知识的显性化。所以，在作业中，教师可以为学生设置跨学科的、多种形式的、多层次的任务，以实现学生知识的综合性应用。这有利于学生隐性知识的生成，也有助于显隐性知识的相互转化。

（3）注重作业形式的活动性与开放性，陈述性的知识和显性的知识是相对固定的，可以通过文字等形式进行表述，这可以通过文本作业进行学习与检验。然而，程序性的和隐性的知识则是难以用符号表达的，只能通过学生的具体活动进行呈现，这就要求作业具有一定的活动性。作业的活动性可以有两个层次，一是为学生设置模拟的活动性的任务，让学生在虚拟的情境中应用知识解决虚拟的问题，在解决问题的过程中训练学生灵活应用知识的能力，并从学生解决问题的结果中评价学生对知识的掌握情况。二是可以为学生设置真实的任务。比如可以通过项目学习的形式，即将抽象的、概念性的课本上的材料以问题情境化的方式转变为学生感兴趣的、能在生活中广泛接触到的经验性内容。让学生在真实的社会情境中发现问题、解决问题，并进行问题的呈现与交流。在此过程中，学生可以学会和形成隐性知识，从而实现对程序性知识的掌握。作业的开放性是指作业的答案不是唯一的，解决问题的途径也不是固定的。在这样的任务中，学生可以尝试应用不同的解决问题的手段与策略，从实践的检验中发现各种策略的优势与不足，并进行及时的调整，这是策略性知识的掌握过程。在此过程中，学生学会如何思考、如何决策，从而有助于学生由高级知识获得阶段进入专家化知识学习阶段。

2. 强化作业实施，更好地促进学生掌握知识

（1）利用典例示范，促进学生对程序性知识和陈述性知识的掌握，作业是学生自主学习的过程，同时也是学生应用知识的过程。知识的应用需要学习者对知识本身的背景有足够的了解，特别是要了解其适用情境。这就要求教师为学生进行典例示范。这个示范过程一般出现在课堂。在课堂教学中，教师应该注重例题的讲解，这是首次在学生意识中将新的陈述性知识应用于情境的过程，学生在初始阶段，往往会将陈述性知识与其应用情境同时进行记忆，并在以后解决问题的过程中，将新情境与旧情境进行比对，寻找二者之间的联系，并进行陈述性知识的应用。在这过程中生成程序性知识以及与之相关的隐性知识。所以，一方面，教师要注意课堂示范讲解的规范性，另一方面，要注意作业设计中任务与典例的相关性。如果相关性太强，则会减缓学生由初级知识获得阶段进入高级知识获得阶段的进程，而如果相关性太弱，则会阻碍学生知识的迁移，影响结构不良领域知识的形成。

（2）提供过程辅助，促进学生在不同知识获得阶段的顺利过渡。学生在学习过程中，难免会遇到新的问题情境。在高级知识获得阶段主要是进行结构不良领域知识的学习，这部分内容的知识在横向与纵向上都与其他知识有比较密切的联系，这对初学者的认知能力有一定的要求。因此，该部分知识的获得在很大程度上依赖于师徒制式的学习引导。然而，在现实情境中很难进行一对一的或者是耳提面命式的作业形式，只能是通过强化在作业过程中对学生的辅助以达到随时为学生解疑答惑的目的。在辅助过程中，辅导教师不可以直接就题论题，更不可以直接为学生呈现答案，而是应该根据学生面对问题的困境，分析学生问题的成因，为学生提供一定的学习建议，由学生通过自己的努力构建知识的应用方法与策略，从而提升程序性知识的掌握水平。当前，有的公司开发出作业辅导软件，学生直接对作业进行拍照即可出现作业的答案。这种现象应该得到监管。作业的辅助是指辅导教师将隐性知识潜移默化地传授给学生的过程。这种软件难以实现程序性知识与隐性知识的传播，反而可能导致学生失去思考的积极性。

（3）关注习惯养成，促进学生对程序性知识与结构不良领域知识的习得。在学生成长的过程中，许多优秀的心理品质都是经由作业的过程而形成的。[1] 作为学校学习的延伸，作业是学生自主学习的机会，也是学生进行自主调控的过程。《学记》有云"时教必有正业，退息必有居学"。古人认为，学习不能中断，这是有一定的道理的。陈述性知识需要记忆，程序性知识也同样需要记忆。随着记忆的消退，丧失的不止是知识，还有应用知识的方法

---

[1] 宋立华．家长与家庭作业：来自教育学的审思与改进［J］．当代教育科学，2018（10）：75-78．

与技能。此外，处于高级知识获得阶段的结构不良领域的知识习得依赖于大量的练习。当前的教学情境中，课堂时间有限，更多的练习机会被安排到作业中。这要求学生养成良好的学习习惯，保持学习、热爱学习，这样才能保证学生积极地和高质量地完成作业，达到作业设计的目的。这要求教师在作业设计时注重提升作业的质量，特别是可以用学生喜闻乐见的情景作为作业的背景，以此提升学生完成作业的兴趣。另外，家长应该做好监管，保证孩子在完成作业的过程中，能进行全身心地投入，以此可以提升学生完成作业的成就感，并有助于学生作业习惯的养成。

3. 优化作业评价，更准确评判学生的知识掌握情况

（1）作业表达评价，作业表达是学生根据自己对作业情境以及对所掌握知识的理解，呈现自己解决问题的思路与步骤的过程。这是用显性的方式表达学生隐性知识的过程，在作业表达过程中，可以根据学生的语言表述、文字表达等途径了解学生对知识的掌握情况。首先，从作业表述的规范性上可以判断学生的学习态度以及对程序性知识的掌握程度。其次，从作业表述的内容入手，可以揣摩学生解决问题的思路，从中可以对学生结构不良领域的知识掌握情况进行判断。最后，可以根据学生表述的严谨性与科学性对学生专家化的知识学习水平进行判断。仍以数学作业为例，学生的作业表达可以在很大程度上体现学生的数学学习水平，这是通过作业表达对学生的隐性知识进行间接评价的过程。数学的学习主要体现在对概念的理解与应用，重要的不只是显性知识的掌握，更多地是对知识应用技巧以及思想方法的掌握。学生作业表达的越精练、越规范，所能应用的方法越多样，则说明该学生对知识掌握的程度越高。

（2）作业过程评价，学生对学习意义的追寻是在学习过程中实现的。[1]当前作业评价中一个比较突出的问题就是教师注重对作业结果的评价而忽视对作业过程的评价。教师由于时间与精力有限，往往在作业评价时只根据学

---

[1] 伍远岳，杨莹莹．知识学习视野下导学案设计的困境与突围［J］．中国教育学刊，2017（12）：79-84.

生的结果进行简单的评价，而忽视对其作业过程的评价。❶ 一方面，教师应该了解学生作业的时长。相同的任务，如果作业时间越长，就说明学生知识运用的灵活度越低，所以通过了解学生作业的时长可以在学生作业结果相同的情况下对学生的能力进行评判。另一方面，教师应该了解学生作业的方式。这主要体现在学生在作业过程中是否会寻求一定的辅助以及辅助的程度等方面。如果学生能独立完成作业，就说明学生的程序性知识的掌握情况较好，基本达到了能灵活运用结构不良领域知识的水平，如果学生的作业是通过获取较多的帮助才得以完成的，就说明学生程序性知识掌握水平还有待提升。此外，还可以了解学生在作业过程中是否进行了必要的反思。反思是学生自身对自己作业过程的评价行为，如果学生能主动对自己的作业过程进行反思，就说明该学生掌握了一定的策略性知识。所以，教师只有注重对学生作业过程的评价，才能真实了解学生的能力与水平，才能对学生做出更加客观的评价。

（3）学习策略评价，在作业过程中，学生可以自主地决定自己完成作业的策略。首先，学生可以根据自己的水平和能力以及兴趣安排作业的顺序，并对作业内容进行选择和取舍；其次，学生需要对自己的学习进度进行调控；最后，学生在学习过程中遇到问题需要寻求合适的帮助。这些都需要学生对自己的兴趣与水平做出判断，并根据判断做出相应的决策。这是培养学生学会如何学习、如何思考以及如何通过合适的途径获取适当帮助的过程，是学生掌握策略性知识的过程。策略性知识是程序性知识的重要组成部分，但其属于隐性知识的特点也使得教师在评价中往往不会意识到对其进行评价的重要性。在自主学习的过程中对学习策略的把握决定着学生自主学习的效能，这是帮助学生形成学会学习能力甚至是帮助学生生成终身学习能力的重要途径。因此，在作业评价中，教师应该与学生和家长展开广泛的交流。既可以促进家校合作，又可以深入了解学生在完成作业的过程中所应用的策略，通过对学生策略性知识的评价与反馈，帮助学

---

❶ 胡扬洋. 基础教育"作业"观念重构论纲 [J]. 教育科学研究，2019（10）：47-52.

生学会调控自己的学习进度、掌握自主学习的技能。

第四节　作业活动的要素分析

过程教育是怀特海过程哲学应用在教育中而形成的教育思想，其思想渊源可追溯到柏拉图的自由教育，与杜威的进步主义教育思想相近但又有所区别。怀特海的过程教育思想主要反应在他的教育代表作《教育的目的》（1929年）一书中。与过程哲学一致，过程教育也是将教育看作众多相互依存、相互联系、相互作用的"事件"的综合统一体。过程教育认为教育的目的是激发和引导儿童的自我发展，教育的主体应该是学生，反对将知识与社会割裂的教学，提倡发展学生的创造性思维和批判性思维。

当前，我国中小学的作业已然成为"减负"必须面对的一个要点。究其原因是当前的作业发生了异化，距实现"学生全面发展"的目标发生了偏离。过程教育注重用联系的观点看问题，注重人的个体的发展，而作业也和课程与教学、学校与家庭、教师与学生之间存在着广泛的联系，且作业的目的也是促进学生的发展，即是否完成作业对于学生而言是否会有不同的变化。而这种不同与变化不仅仅止于知识与技能，而且更多的是习惯、态度、心理品质的养成，进而构成学生的一种生活经历、一段生命历程。过程教育与作业的特点以及目的是相吻合的。因此，可以尝试用过程教育的视角来审视作业，重新认识作业的定位、目的、主体、内容、环境与评价，可以为作业的变革提供新的思路。

（一）作业的定位：课程与教学的延伸

过程教育认为教育也是由一个个相互联系、相互作用的"事件"组成的。对于作业系统而言，它也不可能是孤立的和静态的。一方面，作业是课程的拓展，是教学活动的延伸，另一方面，作业是学生进行自主学习、独立思考的过程。

课程的本意是"跑道"，是让学习者循着设计好的轨道进行学习活动。博比特、泰勒等课程专家都秉持这一理念。"跑道"取向的作业，学生只需按教师要求填写好相应的答案即算完成任务。随着人本主义逐渐占据主导地位，"学习者作为人"的理念深入人心，后现代课程观将课程看作活动的、即时生成的。杜威认为作业是一种活动，是在具体情境中的学习活动，基于后现代主义的课程是在"作业"的过程中生成的。无论是文本作业还是活动作业，都可以看作由相应课程观指导下的作业观的产物。学生在学习过程中完成对课程的认识，既包括课堂的学习过程，也包含课后的作业过程。不同的是，课堂中学生是通过教师的"转述"结合自己阅读教材的感悟形成体验，而作业过程中学生是通过作业任务形成体验，这两者也都会受到教师课程观的影响。教学活动是当前学生进行学习的主要方式，受教学时间的限制，很多时候学生在课堂少有自主学习和思考的机会。教师为了让学生对课堂知识进行巩固与检验，会为学生布置作业。于是，作业成了教学活动的延伸。作业既可以帮助学生巩固知识，又可以让学生在作业过程中发现自己的不足，教师还可以通过作业了解学情，为下一步的教学活动做准备。因此，作业成为教学活动必不可少的一个环节。

除此之外，作业还是联系教师与学生、家长与学校、家长与学生的纽带。教师通过作业为学生设置任务，以向学生表达自己的期望，并通过作业了解学生的发展水平，学生通过作业向教师展示自己的学情；学校通过作业向家长展示自己的教育观和学校文化，家长通过作业与学校产生互动；作业还可以增强家长与学生之间的相互理解，有利于为学生构建良好的学习环境。可见，作业是课程的重要组成部分，是教学活动不断循环中的一个重要环节，有承上启下的功能。此外，作业虽然一般以静态的方式呈现，但学生的思维是动态的。学生在完成作业的过程中，需要对所学的知识进行回顾和组织，根据自己对知识的理解将其应用于一个个不同的情境，并在知识的应用过程中，不断地检验和完善自己构建的知识体系。

（二）作业的目的：促进学生的自我发展

作为教学活动的一个重要组成部分，作业的目的与教学的目的密切相关。而教学的目的又关涉教育的目的。怀特海认为，教育的目的是激发和引导学习者个体的自我发展，是为了使学习者具有活跃的思维。❶ 从过程哲学的内涵来看，过程教育的目标是引导学生体验学习的过程，在学习过程中激发学生自我发展的兴趣、提升学生自我发展的能力，最终实现学生能够自主地发展，而学生也应该是在这个流程中实现螺旋式地上升。这与杜威所倡导的"教育即生长"是如出一辙的。也与我国当前"培养全面发展的人"和构建"公平而高质量的教育"的教育目的是相一致的，因为人的全面发展需要提升人的自我发展和自主学习的能力，而实现教育公平以及实现教育质量的提升也与学生个体的自主学习能力息息相关。❷

作业有帮助学生进行知识的巩固训练以及能力提升等功能，在过程教育视角下，可以将其理解为使得学生把先前表现为主观形式的多种可能性融入一种经验的客观内容时，产生一种丰富了经验并增进了经验享受的新质（novelty），也即创造。❸ 作业最终的目的是促进学生的生长，具体说来，应该是促进学生"不断发掘新的体会和经验"和提升学生自主学习的能力。学生要实现自我发展，首先，要不断接触新的刺激，在新的刺激中积累经验，构建知识与能力，并以此与更新的刺激相互作用，实现更新的构建过程。在这个不断循环的过程中，才能实现学生的成长与发展。其次，需要为学生提供不断刺激的环境。作业可以为学生在课后提供学习的环境，在作业过程中，学生受教师设置的任务的刺激，应用所掌握的知识进行问题的解决，并不断进行知识的重组与建构。"知识的重要性在于它的运用，在于我们对它的能动的掌握——也就是说，在于智慧"。在完成作业的过程中，学生通过对知识的应用形成能力与智慧，这是学生离开学校后或者说是通过学习所获得的最有价值的东西。最后，从凯洛夫对作业的描述来看，作业是需要学生自主完成的。学生的作业活动一般在课外进行，这时候学生失去教师的辅助需要独立完成任务，这就要求学生具备知识的调取与应用、资源的收集与整理和学会求助等能力。这些能力正是学生实现终身学习的重要能力，是自主学习能力的重要体现。

---

❶ 李方，温恒福. 过程教育研究在中国［M］. 福州：福建教育出版社，2012：51.
❷ 杨洁. 中学生自主学习的意蕴和实施策略［J］. 教育理论与实践，2022（2）：58-60.
❸ 曲跃厚，王治河. 走向一种后现代教育哲学——怀特海的过程教育哲学［J］. 哲学研究，2004（5）：85-91.

（三）作业的主体：不同发展水平的个体

教学中教师主体论与学生主体论争辩的根源是辩论者所持教学观的不同。教师主体论的持有者设定学生是待填满的容器，教师拥有丰富的知识，在教学过程中教师将知识倒入容器，容器只需被动的接受即可。学生主体论的持有者认为教育应该以人为本，教育的目的是促进学生个体的成长，教师所应该做的是为学生提供成长的环境和辅助。为了化解这种二元对立的局面，有人提出了双主体论，认为教学过程中，学生是主体，教师是主导。然而，这种双主体论并不能很好地解决教育中的问题。[1] 怀特海对教育理论研究做出了突出的贡献，其中最主要的就是以学生为主体的过程理念。这与其提出的教育的目的是要"实现儿童的自我发展"是一致的。怀特海的过程哲学很明确地提出组成世间万物的基本单位就是过程，发展正是儿童生存的一种过程。过程哲学主张泛主体论，也即事物变化的过程才是主体。过程教育视角下，教学的主体应该是学生的学习过程，这也正是作业的主体。

当前作业的主体是知识。作业围绕着知识的传授展开。教师在设计作业的过程中往往以课程标准与考试标准为依据，以此提出学生所应达到的目标。而对于学生的发展水平，教师没有时间和能力进行详细和准确的评价，也无法实现个性化的作业设计。于是，不同能力水平、不同个性的学生面对的是相同的作业，这个作业的难度与教师希望学生所达到的水平高度相关，对于相当大一部分"后进生"来说，这样的作业可能会失去其应有的功效，甚至会引起学生的反感。要使得学生的作业过程作为作业的主体，应该凸显学生个体在教学中的地位。在作业设计中，以学生的发展水平为切入点，在此基础上为学生设置符合其"最近发展区"的任务，这既可以激发学生的学习兴趣，又可以最大限度地使学生参与到完成作业的过程中来，从而实现作业功能的最优化。这需要教师与学生二者进行深入的沟通交流，增进相互之间的了解，同时，教师需要具备一定的作业设计能力。首先，教师需要具备评价学生学习现状的能力。一方面，教师可以通过自身的经验进行预判，然后根

---

[1] 陈佑清，余潇. 学习中心教学论［J］. 课程·教材·教法，2019（11）：89-96.

据课堂学生学习的情况进行初步的评判，另一方面，教师需要与学生进行深入交流，既要了解学生对知识的掌握情况，又要了解学生的个性，比较全面地了解学情，以此作为作业设计的依据。其次，教师需要在作业中为学生设置适切的任务。作业中的任务要实现个性化，让每位学生都能最大限度地实现自身的发展。最后，教师需要利用作业提升学生的学习兴趣。教师应该根据学生的个性以及学生群体的兴趣为作业设置丰富的情境或为学生设置活动性作业，让学生参与到社会实践中来，以此激发学生学习的兴趣。通过兴趣激励、适切的任务，作业才能成为促进学生发展的载体，使得学生完成作业的过程真正成为促进学生发展的过程。

（四）作业的内容：注重综合性和情境性

知识源于自然，自然是有机的整体，因此知识原本是不存在学科与界限之分的。近代为了提升教学效率，将知识按一定的逻辑体系进行划分，不但有了学科之分，同一学科之内对知识的划分也越来越细。这在有利于知识的掌握与研究之余，使得知识成为割裂的碎片，成为抽象的个体，失去了其所存在和可应用的环境。学生在这样的环境中所获取的知识是割裂的，这使当前的学习过程很难激发其学习兴趣，其知识的应用与迁移能力也受到了极大地限制。怀特海主张要将僵化的知识生动起来，要消除学科分离的状况。因此，怀特海的过程教育主张将各门学科相互联系，协调统一。这也正是当前国际以核心素养为代表的教育改革的趋势。核心素养的提出突破了学科与知识的边界，以素养为载体，包含了知识、技能与情感态度等因素，在一定程度上实现了知识的整合，有利于促进知识的还原。

在教学过程中暂时难以实现大范围的学科整合，这与当前知识体系的设置以及教师的能力等有关。但作业是学生课外进行自主学习的机会，也是学生自主进行知识运用的契机。知识的学习可以是分学科的，但知识经人的学习与理解并进行自我构建后已经不再有学科与边界之分，学习者可以根据自身对情境的理解调用相关知识、应用相关能力进行问题的解决。而作业虽然是课程与教学的延伸，但如果完全遵循分科的课程与教学的原则，则会陷入将完整的知识割裂成碎片化知识点的误区，让学生失去整合知识的机会。因此，应该注重作业在统整知识方面的作用，在作业中设置跨学科、综合性的任务，让学生在完成作业的过程中灵活应用所学知识。作业一般以凯洛夫倡导的文本作业和杜威所倡导的活动作业为两种主要取向。在文本作业中，可以设置融合多学科知识的任务或开放性任务，学生在完成任务的过程中可以在同一个问题中，综合应用多学科的知识进行解答，也可以对同一任务用多学科的视角进行审视，做出开放性地判断。而在活动作业中，教师可以结合真实的生活情境，为学生提供或由学生自主选择相关主题，以研学旅行或项目学习等方式开展研究，在具体的情境中让学生感受到自己知识方面的缺失，并通过学习或收集资料的方式弥补不足，在不断学习和解决问题的循环过程中体验学习的过程并理解知识与生活之间的联系，以此实现将学习作为源于生活、用于生活的活动体验的目的。

（五）作业的环境：自主、支持与关爱

有机体的本质依赖于其环境的本质。[1] 教育中我们更应该重视学生成长环境的建设，这是学生成长的重要平台与资源。在怀特海看来，过程体现为转变和共生这两个不同的但有密切相关的环节。[2] 这决定着过程教育视角下的教育需要自由的环境。因为学生的学习正是"现在进行"的学习过程，只有保证良好的和自由的学习环境才能保证"过程"的质量。体现在作业方面也就是教师和家庭应该为学生提供良好的作业环境。

环境的营造主要取决于教师与学生的家庭。教师需要为学生设置能更大程度地发挥其探究积极性的任务。否则在传统文本的、机械重复的、低质的作业中，学生只能是沉浸在繁重的与文本的互动中。虽然对环境的要求简单，但在单一的、不能自由学习的环境中学生所受刺激有限，无法较大程度地激发学生的创造性思维。而开放性和基于项目学习的任务可以为学生提供自主学习与探索的机会，让学生以此为起点开展学习，从完成任务的过程中体验学习的过程。作为家长，则在为学生提供良好的作业环境方面需要承担更主

---

[1] 怀特海. 过程与实在 [M]. 杨富斌, 译. 北京：中国城市出版社, 2003：202.

[2] 曲跃厚, 王治河. 走向一种后现代教育哲学——怀特海的过程教育哲学 [J]. 哲学研究, 2004（5）：85-91.

要的责任。首先，家长应该为学生提供物理条件良好的作业环境。离开学校，学生需要在新的环境中进行自主学习，自主学习往往对学习环境有更高的要求。既要保证环境的舒适，以使学生的身心得到放松，又要保证学生在学习过程中不受或少受干扰。其次，家长应该力所能及地为学生提供完成作业时问题解决的支持环境。在活动性作业中，可能需要学生理解自然或社会的真实情况，并从中观察和获取数据。这时，需要家长带孩子走近自然和接触社会，在保证孩子安全的前提下引导孩子进行观察、辅助孩子获取数据。从这种实践过程中培养学生观察自然、了解社会和热爱生活的能力与态度。最后，家长应该为孩子提供关爱的环境。作业为家校合作以及家庭教育的实施提供了良好的契机。学校为学生的教育和学习提供了主要的环境，而家庭则是学生课外接受教育与开展学习的主要环境，家长是学生课外学习的第一负责人。长期以来，家长习惯于将教育学生的任务托付给学校，将"教育"窄化地理解为是"教学"，而往往忽视自己在孩子成长中的主体责任以及家庭教育的重要性。过程教育视角下，家庭同样是学生学习的重要场所，家庭教育同样是教育学生的重要手段，因为"过程"是连续的，"事件"是彼此衔接且相互影响的。受学生社会性因素的影响，学校从来都不可能是孤立存在的。除了社会因素，家庭教育往往很大程度地影响着学校教育。所以，可以以作业为契机，增强家校之间的合作与交流，彼此增进了解，形成教育的合力。家长应该重视作业的作用，在监督和辅助学生完成作业的过程中，与孩子多进行情感方面的互动，让孩子体会到作业是与家长的关心与关注联系在一起的，从而让作业充满情感，使作业成为有灵魂与有温度的作业。

（六）作业的评价：关注解决问题的过程

在怀特海看来，现实的存在就是它的生成。生成过程终止，即意味着存在成为非现实的存在。恩格斯认为，世界是过程的集合体。这与怀特海的过程哲学思想是不谋而合的。因此，基于过程教育的教学评价不仅要注重学生学习知识的结果，更要注重学生分析问题、解决问题和探索真理的活动过程。[1] 也即

---

❶ 李方. 后现代教学理念探微 [J]. 教育研究, 2004 (11): 35—40.

对学生的评价应该更注重过程性评价。此处所谓过程性评价与阶段性的过程性评价是不同的,阶段性的过程性评价是将学生的学习过程细分成若干个节点,以对每个节点进行评价来实现过程性评价。而基于过程教育的过程性评价关注的是学生学习的整个过程。在作业的评价方面,评价主体应该关注学生作业的整个过程也即从辨析作业中的任务情境,到问题解决的计划、实施,最后到对任务以及自身所制订的计划的反思等。这些都将作为评价的要素。

评价是反思的过程。评价的主体一般是教师与学生。作为教师,担负着提升学生能力的重任,这种责任并不局限在学校内部。随着移动学习、泛在化学习的出现,教师需要及时调整传统的角色定位,才能适应新的教学模式的需求。当前学生完成作业的过程正是一种泛在学习的过程,面对教师设置的任务,遇到问题时,学生不再仅仅是回顾课堂的讲解与参考课堂笔记来考虑问题的解决办法,而更多地会通过教辅资料和网络搜索等方式获取解决问题的途径。可能出现的问题就是学生会利用"搜题软件"直接搜得问题的答案进行借鉴与抄写,不再对问题进行深入思考。因此,教师必须根据学生的解答结果结合对学生的深入了解,获取学生解决问题的真实过程,从过程中发现学生所存在的问题以及为学生提出如何进行学习改进的建议。这也在一定程度上要求教师与家庭做好配合,为学生提供完成作业的智力支持,以保证学生在完成作业的过程中,遇到问题可以得到适当的辅助。对于学生自身,更应该是作业评价的主体。因为只有学生自身才更切实地了解自己完成作业的过程。一方面,如果感觉自己在理解问题或解决问题的过程中遇到问题,学生可以寻找适当的帮助。只有自己才最清楚自己在哪些地方需要帮助,学生可以将自己的想法与遇到的问题表达出来,通过查找资料或与教师、家长和同学交流等形式获得相应的帮助。另一方面,面对自己设计的解决问题的方案以及解答的结果,学生应该反思该结果是否正确、是否合理,解决方案是否是最优的。可以说,学生才是对自己学习过程进行评价的第一责任人。通过自我反思,可以让学生及时发现自己的问题并进行修正,也可以让学生尝试用多种途径解决问题,从而培养学生的批判性思维。

第五章 重新审视作业设计

第一节 作业设计研究的回顾与展望

一、国外作业设计研究述评

(一) 作业的价值及影响

1. 作业与学业成绩之间的关系

作业与学业成绩之间是否存在必然的联系是一个有争议的话题,这也是作业价值研究的一个重要问题。在国内,很少有研究对作业的合法性提出质疑,因为人们一般都将作业看作课堂教学的延伸,是学生在课外学习的机会。但在国外,特别是20世纪初,美国曾进行过作业的"存废之争",人们开始质疑作业存在的必要性。这引发了人们对作业价值的反思。其中一类型重要的研究就是探究作业与学业成绩的关系。许多学者将作业时间、作业量等作为自变量,将 Cooper (1989) 提出的"学术成就"的可测量定义,即学生在考试中的分数作为因变量,用实证研究的方法探究作业对学习成绩的影响。就作业时间而言,人们所得出的结果不尽相同。总得说来,作业时间对学习成绩的影响结果可分为正相关、负相关、曲线相关和不相关四种。有学者通过研究发现作业时间与学习成绩呈正相关,即作业时间越长,学生的学习成绩越好。Hartley and Branthwaite (Eds) (2000) 和 Cooper, et al. (1999) 等在三十多个国家的小学、初中和高中展开研究,发现家庭作业与学生的成绩之间存在正相关的关系,这与 Cooper 等人早期的研究结果是比较一致的。Cooper (1989) 对前五十年的近一百二十个作业研究做了元分析,发现作业对学生的学业成绩基本呈正相关的关系，但与年龄有关。对高中生的促进作用较大，对初中生和小学高年级的促进作用居中，而对小学低学段的学生则几乎不相关。在后续 1989 和 1994 年的相关研究中，也得到了类似的研究结果。在 2001 年的研究中，Cooper&Valentine（2001）发现与初中生相比，家庭作业与高中毕业成绩之间的联系更为紧密。有研究者在荷兰通过横向研究以分析家庭作业特征对学生学习成绩的影响时发现，布置家庭作业的频度、家庭作业时间与学习成绩之间呈弱的负相关。❶ 研究者解释说这可能与学生的作业量相同，成绩较好的学生完成作业的时间较短有关。Weston（1999）等通过研究发现家庭作业时间与学生学习成绩呈曲线相关，即在一定时间限度内作业时间与学习成绩呈正相关，一旦超过这个限度则开始呈负相关。❷ 而 Chen & Stevenson（1989）通过在美国的芝加哥和明尼阿波利斯、中国的北京和台北、日本的仙台等地的六十多个小学做的国际比较研究，发现家庭作业时间与学习成绩之间无任何关系，在这三个不同国家的研究中均得到相似的结论。❸ 尽管如此，更多的研究表明作业与高年级的学生的学业成绩是相关的。Fan H 等（2017）在对近 30 年（1986—2015 年）的作业研究做元分析发现，作业与学业的数学与科学成绩之间总体上存在小而积极的关系，这对于小学和高中学生的影响更为明显。❹

2. 作业的影响

作业的影响可以分为正面影响和负面影响两个方面。正面影响主要体现在促进学生的认知发展（如增强记忆、促进理解、促进批判性思维的发展和信息的加工等）、帮助学生养成学习习惯（如鼓励学生在课外进行学习）、丰富课程以及促进家长参与教育等方面。❺

---

❶ Westerhof K J，Creemers B P M，De Jong R．Homework and Student Math Achievement in Junior High Schools [J]．Educational Research & Evaluation，2000，6（2）：130-157.

❷ Weston，P.．Homework：Learning from Practice [M]．London：The Stationery Office，1999.

❸ Chen，C.，& Stevenson，H. W. Homework：A cross-cultural examination [J]．Child Development，1989，60（3），551-561.

❹ Fan H，Xu J，Cai Z，et al. Homework and students' achievement in math and science：A 30-year meta-analysis，1986-2015 [J]．Educational Research Review，2017（20）：35-54.

❺ 任宝贵．国外家庭作业研究综述 [J]．上海教育科研，2007（3）：31-34.

作业的负面影响也包括多个方面。在对学生的身体健康影响方面，作业可能导致对学生身体的损害，比如营养不良和视力下降等；在对学生精神的影响方面，作业可能导致对学生精神的损害，比如学生会以做作业为由逃避劳动责任、甚至拒绝在星期天去教堂。❶ 也有研究表明，作业会导致学生的压力或焦虑（Galloway 和 Pope，2007；Shumow，Schmidt 和 Kackar，2008）。在学生的学习兴趣方面，Cooper（1994）等人的研究也指出，机械性的作业容易使学生对知识性材料失去兴趣。❷ 在作业用时方面，许多研究显示，作业占据了学生大量的课外时间，造成学生身心疲惫和降低学生的学习效率，同时造成了学生没有更多的时间和精力来支配自己的兴趣活动，从而剥夺了学生的其他校外教育机会，比如接受文化、音乐、舞蹈、阅读、家庭生活、户外娱乐等。这点将在作业量与作业时间的综述中做更为详细的阐述。在家庭影响方面，有家长认为家庭作业剥夺了他们自己的休息时间，也有家长认为家庭作业侵犯了家长实施校外教育的自主权。在指导作业的过程中，作业可能造成父母与教师的指导相冲突，同时，作业也可能导致家长角色的冲突。❸ 而在教育公平方面，作业还可能拉大低收入家庭学生与高收入家庭学生学习成绩的差距等。父母或监护人参与程度不均，会对学生的任务完成产生负面影响。❹ Figueroa Mangual（2011）指出，在完成作业的过程中，许多学生缺乏适当的工具（计算机和互联网）以及其他资源（充足的时间和适当的作业环境）。❺ Kralovec 和 Buell（2000）研究发现，上、中产阶级的家庭资源与工人阶级家庭或贫困家庭的家庭资源截然不同，这影响了学生完成家庭作业并从中受益的能力。他们认为，社会经济地位较高的家庭有拥有着受过

---

❶ 任宝贵. 美国历史上的废除家庭作业运动及其对我国的启示［J］. 外国中小学教育，2010（1）：51-55.

❷ Cooper，H. Battle over homework：An administrator's guide to setting sound and effective policies［M］. Thousand Oaks：Corwin Press，1994.

❸ Aichler，Megan. A Phenomenological Study on the Experiences of Middle-Class Parents Facilitating Homework［D］. Oregon：Concordia University，2017.

❹ Walberg，H. J.，Paschal，R. A.，& Western，T. Homework's powerful effects on learning［J］. Educational Leadership，1985，42（1），76-89.

❺ Figueroa Mangual，A. Citizenship and education in the homework completion routine［J］. Anthropology and Education Quarterly，2011，42（3），263-280.

良好教育的父母、良好的经济来源、良好的家教和技术环境等（如电脑、互联网）。这与依赖孩子完成家务、买不起电脑或互联网、缺乏技术、或父母在夜间工作的家庭形成鲜明的对比。[1]

（二）作业的目的

作业设计与作业目的紧密相关。Cooper（1989）发现，教师为学生布置家庭作业的原因是多样的，其中包括丰富课程内容、保留事实、理解材料、运用批判性思维技能、促进校外学习、培养积极的学习态度、改善学习习惯和技能、培养自我指导和自律，提高时间组织能力，提高独立解决问题的能力等。Epstein 等（2001）研究发现美国教师布置家庭作业的主要定位在十个方面：①为学生提供练习机会；②做好课堂准备；③参与实践活动；④发展学生个性；⑤改善亲子关系；⑥加强家校合作；⑦促进同伴互助；⑧执行学校或地区的政策；⑨树立学校形象；⑩惩罚问题学生等。[2] 徐建中（2005）将教师布置作业的原因分为教学性的和非教学性的。家庭作业的教学目标包括练习，复习和扩展在课堂上学到的技能。作业的非教学目的旨在追求非学术利益，例如父母与学生之间的沟通、社交技能、惩罚以及向学校董事会负责等方面。[3] 德国学者 Trautwein（2009）编制了包括四个维度、十四个项目的问卷。通过对教师进行调查指出，教师布置作业的目的有很多，但最主要目的是提高学生成绩、提高学生动机和自我调节能力、促进家庭与学校的联系三个类型，并认为教师较少强调简单重复练习和注重发展学生的学习动机能有效促进学生作业的努力和成绩的提高。[4]

值得注意的是，上述结论主要是通过对教师的调查访谈及从相关文献中

---

[1] Kralovec, E. & Buell, J. The end of homework: How homework disrupts families, overburdens children, and limits learning [M]. Boston: Beacon Press, 2000.

[2] Epstein J L, Van Voorhis F L. More Than Minutes: Teachers' Roles in Designing Homework [J]. Educational Psychologist, 2001, 36 (3): 181-193.

[3] XU, Jianzhong. Purposes for Doing Homework Reported by Middle and High School Students [J]. Journal of Educational Research, 2005, 99 (1): 46-55.

[4] Trautwein U, Niggli A, Schnyder I, et al. Between-Teacher Differences in Homework Assignments and the Development of Students' Homework Effort, Homework Emotions, and Achievement. [J]. Journal of Educational Psychology, 2009, 101 (1): págs. 176-189.

析取出来的，主要代表的是成年人知觉到的家庭作业目的。Cooper 等（1998）在一项调查研究中比较了中学生知觉到的家庭作业目与家长和教师报告的家庭作业目的之间的不同，研究显示二者存在极显著的负相关，证明了学生与成人家庭作业目的之间的差异。[1] Xu 和 Corno 等（1998）以 3 年级的学生为研究对象，并对其家长和教师进行访谈，对比三者知觉到的家庭作业目的，发现父母与教师的目的相同，即认为作业的目的是巩固所学知识和发展自我调节功能。而学生在很大程度上也认为家庭作业能使他们更好地理解巩固学习的知识，但是占主导地位的是家庭作业的完成可使他们受到家长和教师的赞赏。[2] Xu 和 Corno（2005）对上述结论进行了不同文化背景的验证，结果是学生、家长和教师都知觉到家庭作业是为了复习，巩固和强化在学校所学的知识，而教师和家长认为的家庭作业增强了学生自我责任感和学习技能，在被访谈的学生中仅有几个人提到了这个目的，而大部分学生认为他们完成家庭作业是为了满足学生认为的重视他人的期望，从而得到赞赏。[3]

从作业目的的研究中可以发现，学生学习能力的发展是作业的一个重要的目的。Bempechat（2004）指出，作业作为一种教学实践活动，对儿童的成就动机的发展起着重要的作用。特别指出，如果我们的目标是使孩子适应中学及以后的教育需求，则我们需要尽可能多地关注技能的开发，这些技能可以帮助孩子主动学习，并在其消退时保持或重新获得动力。[4]

（三）作业的内容与形式

1. 作业量及作业时长

作业量与作业时间是相关的，二者都是国内外作业研究所关注的焦点。早

---

[1] Cooper, H., Lindsay, J., Nye, B., Greathouse, S. Relationships among attitudes about homework, amount of homework assigned and completed and student achievement [J], Journal of Educational Psychology. 1998, 90 (1), 70-83

[2] Xu, J. & Corno, L. Case studies of families doing third-grade homework. [J]. Teachers College Record, 1998 (100): 402-436.

[3] Xu, J. & Corno, L. Family help and homework management reported by middle school students [J]. The Elementary School Journal. 2005, 103 (5), 503-517.

[4] Bempechat, J. The motivational benefits of homework: a social cognitive perspective [J]. Theory Into Practice, 2004, 43 (3), 189-196.

期在行为主义心理学的影响下，人们认为作业可以对学生起到强化作用。因此，作业时间越来越长。这引发了美国关于作业的"存废之争"。Wildman（1968）指出，"每当家庭作业排挤社交经历，户外娱乐活动和创造性活动时，每当它浪费专门用于睡眠的时间时，它都无法满足儿童和青少年的基本需求"。[1] 因为作业是在课外进行的，其所占用的时间会与学生的其他活动的时间起冲突。Warton（2001）指出，"放弃时间来做功课的决定可能会带来高昂的机会成本，而放弃其他更理想的活动"。[2] 与花在功课上的时间有关的一个有趣的因素是，老师，父母和学生对功课完成的时间和上交的功课总量有完全不同的看法，即学生，老师，学校和学区对作业分配量和花费时间的看法不一致。[3]

如何规范作业时间与作业量是作业设计和作业管理等方面需要重视的问题。在作业时间方面，Cooper（2001）提出了一个"十分钟规则"的标准，即在低年级规定一个作业时间量的基础上，每升高一个年级，作业时间增加 10 分钟。比如一年级学生的作业时间是 10 分钟，那么二年级的学生的作业时间便为 20 分钟，以此类推。这个规则在美国已被许多学区和学校采用，作为作业管理的标准之一。Coutts（2004）在探讨青少年成长的问题时指出，青少年经常将家庭作业视为一项活动，使他们无法获得宝贵的休闲和家庭时间。该研究并未否认实施家庭作业的潜在学术利益，但主张更平衡地分配学校作业。[4] 要考虑的另一个因素是，教师很少就他们分配给学生的作业数量相互交流。在高中环境中，学生的每个学科都有一位不同的老师，就分配的家庭作业的频率或数量而言，老师之间几乎没有沟通。[5] 尽管有一些策略可以让学生跟踪分配的任务（Haley 等，2005），但是大多数学校还没有开发用于跟踪老师的家庭作业的系统，并且教师也不希望知道学生其他学科的作业

---

[1] Wildman, P. R. Homework pressures [J]. Peabody Journal of Education, 1968, 45 (4), 201-204.

[2] Warton, P. M. The forgotten voices in homework: Views of students [J]. Educational Psychologist, 2001, 36 (3), 155-165.

[3] Bryan, T., & Burstein, K. Improving homework completions and academic performance: Lessons from special education [J]. Theory into Practice, 2004, 43 (3), 213-219.

[4] Coutts, P. Meanings of homework and implications for practices [J]. Theory into Practice. 2004, 43 (3), 182-187.

[5] Bryan, T., & Sullivant-Burstein, K. Teacher-selected strategies for improving homework completions [J]. Remedial and Special Education, 1998, 19 (5), 263-275.

量。因此，几名教师可能在不知道学生的整体工作量的情况下，为同一名学生分配了冗长的作业或项目。❶

2. 作业的类型与形式

"家庭作业可以根据其数量、目的、技能领域、学生的选择、完成期限、个性化程度和社会背景进行分类。"❷ 陈剑华（2001）以作业的完成形式为划分标准将英国中小学生作业归结为四种类型，即实践作业（有教师指导的各种实验、独立观察、独立完成美术作品及各种动手能力的测试）、书面作业（指客观性测试，其形式有回答简答题、抢答题、写随笔、论文、观察报告、评论、调查报告、科研项目等）、口头/听力作业和表演作业。❸ 以作业的目的为划分依据，利和皮瑞特（Lee & Pruitt）通过研究发现，教师布置给学生的作业主要有四类，即练习型、准备型、扩展型和创造型。德国学者迪茨和库特（Dietz & Kuhrt）认为作业可以分为六种类型，分别是巩固知识和技能、扩大知识领域、使知识和技能系统化、将知识和技能运用于特定的事例和情况、运用知识和技巧解决问题以及介绍新的课题。❹ 沙利文和塞凯拉（Sullivan&Sequeira, 1996）就常见作业类型的设计给出了建议。准备型作业是为了引入新的话题或想法，所以要注意时效性；练习型作业是最常见的作业，目的是让学生进行各种练习以训练各种技能，教师需要精心设计相关任务以确保其练习的效率避免浪费学生的时间；对于扩展型作业，扩展任务往往超出了常规课程，通常涉及某种类型的项目或报告，此类作业在设计过程中教师需要多加思考，以确保它们能提高当前课程的质量，并使所分配的任务学生能够完成。❺

许多研究已经对上述各种形式的作业在成就方面的促进作用做了相关的验证。（Cooper, 2007; Konn, 2006a; Marzano&Pickering, 2007; Vatterott, 2009;

---

❶ Romero, Eva Flores. From Ritual to Ownership: Learning about the Evolving Homework Practices of Six Secondary LOTE Teachers [D]. New York State : University of Rochester, 2016.

❷ Cooper, H. (2007). The battle over homework (3 rd ed.) [M]. Thousand Oaks, CA: Corwin Press, 2007.

❸ 陈剑华. 关于中小学作业形式、作业评价问题的思考 [J]. 上海教育, 2001（24）: 33-34.

❹ 姚利民. 有效的家庭作业策略 [J]. 湖南师范大学教育科学学报, 2003（6）: 47-52.

❺ Sullivan, M. H. & Sequeira, P. V. The impact of purposeful homework on learning [M]. London: The Clearing House, 1996（69）: 346-348.

Voorhees，2011)。但在作业设计过程中，90%的受试教师往往将未完成的课堂教学任务分配为家庭作业，这暴露出教师在设计家庭作业方面缺乏训练。❶ 一些研究人员认为，与没有选择权力的学生相比，当学生选择作业时，他们有"更高的内在动力去做作业，对作业有更胜任的能力，并且在单元测试中表现得更好"。❷ Dettmers 等（2010）在德国对代表性学生样本（$N = 3483$）关于数学作业质量进行了一项全国性研究，发现完成选择性和挑战性作业的班级的学生比其他班级的同学学习的更多。❸ Alber 等（2002）对标准复习题（SRQ）和标准阅读工作表（SRWS）两种作业设计进行了比较分析，结果表明，与 SRQ 方法相比，使用 SRWS 方法的学生在测验、单元测试、作业准确性和完成率方面的成绩更高。❹

（四）作业的实施

1. 作业的完成

作业的完成过程通常是在没有老师监督或是在老师的"弱监督"的情况下进行的，学生无法完成作业是国内外教师都面临的作业问题之一。让学生完成家庭作业是各个年级老师面临的重要挑战，也是学生和老师都感到沮丧的原因。❺ Darling-Hammond（2006）通过调查研究发现导致家庭作业无法完成的原因主要是学生不了解如何做作业、学生由于工作或其他课外活动没时间完成作业和学生缺乏组织技能或完成作业的计划。❻ 海利等（2005）发现

---

❶ Landing-Corretjer G. Listen to me! an exploration of the students' voices regarding homework [M]. Ann Arbor: Walden University, 2009.

❷ Patall, E. A., Cooper, H., & Wynn, S. R. The effectiveness and relative importance of choice in the classroom [J]. Journal of Educational Psychology, 2010, 102 (4): 896-915.

❸ Dettmers, S., Trautwein, U., Lüdtke, O., Kunter, M, & Baumert, J. Homework works if homework quality is high: Using multilevel modeling to predict the development of achievement in mathematics [J]. Journal of Educational Psychology, 2010, 102 (2): 467-482.

❹ Alber, S., Nelson, J., & Brennan, K. A comparative analysis of two homework study methods on elementary and secondary school students' acquisition and maintenance of social studies content [J]. Education and Treatment of Children, 2002, 25 (2), 172-196.

❺ Killoran, I. Why is your homework not done? How theories of development affect your approach in the classroom [J]. Journal of Instructional Psychology, . 2003, 30 (4), 309-315.

❻ Darling-Hammond, L. Constructing 21st-Century Teacher Education [J]. Journal of Teacher Education. 2006, 57 (3), 300-314.

长作业（一周的作业）配合作业单（起到作业说明的作用）可以有效地提高作业的完成率。❶ Bryan 和 Burstein（2004）的工作重点是提高家庭作业完成率的策略。他们的研究着眼于三种工具：家庭作业跟踪系统的开发（使用家庭作业计划者记录分配的任务），使用图形图表让学生跟踪已完成的作业以及合作学习团队的发展。布赖恩（Bryan）和伯斯坦（Burstein）的研究表明，学生在使用一种、两种或三种工具时，最经常且最准确地完成作业。❷ 现有的家庭作业文献在一些可能影响学生顺利完成家庭作业的共同因素上达成了共识。这些因素包括获得资源的途径，父母对孩子的学术生活的参与以及学生的动机。父母参与是否顺利完成任务有关的研究中的常规主题。Cooper 建议父母在教育过程中作为合作者以非对抗性的方式与老师取得联系。❸ 总体而言，父母的支持和父母的参与是学生取得学业成功的关键，特别是与完成作业有关（Vatterott，2009）。文献表明，父母的参与对成功完成家庭作业具有积极影响，并增强了家庭作业对学生的积极影响。❹

2. 作业的管理

作业管理从管理主体上可以分为教育行政部门的管理、学校层面的管理、父母与教师对作业的管理以及学生自身对作业的管理等方面。教育行政部门对作业的管理一般体现在政策管理方面。美国教育是以州级管理甚至是以学区管理为主的，其对作业管理的方式多样。我国作业的管理主要体现在"减负"政策中，2020 年发布的基础教育教学质量提升的相关文件中，也对作业管理提出了一定的要求。在学校层面的作业管理方面，Birmingham 等（1999）❺ 和 Fel-

---

❶ Haley, M. H., Midgely, A., Ortiz, J., Romano, T., Ashworth, L., & Seewald, A. Teacher action research in foreign language classrooms: Four teachers tell their stories [J]. Current Issues in Education, 8 (12): 21.

❷ Bryan, T., & Burstein, K. (2004). Improving homework completions and academic performance: Lessons from special education. Theory into Practice, 2005, 43 (3), 213–219.

❸ Cooper. Too much homework? Parents, schools seek balance [EB/OL]. (2009-07-20) [2020-10-29].

❹ Walberg, H. J., & Paschal, R. A. Do homework assignments enhance achievement? A multilevel analysis in 7th grade mathematics [J]. Contemporary Educational Psychology, 1995, 27 (1), 26–50.

❺ Birmingham, P., Keys, W. and Lee, B.. Headteachers' Main Concerns (Annual Survey of Trends in Education, Digest No. 7) [M]. Slough: NFER. College, Center for the Study of Testing, Evaluation, and Educational Policy, 1999.

gateand Kendall（2000）[1]等发现，大多数学校有家庭作业政策。其政策内容包括作业类型、作业时间、作业目的和作业评价等方面的要求。Weston（1999）发现，教学效果好的学校通常有比较完善的作业管理系统，包括自上而下的管理体系、作业政策的宣传、作业时间的安排、作业情况的收集与反馈、作业实施过程的支持以及作业政策的反思与修订等。[2]徐建中以美国61个班级的866位八年级学生和来自46个班级的745位十一年级学生为研究对象研究中学阶段的作业管理。发现家庭作业管理中的大多数差异都发生在学生层面，而情感态度和家庭作业兴趣在班级层面是两个重要的预测指标。在学生一级，家庭作业管理与以学习为导向的原因，情感态度，自我报告的成绩，家庭作业帮助，家庭作业的兴趣，老师的反馈以及以成人为导向的原因呈正相关。另外，作业管理与花在看电视上的时间呈负相关。[3]在父母与教师对作业的管理方面，Hong（2000）的研究发现，父母和老师在激励学生的家庭作业行为方面都具有直接或间接的影响力，这一点是显而易见的，尤其是对自我感觉的发现。功课成绩和老师评定的功课分数，父母和老师似乎都在影响在家工作的动机。父母在家庭学习环境中扮演着重要的角色，而教师在学校成绩中扮演着重要的角色。然而，父母和老师在激发学生的作业行为方面都有直接和间接的影响，特别是在自我感知的作业成绩和教师评价的作业分数上，父母和老师似乎都会影响家庭作业的动机。这项研究以香港329名五年级学生和244名七年级学生为研究对象，比较了中国学生偏爱的家庭作业风格。以学生完成作业时的进食、温度、光线等环境方面的偏好为变量，发现中国学生作业时喜欢安静、明亮的环境，喜欢正式的设计（比如有桌子和椅子）和固定的作业地点，喜欢结构化的和按一定顺序组织的作业设计。在家里，家长可能无法控制老师布置的家庭作业的种类和数量，但家庭作业风格的元素是可操作的。通过确定孩子的作业风格偏好，家长可以帮

---

[1] Felgate R, Kendall L. Head teachers' Main Concerns (Annual Survey of Trends in Education, Digest No. 8) [M]. Slough: NFER, 2000.
[2] Weston P. Homework: Learning from Practice [M]. London: The Stationery Office, 1999.
[3] Xu J, Wu H. Self-regulation of homework behavior: Homework management at the secondary school level [J]. The Journal of Educational Research 2013; 106 (1): 1.

助孩子按照自己喜欢的方式做作业。❶ 也有研究发现，教师的家庭作业跟进实践，即教师用来监视学生的家庭作业的课堂策略，会对学生的家庭作业行为和学习成绩产生影响。罗萨里奥等用焦点小组和课堂观察法获取数据并进行主题分析，研究结果显示，教师监控家庭作业时，要么使用单一策略，要么使用与特定目的（如促进学生参与）相关的策略组合（如检查家庭作业完成情况和提供个人反馈）。同时，教师们的作业监管活动会受到课程的压力等限制，这会影响作业跟进实践的效果。❷

（五）作业的评价

Paschal 等（1984）回顾了 1966—1981 年间对家庭作业的 67 个研究，他们发现 85% 的家庭作业都有效，而教师打过分或有教师评语的家庭作业更有效。教师对家庭作业的反馈对于四、五年级学生的效果更明显。❸ Cooper（1994）给教师们提出了对家庭作业反馈的建议。他认为教师可以用四种反馈方式即诊断评价型、量化评价型、表扬或批评型以及物质奖励型对作业进行反馈。诊断评价是指教师全部或部分地对作业进行批改后，根据作业情况反馈给全班学生作业中存在的共性问题以及如何可以把作业做得更好，也可以通过个别评语等方式将个别性的问题反馈给学生。量化评价是指教师可以给学生的家庭作业打分，并将这些分数作为学期或学年评价的依据。表扬或批评是指教师可以根据学生完成作业的态度，比如是否完成、是否认真和完成的质量等情况给予学生口头或书面表扬或批评。物质奖励型是指教师可以根据学生的作业情况给学生一些物质或政策奖励，比如为作业完成较好的学生发放糖果会奖励其提前放学（针对小学生）等。❹ 董君（2002）在对作业批改方式的研究中指出，在作业评价的标准方面，美国教师并非按照"标准

---

❶ Hong, Eunsook, and Lee Kit-Hung. Preferred Homework Style and Homework Environment in High- Versus Low-Achieving Chinese Students [J]. Educational Psychology. 2000, 20 (2): 125-37.

❷ Rosário, Pedro, et al. "Did You do Your Homework?" Mathematics Teachers' Homework follow - up Practices at Middle School Level [J]. Psychology in the Schools. 2019, 56 (1): 92-108.

❸ Paschal R., Weinstein T., Walberg H. The effects of homework on learning: A quantitative synthesis [J]. Journal of Educational Research. 1984, 78 (2), 97-104.

❹ Cooper H. The battle over homework. An administrator's guide to setting sound and effective policies. The Practicing Administrator's Leadership Series. [M]. Thousand Oaks, CA: Corwin Press, 1994.

答案"来统一评判，而主要以学生在完成作业时做出的个人思考和收集资料所做的努力为主要参考，其中主要看重学生是否能提出独特新颖的观点和是否具有创造性的思维。并根据相关研究指出，中性的评价与肯定的评价对学生的成绩能产生较大的影响，而针对性较强的评语更能激发学生的学习兴趣、强化学生的学习。❶

二、国内作业设计研究述评

（一）作业基本理论研究

1. 作业的概念与认识

在作业的概念方面，陈桂生（2009）就"作业"一词的含义及发展进行了辨析，指出作业是一种能够作为衡量课程改革尺度的学习活动。❷ 这在梳理作业内涵变化的同时，结合美国社会对作业认识的变化，将作业当作反馈课程改革的"晴雨表"。不难理解，从作业的"存废之争"的时间表来看，美国崇尚作业、怀疑作业再到肯定作业的态度转变正与其社会对教育的认识转变是相一致的。因此，作业与课程及教学改革是并行不悖的，作为课程改革的"末端"，作业最能反馈出课程改革的效果。随着课程改革由"教"向"学"的转变，作业关注的重心也由"教学设计"转向"学习设计"。胡扬洋（2019）基于对中国文化传统观念中的"学习"的认识，将作业定义为："作业是学生有产出的、专门的学习活动，是学生自我建构良好知识观、能力观、品德观、学习观的活动，是学生认同学习者身份的文化过程。"❸ 这种作业的定义，更能体现出"以学习为中心"的现代教学理念。在作业与课程及教学的关系研究方面，郭红霞（2012）梳理了作业与教学间的三重关系，即本源—支流关系、目的—手段关系和异体—同趋关系。❹ 在作业的理论支持方面，李学书（2013）指出作业研究应从认识论转向关注教师与学生生存

---

❶ 董君. 论教师的作业批改方式对教学质量的影响 [J]. 化学教学, 2002（1）：22-24.
❷ 陈桂生."作业"辨析 [J]. 上海教育科研, 2009（12）：59-61.
❸ 胡扬洋. 基础教育"作业"观念重构论纲 [J]. 教育科学研究, 2019（10）：47-52.
❹ 郭红霞. 论作业与教学关系的重建 [J]. 中国教育学刊, 2012（1）：52-55.

状态与生命价值为基础的生存论,并指出以生存论为指引将有助于重构作业改革目标,有助于处理好作业内容设计的科学性、规范性与人性化之间的关系、有助于培养学生的合作精神和生存本领并有助于处理好作业评价中自评与他评的关系。❶ 在作业的功能认识方面,张丰(2011)指出,课后作业要关注学生能力的发展。❷ 夏雪梅等(2016)指出,对小学生而言,作业的功能在于养成学习习惯、态度和促进心理品质的发展,是学生多样化认知观念和"迷思"观点的展现途径,教师可以以此对学生进行诊断与评估,同时作业也是关涉家庭和社区的交互活动。❸ 也有学者基于教育伦理探讨了作业中存在的问题。宋立华(2011)论述了惩罚性作业的危害,并提出应通过帮助树立正确的惩罚观,提升师德师风建设,强化作业管理等方式消除惩罚性作业。❹ 李晓红(2016)指出,当前小学作业"唯知识"的作业目的、保守的作业内容、机械的作业形式、专断的作业批改以及奖惩性的作业评价体现了作业的"去伦理化"的性征。❺

2. 作业观的研究

作业观是人们对作业的认识,无论是作业的理论研究方面还是作业实施的实践方面,作业观都起着决定性的作用。作业研究中两种典型的作业观是杜威的活动作业观和凯洛夫的传统作业观。熊和平(2008)对作业的两种基本方式即活动性作业与文本性作业进行反思,指出以杜威的实验主义为指导的活动作业将作业看作课程的一部分,而以凯洛夫的认知主义为代表的文本性作业则将作业看作课程的补充。❻ 随后的研究中,熊和平(2009)对基于凯洛夫作业观的传统作业进行反思,基于新课程理念重新审度了作业的功能,指出可以通过作业活动激发学生的求知兴趣、加强学生的自主管理以及培养

---

❶ 李学书. 从认识论到生存论:中小学作业改革的新取向[J]. 课程·教材·教法, 2013, 33(7): 31-36.
❷ 张丰. 作业仅仅是"练习"吗?[J]. 人民教育, 2011(12): 40-41.
❸ 夏雪梅, 方臻. "完成"和"正确"之外, 理想的作业行为是什么[J]. 人民教育, 2016(23): 76-80.
❹ 宋立华. 让惩罚远离作业[J]. 教育科学研究, 2011(2): 61-64.
❺ 李晓红. 小学作业设计的伦理失衡与纠偏[J]. 中国教育学刊, 2016(6): 69-73.
❻ 熊和平, 沈雷鸣. 作业:课程哲学意涵及改革思路[J]. 教育理论与实践, 2008(28): 49-52.

学生的团队精神。[1] 任宝贵（2010）反思了以凯洛夫作业观为代表的传统作业观，指出其存在将学生客体化、平面强调知识技能和漠视合作等不足，[2] 并指出当代的作业应该是目的与当前教育理念相一致的、内容多样的、活动方式灵活的、指导主体多元的、以学生为主体的旨在促进学生身心完满发展的一切课外活动。[3] 张济洲（2013）对比了凯洛夫的传统作业观、杜威的活动作业观和多元价值理念下的作业观，指出我国中小学作业改革演进的特点是作业观从强化作业的工具理性到逐渐回归作业本体价值。[4] 卢光辉（2017）指出，作业反映了教师的教学哲学，分析了基于"唯智主义""全面发展""做中学""双基"理念下的作业观。[5] 这些研究中，学者们主要对比了两种作业观的特点，提出了新课改理念下的作业观。值得注意的是，作业观与教学观是紧密联系的，文本作业虽然"传统"，但与夯实学生的双基以及作业的实施有利，活动作业能发展学生的多种能力，但其实施可能会受限。因此，用"执两用中"的方式平衡文本与活动可以是当前作业设计的一条路径。

3. 作业的影响研究

在"减负"的背景下，作业处于"减负"的风口浪尖。许多学者对作为"负担"的作业做了测评以及原因分析。在测评工具的开发与应用方面，陈国明（2017）以作业时间、作业类型、作业难度感受和作业焦虑四个维度构建了作业负担测评指标，对上海、河南和重庆的1745名初中生进行调查，研究发现初中生的作业负担总体状况较为合理但存在地区差异，学生的学业成绩显著影响着学生的作业时间、作业难度感受和作业焦虑。[6] 郭丽萍等（2018）认为，家庭作业是否有益的争论根源是测量工具的选择，在研究中指出，单一指标型（选择作业时间、频率、完成率和努力程度等的某方面）难以估计信度，而多维指标型（作业表现、作业管理、作业目的、作业评

---

[1] 熊和平．中小学作业改革的新思维[J]．教育科学研究，2009（8）：57-59．
[2] 任宝贵．凯洛夫家庭作业观反思[J]．全球教育展望，2010，39（2）：7-10．
[3] 任宝贵．家庭作业观之反思与重构[J]．教育科学研究，2010（7）：44-47．
[4] 张济洲．中小学作业观：特点、问题与走向[J]．课程·教材·教法，2013，33（7）：25-30．
[5] 卢光辉．试论中小学作业问题的可能解决之道[J]．课程．教材．教法，2017，37（8）：116-121．
[6] 陈国明．三省市初中生家庭作业负担研究[J]．全球教育展望，2017，46（6）：100-115．

估、作业过程等）则纳入了无关维度，并指出未来作业测量工具可以综合已有的测量指标，并融入作业的社会性与创造性等新的测评指标。❶ 在作业"负担"的调研方面，许多学者探究了作业成为"负担"的影响因素。郑东辉（2016）通过对16141名中小学生的调查发现，课堂评价较大程度地影响着学生的作业负担，特别地体现在作业时间和作业劳累程度两方面，同时发现，相比作业难度和结果，作业类型和量对学生的心理负担影响更大，而且学生的作业心理负担随年级的增高而加重。❷ 刘影等（2016）通过对463名初中生调查发现，初中生感知到的数学作业质量、控制感和作业情绪均对其作业努力起着重要的影响。❸ 徐章星（2020）研究发现，随着家庭作业时间的增加，初中生学业成绩呈现出先升后降的"倒U型"关系。也即作业数量存在一个临界值，如果作业量超过这个临界值，则会对学生的学业成绩产生负面的影响。❹ 这方面的研究一方面可以为作业评价指标的构建起到一定的借鉴作用，另一方面，也启示我们在作业设计时要注重作业量的把握。

（二）作业内容、形式与设计

1. 作业量、作业内容及作业形式的研究

在作业量研究方面，张勇等（2015）对作业的量进行审视，提出作业量是相对的，应倡导以学生问题为中心的作业量。❺ 该研究体现了尊重学生差异与以学生为中心的理念。在作业时间研究方面，黄小瑞等（2015）通过研究2012年的PISA数据发现，上海学生的作业时间越长，学生的学习焦虑程度越高，而学习焦虑对男生的负面影响更大。王小明（2016）通过调查初中生的语文和数学作业的作业类型、作业时间和作业感受，发现初中作业类型

---

❶ 郭丽萍，范会勇. 对中小学家庭作业测量工具的分析及展望［J］. 教育科学研究，2018（3）：48-53.

❷ 郑东辉. 中小学生作业心理负担的定量分析：基于16141份数据［J］. 全球教育展望，2016，45（8）：51-66.

❸ 刘影，龚少英，熊俊梅. 初中生数学家庭作业质量、控制感与作业情绪对作业努力的影响［J］. 心理科学，2016，39（2）：357-363.

❹ 徐章星. 初中生家庭作业时间与学业成绩——基于学业压力的调节效应分析［J］. 教育与经济，2020，36（5）：87-96.

❺ 张勇，龙宝新. 作业减负：以学生的问题为中心［J］. 基础教育，2015，12（3）：91-97.

上体现了课程改革倡导的一些理念，但作业时间较长而大部分学生对作业的感受较为积极。❶ 该研究结论与陈桂生教授提出的作业是"衡量课程改革尺度"的提法暗合，并反映出我国学生对作业的态度较为积极。教科书中的作业内容是课外作业内容的重要来源。张菁（2020）通过比较我国内地与香港地区语文教科书共选篇目《背影》的作业系统的内容设计，发现统编教材注重综合能力的训练而香港地区的教材注重能力的专项训练，并提出落实单元目标、优化习题设计和提供练习指导等建议。❷ 更多的研究是围绕作业的内容与形式存在的问题等展开的。任宝贵（2015）通过对我国五省7933位中小学教师、学生和家长进行调查发现，我国学生的作业存在时间过长，设计主体单一、内容枯燥等问题。❸ 陈鲜鲜等（2016）提出，小学数学应超越知用脱节、学科割裂和纸笔局限，走向实境型、整合性和网络化。❹ 许晓莲（2015）指出，为了提升作业的有效性，应注重通过作业内容激发学生的学习动机和引导学生进行体验式学习，并可以通过变式训练落实反馈信息。❺

2. 作业设计原则的研究

面对作业设计的随意性等弊端，许多学者提出了作业设计应与课程和教学相一致的论述。黄华等（2013）基于作业与教学目的的一致性，从内容、能力、情境三个维度建立了作业的设计框架。❻ 蔡文艺（2012）指出，基于课程标准的作业可以避免作业设计的随意性、丰富作业内容、减轻学生负担和促进学生的学习。❼ 李臣之等（2013）用发展主义作业观审视作业指出作

---

❶ 王小明，文剑冰，董辉，柯政. 初中生眼中的家庭作业的调查[J]. 全球教育展望，2016，45（10）：21-28.
❷ 张菁，刘佳悦. 指向教学性的语文教科书作业系统比较研究——兼论统编本作业设计[J]. 教育学报，2020，16（4）：38-45.
❸ 任宝贵. 我国五省中小学家庭作业现状调查[J]. 教育科学研究，2015（12）：49-56.
❹ 陈鲜鲜，徐雅，张佳炀，曾文婕. 论小学数学作业创新的三大走向[J]. 教育科学研究，2016（6）：50-57.
❺ 许晓莲，陈佑清. 有效作业的影响因素及提升策略[J]. 中国教育学刊，2015（10）：54-58.
❻ 黄华，顾跃平. 构建初中数学作业设计框架，提高作业设计和评价的品质[J]. 课程·教材·教法，2013，33（3）：81-85.
❼ 蔡文艺，周秋凤. 基于课程标准的家庭作业设计[J]. 教育理论与实践，2012，32（29）：50-52.

业设计中需要调整作业目标功能观，应把作业纳入教学内容整体设计。[1] 李学书（2014）指出，要减少作业的随意性，增加有效性，作业设计应从基于教师经验和教科书走向基于课程与教学目标，这要求提升教师的作业设计能力。[2] 随后的研究中，李学书结合布鲁姆教育目标分类以及作业涉及的主要内容和环节，开发了一个基于课程标准的从确定作业命题和设计目的到进行作业反馈的全过程作业设计指导框架。[3] 王月芬（2015）从历史发展脉络的角度说明了课程视域下的作业设计是符合历史发展趋势的，并通过对历史上不同作业设计观中的课程、教学、作业三者之间的关系，指出课程视域下的作业设计应强调"目标导向""整体设计""反馈改进""尊重差异"等基本理念，并提出作业设计中应注重基于课程目标整体设计作业目标、作业内容与作业目标保持一致性、作业各关键要素具有内在结构性、作业内容要求需体现纵横系统性、依据学生作业结果反思完善作业设计和关注个性学习的差异性作业设计等原则。[4] 基于课程或教学的作业设计能实现作业与课程和教学的一致性和提升作业的有效性，而且其趋势是由教学视域逐步走向与课程视域的融合。[5] 但值得注意的是，过于追求"一致性"可能导致教师在作业设计中主体性的缺失，也可能会导致作业过于追求知识目标的达成而忽视能力目标的实现。

3. 作业设计策略的研究

许多学者对作业内容的选取与形式等基于思辨和经验给出了相关设计策略。在作业内容方面，王光明（2008）针对数学作业中存在的问题，提出了用数学趣题、数学名言、数学日记和数学作文等作业形式对学生的学习兴趣、人生观等产生影响，并促进学生将数学与生活相联系和在研究中学习数学。[6]

---

[1] 李臣之，孙薇. 发展主义作业观 [J]. 课程·教材·教法，2013，33（7）：17-24.
[2] 李学书，黄复生. 基于课程与教学目标的作业设计研究 [J]. 基础教育，2014，11（2）：80-86.
[3] 李学书. 如何基于课程标准设计作业：从命题走向指导框架 [J]. 复旦教育论坛，2014，12（6）：22-27，49.
[4] 王月芬. 课程视域下的作业设计研究 [D]. 上海：华东师范大学，2015.
[5] 杨伊，夏惠贤，王晶莹. 我国学生作业设计研究70年：回顾与展望 [J]. 教育科学研究，2020（1）：25-30，54.
[6] 王光明. 数学作业方式的变革 [J]. 教育理论与实践，2008（23）：55-56.

马文杰（2014）指出，高中数学作业应承载积累解题经验、形成教学能力等基本教育功能，因此，选择和设置数学作业要遵循适时适量、精致化、合作性、创新性等基本原则。[1] 肖正德（2014）指出，可以通过注重典型性作业、层次性作业、趣味性作业、开放性作业等的设计以消除作业的重复性、单一性、机械性和封闭性。[2] 在作业形式方面，宋广文（2009）指出，作业形式应以学生的身心发展规律为基础、充分考虑教学目标和顾及学科特点，并提倡用分层作业、主题作业、趣味作业、日记作业、合作作业等新型作业促进学生的发展。[3] 王嘉毅（2014）提出了基于"发现问题—解决问题"的"问题型作业"模式，并指出这种作业模式能够促进学生实践技能的提升，同时也蕴含着阶段化、层次化、多元化和公平化等教学原则。[4] 章青（2020）指出，可以通过绘制图形、制作模型、设计表格和推导规律等"非试题类作业"来提升学生的学习能力。[5]

（三）作业的实施

作业的实施主要是指学生完成作业的过程，其研究重点是如何保证学生顺利完成作业。在学生完成作业的心理影响因素方面，有研究表明个体的性别、责任心、家庭作业动机、家庭作业情绪等个体因素以及教师的反馈和支持、家庭作业质量、家庭因素等环境因素都会影响家庭作业努力。[6] 刘影等（2017）采用问卷调查法，以702名小学生为被试对象，发现教师支持、父母参与作业的自主动机和学生家庭作业自主动机均是学生积极家庭作业情绪

---

[1] 马文杰，刘姣. 关于高中数学作业相关问题的研究 [J]. 教育理论与实践，2014，34（26）：56-58.
[2] 肖正德. "减负"背景下有效作业的设计策略探究 [J]. 课程·教材·教法，2014，34（4）：50-55.
[3] 宋广文，康红芹. 教师布置作业的形式与学生学习关系的反思 [J]. 课程·教材·教法，2009，29（12）：35-40.
[4] 王嘉毅，程岭. "减负"之路的重要选择：问题型作业模式 [J]. 中国教育学刊，2014（12）：73-77.
[5] 章青. 应用非试题类作业引导学生自主学习 [J]. 生物学教学，2020，45（4）：65-66.
[6] 刘影，龚少英，柴晓运. 中学生家庭作业努力及其影响因素 [J]. 心理科学进展，2013，21（8）：1422-1429.

的重要影响因素。[1] 也有研究者提出可以通过完善作业政策与强化家庭辅助为作业的顺利实施提供支持。比如任宝贵（2010）在反思美国历史上废除家庭作业运动的基础上，提出我国应该注重制定家庭作业政策和提供家庭作业帮助，以保证家庭作业科学顺利地实施。[2] 李臣之等（2013）指出，应构建学生作业辅导体系和营造互动参与的作业环境。[3] 周晓燕（2011）探究了美国的交互式家庭作业的背景、设计模式和优势等，指出我国的作业应该转变单一的价值取向、创设多元化的作业评价模式、倡导多样化和开放性的作业，并加强家长对作业的指导的科学性。[4] 分层作业是作业实施中许多研究者倡导的一种做法。安富海（2017）在分析作业实施过程中学生"抄作业"的现象与"分层作业"中存在的问题，基于因材施教教学理念和积极心理学理论，提出了"滚动分层作业"的作业实施模式。[5] 孙欢欢（2013）基于教育公平审视了中小学作业，指出了分层作业体现了教育公平的新诉求，并提出用科学分层制、动态导生制、资源共享制等分层作业实施的优化策略。[6] 相比作业的理论、设计与评价等方面的研究，我国学者在作业实施方面的研究成果相对较少。一方面，这与我国研究者少有基于教育心理学的视角进行实证研究有关；另一方面，可能也与我国研究者重视作业设计而对作业实施缺乏足够的关注有关。当然，有许多研究将作业实施融入了作业内容的设计中，这与我国研究者对作业设计的界定不统一有一定的关系。有的作业设计狭义地指作业内容的设计，而有的作业设计则泛指作业活动的设计。

（四）作业的评价与反馈

1. 作业评价的内容、指标及反馈时间

作业的展示一般是作业文本的展示，这与作业形式大多是文本型作业有

---

[1] 刘影，柴晓运，龚少英，桑标. 父母参与作业的自主动机与小学生积极作业情绪：学生作业自主动机与教师支持的作用 [J]. 心理发展与教育，2017，33（5）：577-586.

[2] 任宝贵. 美国历史上的废除家庭作业运动及其对我国的启示 [J]. 外国中小学教育，2010（1）：51-55.

[3] 李臣之，孙薇. 发展主义作业观 [J]. 课程·教材·教法，2013，33（7）：17-24.

[4] 周晓燕，陆露. 美国交互式家庭作业及其启示 [J]. 外国中小学教育，2011（3）：58-61.

[5] 安富海. "滚动分层"布置作业的成因及实施策略研究 [J]. 课程·教材·教法，2017，37（8）：110-115.

[6] 孙欢欢. 教育公平视域下的分层作业及其实施 [J]. 教育理论与实践，2013，33（7）：61-64.

关。随着项目学习等活动性作业的实施，研究者们逐渐将作业结果视为是学习活动的产出而采用产品分析法来分析作业。王瑞霖等（2012）尝试以几何画板为作业评价学生的数学理解。❶ 也有研究者认为作业展示不应该是静态的和被动的。王琰（2016）提出了作业展示的主体性、全景性、参与性与层次性等原则。❷ 作业评价的指标一般等同于学生答题的指标，往往以对错和速度为主。这与当前的作业"考试化"的倾向不无关系。而孙琪斌等（2001）将解题速度、正确程度、创新程度和规范程度作为作业的多元评价指标。❸ 这种多元化的评价指标有利于将作业过程看作一种创造性的学习活动。在作业反馈的频次方面，大部分研究提到应该进行及时性的评价。姜丽华（2001）指出反馈时间应根据作业的类型而定，但要注重及时性原则。❹ 事实上，在心理学中，反馈的频次与及时性和学生的学习动机相关。因此，作业反馈的频次和及时程度可以以作业的内容以及学生的学习情感等为参考进行综合考量。

2. 作业评价的方式

作业评价是一个能引起人们广泛讨论的话题。在评价方法方面，姜丽华（2001）倡导综合应用批改、评定和评价三种方式进行作业评价的优化。❺ 在评价主体方面，研究者就教师、学生自身、同学和家长作为评价主体的评价方式做了一定的探讨。熊川武（2007）提出了"零作业批改"的做法，事实上是学生在教师的指导与监管下进行作业批改，教师则主要进行作业的研究及辅助的做法，❻ 其实质是学生的自评。田堃（2011）探讨了共性评价（互评、自评、师生共评和口试作业）和个性化协商式评价的方式与特点，指出作业评价要通过关注学生的思维过程全面衡量学生，通过关注学生的情感、

---

❶ 王瑞霖，綦春霞，田世伟．以几何画板为作业评价学生数学理解的研究与实践［J］．中国电化教育，2012（5）：113-117.
❷ 王琰．生物作业展示的意义及要求［J］．教育理论与实践，2016，36（14）：59-61.
❸ 孙琪斌，杨丽．作业批改的多元评价模式初探［J］．教育科学，2001（3）：40-41.
❹ 姜丽华．优化小学生课外作业反馈环节的研究［J］．教育科学，2001（4）：31-32.
❺ 姜丽华．优化小学生课外作业反馈环节的研究［J］．教育科学，2001（4）：31-32.
❻ 熊川武．论中学教师"零作业批改"［J］．中国教育学刊，2007（5）：52-54，74.

态度和价值观激励学生和通过关注学生的纵向进步及时肯定学生。[1] 也有研究者尝试进行了信息化的作业评价系统的构建与应用。柏宏权（2017）基于同伴互评构建了移动作业的评价系统，发现该系统能提升学生的学习兴趣以及参与的积极性。[2] 王琦等（2017）就教师批改作业工作量过大以及自评、互评不能保证批改质量等问题，提出了利用教师、家长和学生等社会化力量进行作业的社会化批阅的设想，并就相关工具的设计、开发与评估进行了研究，发现社会性批阅工具易用、实用，且与教师批阅结果基本一致。[3] 崔向平（2015）运用准实验研究法和行动研究法开展了网络校际协作环境下作业互评活动的设计研究，发现学习者在活动中互动频繁而且对互评活动的满意度较高，同时活动也促进了学生的深度学习，对学生的态度、行为和能力有正面而积极的促进作用。[4] 作业评价方面的研究涉及范围较广，既涉及评价的方式方法，又涉及评价的主体，还关涉评价的目的与评价系统的构建等。但总体而言，研究深度不足，特别是缺乏以量化的方法通过作业进行学情的精准分析等方面的研究。评价具有诊断与导向的功能，作业评价的研究应该强化利用评价对学生的学习进行诊断等方面的研究。这不是本研究的重心，但在本研究中关于作业评价的设计方面将会综合考虑作业评价的多种方式与功能的综合应用。

三、现存问题及可拓展的研究空间

当前，国内外关于作业方面的研究成果比较丰富，涉及作业的目的与价值、作业的数量与时间、作业与学业成绩之间的关系、作业与家庭教育之间的关系等方面。这些研究成果可以为作业设计研究奠定坚实的基础。总的来

---

[1] 田堃. 作业评价如何更有效？[J]. 上海教育科研，2011（7）：85-86.
[2] 柏宏权. 基于同伴互评的移动作业展评系统的建构及实践分析[J]. 电化教育研究，2017，38（3）：75-79.
[3] 王琦，余胜泉. 作业社会化批阅工具的设计、开发与评估[J]. 开放教育研究，2017，23（3）：96-104.
[4] 崔向平，王妍莉，刘军. 网络校际协作环境下作业互评活动设计研究[J]. 中国电化教育，2015（11）：97-102.

说，当前作业设计的相关研究还可以从以下几方面进行研究空间的拓展。

（一）作业设计研究内涵可以由作业内容转向作业活动

已有的作业设计主要是指作业内容的设计。许多研究着重关注作业内容的数量与形式，也有研究主要关注作业内容与课程及教学的关系等。作业活动是一个系统的活动，作业设计的目的、作业内容的设计、作业实施的过程以及作业的评价与反馈等都是相互联系的。因此，作业设计如果只局限于作业内容方面的设计则所设计的作业往往会受到所实施环境的制约。而将作业设计的内涵拓展为是对作业活动的设计，那么作业活动的各个环节将会被系统地纳入研究范畴中，在作业设计中根据作业设计的目的，对各个环节进行系统地设计。这有利于减少作业活动过程中由于相关环节的衔接问题而导致的"耗损"，提升作业效能。

（二）作业设计研究目的可以由掌握知识转向发展素养

从研究目的审视，当前主要的作业设计目的是帮助学生更好地理解知识与掌握相关技能。这与人们的教学观是紧密相关的。在知识本位的教学取向下，教学活动是以知识的传授为主的。而作为课堂教学的延伸，作业设计的目的自然是指向知识的掌握而非"学力"的提升。Cooper 等（2006）建议，未来的家庭作业研究应研究"与成绩无关的家庭作业"。事实上，作业不但可以看作课堂教学的延伸，更应该被看作一种供学生进行自主学习的机会。这是发展学生学会学习素养的良好的契机。因为在作业活动中，学生有更多的自主权，这有利于为学生提供更多的探究与试错的机会，让学生从中发展自己的学习素养。这是当前基础教育教学改革的基本要求，同时对提升学生终身学习的能力和建设学习型社会有着重要的意义。

（三）作业设计研究重心可以由关注载体转向关注主体

作业内容或作业活动可以看作体现教师教学观和作业设计素养的载体，也可以看作发展学生能力与素养的载体。关注这个"载体"不应该忽视对载体所起作用的主体的关注。一方面，当前作业设计相关研究缺少对教师作业设计能力的关注。现有的作业研究文献中，缺乏详细研究任何科目教师的家庭作业做法的研究,❶ 同时,研究文献中很少涉及最佳家庭作业实践和提高家庭作业质量的教师培训计划。❷ 另一方面,当前作业设计相关研究也缺少对学生的关注。帕米拉·沃顿(Pamela Warton, 2001)强调,对学生生活经验的家庭作业研究薄弱。特别是,在家庭作业研究中,学生的声音已大大缺失。❸ 因此,在后续的研究中应该注重教师作业设计能力以及作业对学生的影响等方面的关注。

(四)作业设计研究方法可以由量化研究转向质性研究

国外作业研究的现有成果中,大部分的研究是基于量化研究进行的。这主要体现在研究者们在作业的时间与学习成绩之间的关系的探究中以及在对教师与学生对作业目的的认识的研究中。国内的相关研究则多以思辨研究为主。事实上,作业作为一种学习活动,涉及学生的认知发展、学习情感、学习风格,当然也关涉学习材料的特点等,这是一个非常复杂的过程。Kohn(2006)认为,作业研究中使用的大多数方法都是定量的,而质性研究方法可以更好地衡量该主题。❹ 相比量化研究,质性研究可以深入理解教师和学生对作业的认识,了解作业在实施过程中所遇到的困境,也可以在研究中感受学生学习情感的变化。

第二节　作业设计的概念辨析

一、作业设计与教学设计的关系分析

从内涵分析,作业设计可以看作教学设计的一个子集。教学设计是对整

---

❶ Romero, Eva Flores. From Ritual to Ownership: Learning about the Evolving Homework Practices of Six Secondary LOTE Teachers [D]. Rochester: University of Rochester, 2016.

❷ Bates, Michael. Listening to Student Voices: A Critical Study of Homework [D]. Los Angeles: Loyola Marymount University, 2013.

❸ Warton, P. M. The forgotten voices in homework: Views of students [J]. Educational sychologist, 2001, 36(3): 155-165.

❹ Kohn, A. Abusing research: The study of homework and other examples [J]. PhiDelta Kappan, 2006, 88(1): 9-21.

个教学活动的设计，这个教学活动既包含课堂教学活动，也包含课外学习活动。如果将作业活动看作教学活动的延伸，或者是教学活动的一个组成环节，那么作业设计应该是包含在教学设计之中的。教学设计一般包括学情的分析、学习内容的设计、学习活动的组织实施以及学习结果的评价等环节，作业活动一般被包含在实施环节中。所以从作业活动与教学环节的归属关系分析，作业活动是教学设计的一个子集。事实上，作业设计与教学设计的每个环节都有着密切的联系。在分析环节，教师主要就知识特点、学生情况等进行分析。这方面教学设计与作业设计是较为一致的。不同的是，作业设计还需要考虑作业活动的特殊环境。在设计环节，教师则针对教学目标和学情设计相应的教学模式、选取合适的教学方法。在此过程中，教师应该考虑到学生的课外学习情况，同时对学生的作业内容与组织等进行设计。在实施环节，在课堂之内或者是课后，教师会组织学生完成课堂作业或课后作业。作业内容和学习活动的组织形式都是教师根据教学经验预先设计好的，学生无须自主计划，只需按照教师的要求完成即可。在最后的评价环节，一方面，教师需对自己的课堂教学进行评价；另一方面，教师需对学生的学习情况进行评价，而作业情况正是教师评价学生学习情况的重要载体，事实上这也是教师进行课堂教学诊断的重要契机。在这种教学设计过程中，作业活动被视为是教学活动的一个有机的组成部分，而且作业设计融入了教学设计的每个环节。

然而，从现状分析，作业设计也可以看作与教学设计相并列的活动。当前中小学教学实践中的教学设计往往被狭隘地理解为是对"课堂教学的设计"。这从大量的示范课、优质课等中小学优质课的评价方面可见一斑。这类型优质课的评价指标主要集中在课堂教学的目标设定、教学的组织、方法选用、媒体应用、师生互动等方面，对作业设计少有涉及。即使有，也往往被当作一个可有可无或无足轻重的部分。加之地方教育行政部门和学校长期以来存在"重课堂轻作业"的倾向，教育口号往往也是"向课堂要质量"，这使得其对作业管理不甚关注。学校层面对作业的管理或者缺少相关制度，或者是停留在对作业次数和批改情况进行检查的表层管理层面。所以现实的教学活动中，教师也较少关注或有意地进行作业设计，往往随意布置几个题或选一套成题当作作业。这就无形中使得作业设计与教学设计成为并列的活动，即教学设计主要是针对课堂教学进行设计，作业设计则主要是针对课后的作业活动进行设计。事实上作业设计的目标与教学设计的目标也存在差异。课堂教学往往旨在帮助学生初步了解相关概念，进行相关陈述性知识的记忆和程序性知识的初步应用。而作业则往往以巩固和训练为基本目标，特别是高中阶段的作业，其往往是以帮助学生在考试中获得更高的分数为主要目标的。可见，受实施环境的影响，作业活动与课堂教学活动虽然相关，但其在目标与功能等方面却存在着较大的差异。

事实上，作业设计与教学设计是包含关系还是并列关系并不重要。如果将二者视为包含关系，那么在教学设计中必须要考虑到作业活动的特殊性，从而进行符合其特点的作业内容与活动的设计。而如果将二者视为并列关系，那么必须要注重作业活动与教学活动的联系以避免作业活动的异化。本研究为了凸显作业活动的特点，将作业活动作为是与课堂教学相对独立的一种学习活动。因为长期以来，作业常常被忽视，作业活动的特点也往往被忽略，最终作业沦为课堂教学的"附属品"，其功能被窄化和异化，甚至成为中小学生的"学习负担"。将作业活动"独立"出来进行研究，有利于探究作业活动的本质和彰显作业活动的功能及特点。无论作业设计是教学设计的一个组成部分或者是与其相独立的部分，我们都应该将作业活动看作一种特殊的学习活动。因为相比课堂教学，作业活动在时间、地点、活动主体等方面都有着自己独有的特点，这也要求我们对作业的设计应该与课堂教学设计有所区分。佛教有"一沙一世界"的说法，其可以理解为是相对于人类而言，沙粒是一个微不足道的组成部分，而在一粒沙内却还有着一个微观和复杂的世界。数学领域中分形几何的诞生正是源于数学家发现自然是分形的，比如从飞机上较为宏观地看海岸线是锯齿形的，而站在海滩上较为微观和局部地看，海岸线还是锯齿形的，再选取更微观的视角观察，哪怕是一毫米长的海岸线其仍然是由无数个相似的锯齿形组成的。这些都呈现出自然其实是"大中有小，小中有大"的存在。教学设计和作业设计也类似地存在这种关系。宏观地看，作业设计可以看作教学设计的一个组成部分。而微观地分析，作业设计本身就是对一种相对特殊而独立的学习活动的设计，其内部也包含着与教学设计相似的要素，比如学情分析、环境设计、内容设计以及实施与评价等。就此意义而言，作业设计可以看作与教学设计相并列的一种对学习的设计活动。

作为教学设计的一个环节，作业设计应该与课堂教学活动同向同行，相辅相成，形成教学的合力。实践中，作业设计主要作为教学设计的一个组成部分出现，其认识逻辑是将作业活动看作课堂教学的一个附属环节。事实上，作业活动确实可以起到弥补课堂教学不足的作用。课堂教学中练习时间的不足、学生自主学习机会的缺失等都可以在作业中得以"补充"。在这样的情境下，作业活动要与课堂教学同向同行。即作业的目的要与课堂教学的目的一致，作业内容要与课堂教学的内容接近，作业评价也要与课堂评价的标准相同。作为与教学设计相并列的一种设计活动，作业设计应该包含教学设计的基本环节，但同时应该结合作业功能和环境的特殊性进行设计。相比课堂教学，作业活动有其鲜明的特点。比如作业活动中学生具有一定的自主性，学生是在教师的"弱监管"的情境下完成作业的，在完成作业的过程中学生可以自主地进行任务的选择。但同时这种活动也是在教师的"弱辅助"的情境下进行的，学生更多地需要独立地进行问题的解决。尽管如此，作业设计可以参考教学设计的基本环节，比如，目标设计、内容设计、活动的组织设计以及评价设计等，结合作业的特点形成作业设计的基本环节。由此，作业设计可以分为作业目标设计、作业内容设计、作业实施设计和作业评价设计四个环节。结合作业活动的特点，作业目标可以指向学生学会学习素养的发展，作业内容可以体现出丰富性、实践性和结构性等特点，作业实施可以以学生的自主学习与同伴交流两个环节交叉进行的方式设计，作业评价则可以由教师、同伴和学生自身作为评价的主体进行更为客观和科学的评价。

二、作业设计与学习活动设计的关系分析

作业是一种学习活动。从词义分析，"活动"一词所涵盖的范围比较宽泛，人类为了完成某种特定的社会职能而产生的行为都可以看作一种活动。

而学习是人类基于某种动机而发生的以心智为主要参与对象的行为，其可以看作一种特殊的人类活动，即"学习"也有"活动"之意。所以，"学习活动"一词中的"学习"可以看作"活动"的定语，即"学习活动"总体而言是一种活动，只是这种活动的特点或内容是"学习"。故而，虽然当前人们对学习活动的认识并不一致，但总体而言，大部分研究者都将学习看作一种活动，或者将学习直接作为是学习活动的简称。❶ 人类的活动一般包含动机、目的和行为等要素。基于此，杨开城将学习活动定义为是"为了达到特定学习目标而进行的师生操作的总和"。❷ 这个概念是广义的，其将一切帮助学生实现特定的学习目标的所有行为都纳入了学习活动的范畴。比如课堂教学、学生讨论以及作业等都是一种学习活动。这与本研究先前对作业本质及功能的认识是一致的，即作业是一种学生的学习活动。因为作业正是为了促进学生实现知识巩固与能力提升等学习目标而由教师设计、学生完成的师生共同进行的操作。王志军等分析了多个学者提出的学习活动的构成要素，指出"活动目的、活动时间、活动步骤和活动反馈是学习活动的四个基本要素"。❸ 比如对于课堂教学而言，作为一种学习活动，其活动目的是帮助学生实现知识的理解，活动时间是课堂教学时间，活动步骤是教师的教学步骤而活动反馈是教师对学生课堂表现的评价与反应。作业也具备学习活动的四个基本要素。作业的目的是帮助学生加深对知识的理解或者是帮助学生实现知识的深层次的建构，作业的时间是学生在家庭或者是在学校完成作业中的相关任务所用的时间，作业的步骤是学生根据教师的安排、根据文本作业中的提示或者是根据自己的学习计划完成作业的顺序和流程，作业的反馈则是通过学生自评或教师评价等方式对学生作业的结果进行评价与反馈的过程。可见，作业具备学习活动的四要素，其本质是一种学习活动。

作为一种学习活动，通过科学的设计可以凸显作业的重要功能以及提升

---

❶ 杜若，张晓英，陈桄.学习活动设计问题分析与交互式数字教材建设［J］.中国远程教育，2018（8）：54-62.

❷ 杨开城.以学习活动为中心的教学设计理论：教学设计理论的新探索［M］.北京：电子工业出版社，2005：82.

❸ 王志军，赵宏，陈丽.基于远程学习教学交互层次塔的学习活动设计［J］.中国远程教育，2017（6）：39-47，80.

作业活动的效能。任何活动都具有功能性，不加设计的活动可能导致其功能的异化，也可能是低效的或者是无效的。人的生活是一种活动，不加设计的生活是盲目的，这种听天由命的生活是被动的，容易受到各种因素的影响而随时改变生活轨迹，这种活动中的人也逐渐丧失了自主性，最终沦为一种"简单"的生物。学习活动也是如此，加以设计的学习活动是有目的性的。在这种学习活动中，学习者更有可能朝向目的主动地创造各种环境、利用各种可能的手段进行目的的达成。这样的学习活动具有方向性和积累性，随着努力的付出学习者会向自己的目标靠近。作为一种学习活动，作业如果不加设计，则可能异化为一种功利化的手段或工具。比如，许多教师不加设计地直接将教辅资料中大量的题当作作业，这往往是狭隘地凸显作业的巩固训练的基本功能，其往往是为了"简单粗暴"地实现提升学生学习成绩的功利化的目的，而对作业的本质却缺乏足够的关注。这也正是当前作业成为中小学生学业负担的原因之一，而其根源则正是没有对作业进行科学的设计。作业活动既是学生的一种学习活动，也是教师所设计的一种学习情境，这对于学生的发展以及教师的专业发展都有着重要的意义。对于学生而言，作业活动设计的质量直接影响着其学习活动的体验与学习活动的效果。良好的作业设计可以为学生提供一种具有良好体验的学习情境，学生能融于此情境进行知识的巩固、技能的训练以及未知知识的探究。而糟糕的作业设计则可能为学生带来不良的学习体验。比如，错误百出的作业内容或者是机械重复的训练往往会导致学生学习时间的浪费，远高于学生最近发展区的作业任务可能让学生对作业望而却步，缺乏辅助性的作业过程可能导致学生产生"习得性无助"，缺失性的作业评价则可能导致学生放弃作业。对教师而言，作业活动设计的质量体现着教师的专业水平。只有对学科知识有充分驾驭能力的教师才有可能为学生设计出高质量的作业内容，只有对学生情况有足够了解的教师才能将作业内容与学生的认知水平和学习需求相适应，也只有对作业活动的特点有充分认识的教师才会注重作业实施过程与作业评价的设计。同时，作业设计也是教师发挥教学自主性的重要契机。相比课堂教学，作业活动的设计更能体现教师教学的自主性，教师也有更为广阔的"田野"进行其专业技能的展示。作业活动既可以作为其诊断课堂教学的工具，也可以为其提供尝试新教学手段或模式的机会。因此，设计作业是对学生学习负责任的体现，是提升作业活动效能的要求，也是彰显教师教学自主性和发展教师专业素养的需求。

　　作为一种特殊的学习活动，作业活动要包含学习活动设计的基本要素。根据学习活动四要素即学习活动所秉持的目的、学习活动所占用的时间、学习活动包含的步骤和学习活动的评价与反馈，作业活动也应该包括作业目的、作业时间、作业步骤和作业反馈四个基本要素。从过程教育视角审视，这些要素都是一个相互联系的有机的整体。作业目的与设计者对作业的认识相关，也在很大程度上受设计者教育价值观的影响。将作业作为"控制"学生的工具的教师更容易为学生设计数量较多的和较为机械的作业内容，而将作业视为是发展学生学习能力的载体的教师则更多地会为学生设计包含有社会实践性的和自主探究性任务的作业，以此提升学生的作业兴趣、发展学生的学会学习素养。作业时间一般是在课后，因此作业的空间与课堂教学也可能有所不同。相比课堂教学，学生的作业时间比较充裕，而且可供自己自主支配。学生更有可能进行自主地探究和理解而非是被动地接受。活动的四要素中未提及活动内容，但活动步骤是与活动内容相结合的。作业的步骤即作业活动的实施，作业既与作业内容相关，又与作业活动的特点相关。作业内容决定着作业活动的形式。文本性的作业内容要求学生用文本符号进行任务的完成，实践性的作业则要求学生通过实践活动进行问题的解决。而作业活动中受作业活动"弱监管"和"弱辅助"特点的影响，作业实施的过程中既要为学生提供自主学习的机会，又要注重学习辅助的支持，以此保证作业活动的顺利进行。作业评价与活动评价类似，除了针对结果进行评价，更要注重对学习者过程性的和表现性的评价。特别是要对作业过程中学生学习情感的发展、学习态度的变化以及学习方法的调整等进行关注，以此作为评价学生学会学习素养发展的依据。

三、作业设计与学习环境设计的关系分析

　　作业是学习环境的一个重要的组成部分。一方面，从学习环境的内涵分

析，作业可以通过为学生提供学习的各种支持性条件等途径为学生创设学习环境。所谓学习环境是指"有利于促进学习者学习活动的各种支持性条件的统合"，包括物理环境、心智环境、技术环境和人际环境等部分，其中最核心的是心智环境。❶ 学生的学习活动同时受外部环境与内部环境的影响。外部环境中的物理环境是基础，比如学生的作业活动需要在一定的安全和适宜的环境中进行，一般是在教室或者是家里；技术环境可以为学生的学习提供必要的支持条件，比如作业活动中需要为学生提供相应的查阅资料的途径或者是工具，以便于学生进行学习求助；人际环境则是学习的社会性的保障，这是为了保证学生学习中的社会性建构以及获得学习求助的便捷性，比如作业活动往往是以学生集体或者是学生在和家长的合作中进行的，即使有时候作业活动从表面看是学生独立进行的，但其事实上是学生在教师的设计中与同伴"共时"进行的学习活动。内部环境则主要是指学生的心智环境。学生的学习是在一定的情境中发生的。作业中的任务是激发学生学习动机或者是促进学生将问题与已学知识进行联系的情境，学生在这种情境中才会将抽象的知识当成"工具"来选用。同时，学生的学习是由学习者个体层面主动进行知识建构的过程。作业活动是学生相对自主地进行的学习活动，学生需要独立面对任务利用自己个体的感知去理解问题，并利用自己已有的图式去尝试进行问题的解决。在这过程中，作业成为了学生利用心智解决问题和从问题解决的过程中发展自己心智的载体。另一方面，从学习环境的构成要素分析，作业可以为学生提供学习环境的基本要素。"学习环境主要由学习活动、学习情境、学习资源、学习工具、学习支架、学习共同体和学习评价七大要素构成"。❷ 首先，在作业活动中，作业任务为学生提供了学习的情境，无论是通过设置问题引起学生的学习活动，还是结合问题为学生提供理解相关知识的背景，这都是为学生设置学习情境的举措。其次，在作业实施过程中，学生需要以身体活动和心智活动共同参与的方式开展作业活动。再次，作业活动中，学生需要通过查找资源、使用工具等方式进行学习求助，教师也会

---

❶ 刘徽．中小学课堂学习环境的设计研究［J］．教育科学研究，2021（10）：90-94．
❷ 王觅，钟志贤．论促进知识建构的学习环境设计［J］．开放教育研究，2008（4）：22-27．

通过设置脚手架等方式为学生提供学习支架，以此保证作业活动的顺利进行。最后，学生的作业活动是在学习共同体中进行的，而且需要适当的评价与反馈。学生的作业活动是一种集体性的学习活动，学生与教师都是这个学习共同体中的成员，他们面临相同的任务，进行着相同的学习进度，而且需要在不断的讨论与协商中实现对知识的理解与确认。而且这种活动是在教师评价的引导下或者是在学生自评的反思性学习中进行的。

学习环境是需要设计的，而作业设计可以看作一种特殊的学习环境的设计。学习环境不是自然形成的。人类为了提高学习的效率，一方面将知识进行了提炼与抽象，另一方面采取了"班级授课制"等方式进行教学。这与自然界将知识隐藏于各种事物或现象间的情境是截然不同的。这是一种人类进行知识创造的行为，这种知识具有非自然的属性，所以需要在特定的情境中呈现和使用。这就要求教师在教学活动中，要结合具体的知识设计适合的学习环境。基础环境比如物理环境、技术环境等是必须的，更为重要的是要为学生设计相关的心智环境，以促使学生对知识的理解与掌握。但是因为人类创造的这种学科知识是抽象的和高度凝练的，从而使得这种知识是远离生活实际的。学生作为学习者的初级阶段，其学习在很大程度上是基于自身生活经验或者是学习经验的。学科知识与学生的直接经验存在一定的"鸿沟"。直接为学生呈现抽象的知识可能引发学生的学习焦虑，这就需要教师将知识进行加工，进行知识的"二次倒转"。学生只有在与自身经验相接近的情境中才能与相关知识进行"对话"。而教师的任务就是在学科内容与学生之间架起桥梁，是为学生构建"应答性的学习环境"。❶ 作业正为教师提供了这样一种帮学生构建"应答性的学习环境"的机会。教师基于个体经验以及对学生的课堂观察，将抽象的和学生难以理解的知识进行加工，使其成为与学生认知水平相接近的任务，学生在完成作业任务的过程中可以产生"跳一跳，够得着"的体会，能够基于个体经验，进行新知识的加工与建构。甚至教师可以结合学生的生活实践，通过项目学习等方式为学生设置实践性的作业任务，通过这种方式拉近学生经验与抽象知识之间的距离。然而，值得注意的

---

❶ 钟启泉. 学习环境设计：框架与课题[J]. 教育研究，2015，36（1）：113-121.

是，作业设计的范畴比学习环境设计的要小。比如，当前学习的开放性使得学习环境也成为了一种泛在学习环境。而相比泛在学习环境中学习资源、学习时间、学习过程和学习方式等方面的泛在与无序，❶作业活动的设计则显得非常"保守"。因为，作业活动是依托于课堂教学活动的，无论是其学习内容还是评价标准，二者均具有高度的一致性。所以，作业设计可以看作"一定范围内"的或者是"一定限度下"的学习环境的设计。这种设计受教学环境的影响较大，主要体现在为学生设计"心智环境"方面。

  作业设计与学习环境设计存在一定的交集，所以作业设计中可以糅合学习环境设计的相关理念。学习环境设计的核心理念是通过一切可能为学生提供能促进其学习高效发生的学习资源或情境。作业活动的根本目的也是为了促进学生的学习，其中既包含学生的"学会"，又包含学生的"会学"。"学会"要求学生能够掌握基本的知识与相关技能，以此作为后续学习的基础；"会学"则要求学生能够掌握相关的学习策略，促进学会学习素养的发展，为其后续学习提供智力支持。所以，在作业设计理念方面需要以学会学习素养的发展为作业设计的指向，以此提升学生的"学力"，保证其进行可持续的学习。在作业内容方面，也需要通过优化内容设计同时实现学生的"学会"与"会学"。一方面需要以本节课的基本内容为核心，通过概念辨析、变式训练等促进学生对基本内容的理解，实现课堂教学的基本目标。另一方面，可以在作业内容中加入元认知知识促进学生对相关学习策略的使用，还可以通过增加知识的迁移应用或创造性地应用的任务促进学生在新的情境中学习和应用新知识，以此提升学生的现场学习能力。如果说作业内容为学生设计的是微观的和静态的学习环境，那么作业实施则需要为学生提供宏观的和动态的学习环境。作业实施的环境是教室或家庭，虽然设计者不同，但原则是一致的。即学生的作业活动需要在较为安静和舒适的环境中进行。所以教师或家长要尽可能地为学生提供适切的作业环境以保证作业活动的顺利进行。同时，还要注重学习辅助的支持，以降低部分学生因长时间得不到学习支持而放弃作业的风险。作业评价则起到对作业活动进行导向和督管的作用。

---

❶ 李贺. 泛在学习环境下教师的角色重构［J］. 教育理论与实践，2019，39（14）：29-31.

学生自评的重心是自身的学习状态的变化和学习方法的应用,同伴互评的重心是通过他人的作业成果反思自己的作业活动,教师评价则是对学生作业活动的诊断与学习方法的指导。

"作业设计"与"教学设计""学习活动设计""学习环境设计"的概念不同,但其内涵均有一定的交集。更为重要的是,这几种设计的对象虽然不同,但其指向都是一致的,那就是促进学习者个体的发展。当然,这种发展既包括知识的掌握,又包括学习能力的提升。作业有着其固有的特点与使命,作业设计应该结合作业的特点与功能,以学习科学为指导,以发展学生的学会学习素养为指向,经过科学的设计为学生提供更为高效的和丰富的学习材料,为学生设计更适切的作业环境和为学生进行更科学、更全面和更有针对性、指导性的评价,以此提升作业的效能,促进学生的科学发展。

第三节　作业设计的要素

从系统观视角审视,作业活动是一项系统的活动,其与课堂教学、学校管理以及教育评价等密切相关。所以,作业活动也必然会受到作业活动之外的教育因素甚至是非教育因素的影响。从作业活动本身分析,作为一种学习活动,既要包括学习活动的目标,还要包括学习活动的实施与评价。传统的作业设计主要是指作业文本或作业内容的设计,这种界定显然是将作业看作文本作业之意的名词而非视作是作业活动之意的动词。这种认识容易将作业视为是静态的文本,容易将作业内容与学习活动相割裂,忽略知识的生成性和互动性,最终导致作业活动成为是应付性的和对学生促进程度有限的可有可无的甚至是作为一种负担的活动。

作业活动是一种学习活动,所以作业设计从本质而言是一种对学习活动的设计。其要有相应的目标做指引,要有适切的内容做载体,要有适宜的环境做支持,要有科学的评价做调节。所以,作业设计一般应该包含作业目标的设计、作业内容的设计、作业活动的组织设计与作业评价的设计四个要素。

一、作业目标的设计

作业目标的设计是指教师结合知识特点以及作业活动的特点对作业活动所要达成的目标进行设计的活动,其中既包含作业目标的分析与表达,也包含作业目标达成标准的设定。

作业目标是作业活动的发展方向,影响着作业的内容、活动及评价。无论是泰勒定理所提出的课程开发的"目标模式",还是格兰特·威金斯在《追求理解的教学设计》一书中提出的"逆向教学设计",都是首先将目标作为课程或教学的指向,然后围绕目标进行材料的组织与开发、评价标准的制订以及活动的实施等。可见,无论是课程开发还是教学设计,设计活动的目标都是至关重要的和首要的活动。活动的目标设定要结合内容的特点,也要考虑到学习者的特点。就作业活动而言,其目标设计可以从三个层级着手。首先,作业是一种供学生对课堂知识进行回忆与巩固的活动,可以将促进学生进行知识巩固与训练作为作业的基本目标。知识的巩固与训练是掌握和理解知识的基础,将其作为作业活动的基本目标可以保证作业活动基本功能的落实,也可以为学生奠定后续和深入学习的基础。其次,作业是一种教师为学生设计的应用所学知识进行问题解决的活动,可以将意义建构作为作业的主要目标。相比课堂教学,作业活动中学生的学习是个体化的和个性化的,每个学生处在不同的学习情境中,即使是面对相同的任务,每个学生的认识也不尽相同。学生在作业活动中的主要活动形式就是不断地将新知识与已有的经验进行联结与建构,这是使新知识产生意义的过程。最后,作业是一种学生进行自调节学习的活动,可以将学会学习作为作业的核心目标。由于学生在作业活动中拥有一定的自主性,学生在作业任务的选择、排序、完成的程度和进度等方面都有着较大的自主调节空间。这使得作业成为学生进行自调节学习的机会,同时,也使得作业能够成为发展学生学会学习素养的良好载体。

目标不应该只处于设想的状态,也不应该是模糊的表述。目标设定的同时该目标的评价标准也应该随之产生。所以,在目标的描述中应该涵盖评价该目标是否实现的标准。在该领域，布卢姆和加涅分别提出了教育目标分类理论和学习结果分类理论，这两种经典理论可以作为作业目标设计的理论基础。布鲁姆教育目标分类理论中的认知目标和情感目标可以为作业目标的设计所借鉴。比如，布鲁姆将认知目标分为知道、领会、运用等六个层次，将情感目标分为接受、反应和价值化等五个级别。这可以为我们在作业活动中学生的认知和情感方面的评价标准的设定提供参考和借鉴。加涅的学习结果分类理论则将学习的结果分为五种，可以将其与作业活动紧密联系。其中，言语信息指学生对陈述性知识的初步识记与表述，智慧技能是指学生对程序性知识的掌握与应用，而认知策略则是学生调控自己学习活动的技巧与能力，这也可以为评价学生通过作业活动所能达到的层级提供重要的参考。以这两种理论为指导，可以在作业目标的设计中同时进行知识掌握程度方面的描述，也可以进行学生学习情感状态与学习能力发展水平方面的表述。

二、作业内容的设计

作业内容的设计是指教师对作业的内容和任务等形式进行设计的活动，比如对任务的数量、难度、题型、形式等进行合理的设计。作业内容是作业活动的载体，蕴含着作业的目标，也决定着作业活动的组织形式。作业内容是静态的，但却以符号的形式"指引"着作业活动的进行。首先，作业内容是实现作业目标的载体。知识蕴含在情境中，能力也需要以任务的形式去激发和展示。知识的巩固与训练需要以课堂教学相匹配的内容为载体，通过相同或相似的情境为学生提供回忆和模仿的机会。这就要求作业内容要与课堂教学内容具有一致性。意义的建构是在学生不断地应用所学知识解决问题的过程中进行的，这就要求作业内容中要有不同背景的问题情境让学生在不断的辨识中进行知识的精细化理解并不断强化自己的经验，缩小自身经验与客观知识之间的差距。学会学习素养的发展是在自主学习的过程中逐步形成的，这也要求作业内容中要具备可选择性的和自主探究性的内容，以为学生进行学习计划的制订、学习节奏的调节等提供机会。其次，作业内容决定着作业活动的组织。第一，作业内容的数量决定着学生的作业时间。作业活动中间题的解决需要花费学生的时间，过多的作业内容可能占据学生大部分的学习时间，这可能导致学生自主学习时间的不足。第二，作业内容的难度影响着学生的作业情感。过易的内容可能引起学生对学习内容的轻视，而过难的内容可能影响学生的学习效能感。第三，作业内容的形式决定着学生作业活动的形式。传统答题式的作业需要学生安静地坐下来独立完成相关任务，合作性的作业任务需要学生之间进行深入的交流和合作，实践性的作业任务则需要学生深入相关情境进行调研。第四，作业内容的选取标准决定着作业活动的价值。选取自课后习题的作业往往旨在通过作业帮助学生夯实基础，而选自高考试题或高考模拟题的作业则往往是将作业作为高考备考的机会。最后，作业内容为学生的发展提供导向。作业可以通过文本提示的方式指引学生的作业行为。比如可以通过文本标记将作业内容分为必做题和选做题，可以引导不同发展水平的学生选择适合自己的学习任务，最终实现每个个体不同程度的发展，还可以通过文本提示的方式引导学生进行拓展性的学习活动。学有余力的或者是具备相关条件的学生可以根据提示展开活动，这可以在一定程度上满足学生的发展性需求。此外，在学生的思维发展方面，同质性任务的大量出现更可能发展学生的聚合性思维，而在个别任务中要求学生进行一题多解则有利于发展学生的发散性思维。所以，教师在内容设计中，既要关注到作业的目标，也要关注到学生的学习心理和作业活动的特点。尽可能地将作业内容以更科学和合理的形式呈现，以使作业内容能更大程度地满足不同学生的发展需求，也能更大程度地实现作业的目标。

三、作业活动的设计

作业活动的设计是指教师结合作业活动的特点及作业的目标对作业的实施过程进行科学的组织以及为学生营造适切的作业环境的活动。作业活动的实施需要科学的组织与适切的环境做支持。作业活动中学生是学习的主体，但作业活动的组织却是由教师主导的。所以，教师在作业设计中应该同时进行作业活动的设计以使之满足作业目标的需求与符合作业内容的特点。与课堂教学不同，作业活动往往是在教师"弱监管"的情境下进行的。在课堂，学生的行为处于教师授课的引导和课堂纪律的约束中，学生的思想跟随教师，学习行为也不能够由自己随意支配。而在作业活动中，学生是相对自主的。学生的作业活动教师较少能进行直接干预或者受其时空特点的影响教师根本无法直接干预。所以，在作业活动中学生需要自己制订学习计划和调控自己的学习行为。这是学生学习主体意识体现的机会，同时这也对学生的学会学习素养提出了较高的要求。为了避免学生在作业活动中盲目地学习，也为了使作业活动能更好地为作业目标和作业内容服务，教师需要对作业活动进行设计。比如可以为学生规定作业内容中哪些内容是需要独立完成的而哪些内容是需要合作完成的，这样就相当于对学生的作业活动进行了活动形式的设计。在作业环境方面，安静和舒适的环境往往能给学生带来良好的学习体验，既有利于促进学生注意力的集中，也有利于学生进行努力的管理。这就要求教师一方面要提升学生的管理学习环境的能力，另一方面则需要教师参与到学生的作业活动中进行学习环境的监管与维护。教师可以结合作业活动为学生讲解学习环境管理方面的知识与技巧，比如通过减少手头与学习无关的小物品以提升学习的注意力等，以此提升学生对学习环境的管理能力。在可能的情况下，如果学生完成作业的空间是在教室，教师则应该参与到对作业环境的监管中来。比如维持作业纪律和教室卫生等，为学生提供安静和舒适的学习环境。此外，在作业活动中，教师还应该做好作业辅助的设计。学生在自主性的学习活动中会遇到很多困难。教师需要结合设计的内容为学生提供教辅资料的查阅、借助学习工具或者是通过咨询教师或学生进行问题的解决。这是为学生提供及时的帮助的手段，也是提升学生学会学习求助能力的途径。但在为学生提供作业辅助时，教师需要等学生进入"愤悱"的状态后再要求其进行求助活动，以更大程度地帮助学生实现对问题的深度理解。这些都要求教师对作业活动进行前瞻性的审视与设计，以保证学生作业活动的顺利进行。

四、作业评价的设计

作业评价的设计是指教师以作业活动为载体，对学生认知水平的发展、作业设计与实施的效能以及课堂教学的效果进行评价的设计活动。作业是连接课堂知识与学生经验的桥梁，是连接教师与学生的纽带。通过作业可以反映出作业相关体（包括学生、作业本身和课堂教学等）的水平与质量。在学生发展方面，学生的作业文本和学生在作业活动中的表现等可以反映出学生的知识掌握程度、认知水平及学习素养等方面的发展情况。教师通过学生问题解决的正误可以判断出学生对知识的掌握情况，通过学生对任务的选择可以判断出学生的学习效能，通过学生在作业中的书写情况可以判断出学生的学习态度等。作业中问题的解决需要学生调用自己的知识、技能以及情感进行全面的参与，这也使得作业结果可以不同程度地展现出学生的知识、技能及情感的样态，进而使得作业可以成为教师评价学生发展情况的重要的参考依据。在作业设计的质量方面，教师可以通过学生的作业情况判断作业目标、内容及活动设计的合理性。通过学生作业中完成任务的数量可以判断作业任务的数量与难度的适切性，通过学生作业目标达成的情况可以评价作业内容选取的相关性，通过学生在作业活动中的表现可以评价作业活动设计的科学性。还可以结合学生的作业结果评价作业目的的设计是否合理，作业内容的选取是否与学生的能力相适应，作业活动的组织是否适合学生作业的需求，作业辅助的提供是否促进了学生的自主学习等。在课堂评价方面，作业情况可以为教师的课堂教学提供反馈。特别体现在教师可以通过作业情况了解学生对课堂知识的掌握与应用的情况。可以分析哪些知识学生已经掌握，哪些知识课堂有所涉及但学生不能很好地进行应用，可以通过对比等手段分析相关原因并以此为依据改进课堂教学。这是教师践行"循证教学"的一种重要途径。所以，在作业评价的设计中，教师既要注意丰富评价的主体、评价的内容和评价的方法，又要注重拓展评价的功能，还要注重在评价过程中进行情感的投入，以此提升评价的科学性、客观性、全面性和指导性。

第六章 指向学会学习的中小学作业设计

第一节 学会学习的研究现状[1]

人们对"学会学习"的关注由来已久。无论是传统的"学习能力"、日本所关注的"学力"以及认知心理学领域所提出的"学习策略"等,都是反映了人们对学习者学习水平以及学习效能的研究兴趣。随着素养时代的到来,学会学习素养逐渐成为了学习领域中的一个重要的议题。本节将主要从学会学习素养的价值、内涵、结构和测评等方面进行研究现状的分析。

一、学会学习素养的相关研究

(一) 学会学习素养的价值

自联合国教科文组织提出"学会学习"的概念以来,学会学习无论是作为一种能力还是作为一种素养都广受世界各国的关注。近代世界的工业化进程促进了社会的快速发展,国家、社会及团体对个人的要求不断的提升,为了适应不断变化的社会环境,每个人都应该具备学会学习的素养,这可以使得员工能快速地学习新知识与技能,适应新的挑战。[2] 在教育领域,学会学习更被作为是促进学生可持续发展的重要组成部分。因此,从社会发展角度

---

[1] 本部分内容已发表,详见:刘辉,康文彦,刘彦芝. 学会学习素养研究的现状及展望 [J]. 教学研究,2023,46 (3):8-14,29.
[2] Communities CO. European Report on Quality Indicators of Lifelong Learning:Fifteen Quality Indicators [R]. Brussels:European commission,2002:31.

而言，学会学习既可以促进学习者灵活适应社会变革的能力，为社会发展做出更重要的贡献，又可以使得社会成员具备学会学习素养，这有利于学习型社会的构建。在个体发展方面，学会学习有利于把学生变成主动、自觉和独立地进行学习的个体。❶ 有研究者在对教师的研究中发现，学会学习对学习者的发展具有支持性、补救性和发展性三种功能。❷ 也有研究者指出，学会学习能够提高学习成绩，可能是继续教育取得成功的关键。❸

（二）学会学习素养的内涵及框架

1. 学会学习素养的一维框架

学会学习最早由联合国教科文组织正式提出，受传统认知心理学的影响，研究者主要从认知视角来理解学会学习，将学会学习视同"学会认知"（learning to know），并将学会学习划分为注意力、记忆力和思考力。❹ 其相应的框架结构及内涵如表6-1所示。

表6-1 联合国教科文组织"学会学习"框架（1996年）

维度	要素	解释
认知维度	注意力	在信息时代，信息容量增加，极具丰富性，学习者需要在众多材料中集中注意力，加深对材料的理解
	记忆力	信息时代信息的储存形式与传播途径多样且功能强大，但学习者仍然需要通过记忆来对学习内容进行加工
	思考力	学习中，儿童的思维是在不断地具体和抽象二者间反复转换的，应将归纳与演绎两种思维模式结合起来以保证思想的连贯性

也有研究者基于"元认知"视角认识学会学习。比如2002年，欧盟发布的相关报告指出，学会学习是"学习者的元认知技能（meta-skills）"。许多研究者比如莫雷诺（Moreno, 2006）等明确提出元认知才是学会学习的核

---

❶ 陈晓敏. 促进学生学会学习的评价策略研究［D］. 昆明市：云南师范大学，2017.
❷ Waeytens K, Lens W, Vandenberghe R.．'Learning to learn'：teachers' conceptions of their supporting role［J］．Learning and Instruction，2002，12（3）：305-322.
❸ Campaign for learning. Learning to Learn in Further Education：A literature view of effective practice in England and abroad［R］. England：Berkshire，2010.
❹ 联合国教科文组织国际总部. 教育：财富蕴藏其中［M］. 北京：教育科学出版社，1996：77.

心要素。罗伯特．麦考密克（Robert R. McCormick，2006）将学会学习定义为两项内容，即关于认知的知识与自我调节机制。斯特林赫（Stringher，2014）采用元分析的方法对90多项研究中的"学会学习"的概念进行分析，将学会学习定义为是一种在学习中倾向于深入学习的意向，是学习者在学习中控制自己学习的模式、时间和空间等因素的自调节学习的过程。我国的学者芦丽萍（2010）认为学会认知是学会知识，而学会应用元认知调节自己的学习进程才是真正意义上的学会学习。夏雪梅（2017）也提出，教学生学会学习的实质是促进学生元认知的发展，这可以从教学生掌握元认知知识与元认知策略两条途径入手培养。马东明（2012）认为学会学习是学习者对自身学习活动进行制订计划、监控过程和评价结果的过程，主要包含计划、管理、选择、求助和评价五个要素。

2. 学会学习素养的二维框架

随着人们对学会学习认识的发展，研究者逐渐意识到早期对学会学习定义的狭隘性，主张突破认知维度的限制，用多个维度审视学会学习。首先，认知与元认知被认为是学会学习的重要组成部分。在2012年，联合国教科文组织的"学习指标专项任务"中，项目组确定了核心素养指标体系的七个学习领域，其中"学习方法和认知"已被公认为"学会学习"。其被定义为是一种利用资源和经验解决问题的能力，是一个投入、激励、参与学习的过程，其中的"学习方法"包括组织、计划和反思自己的学习能力，而"认知"则是思考和加工信息的机制。[1] 这可以看作是从元认知和认知两个维度来认识学会学习的。其次，也有研究者认为认知与元认知很难孤立地发展，应该从情感与认知整合的视角理解"学会学习"。比如芬兰学者亚尔科·豪塔迈基（Jarkko Hautamaki）等人指出，"学会学习是……通过在学习行动中保持认知和情感的自我调节，掌握思考力和自信心"。欧盟早期的核心素养定义中，也认为学会学习既包括获得、加工和同化知识，也包括为成功学习而克服障碍，并认为动力和信息对一个人的素养至关重要。2005年，欧盟构建了学会

---

[1] UIS and CUE. Towards Universal Learning: What Every Child Should Learn [R]. Paris: United Nations Educational, Scientific and Cultural Organization, 2013: 33.

学习素养的二维框架，其中包含9个要素（见表6-2）。

表6-2 欧盟"学会学习"素养二维框架表

维度	要素
认知维度	识别情境中的命题、使用规则解决问题、使用心理工具调节学习活动等
情感维度	学习动机、学习策略和面向变化、学业自我概念和自尊、学习环境、对重要他人支持的感知、学习关系等

在芬兰，学会学习被认为是终身学习的核心能力，是指在面临新任务和新学习时，学生能够凭借现有的知识、技能有效地解决新问题。研究者基于教育目标分类学将芬兰的学会学习能力分为了认知和态度两个维度，认为学会学习在认知领域体现为是"学习能力"，而在态度领域体现为"自我相关的信念"和"背景相关的信念"。[1]

3. 学会学习素养的综合框架

当前对学会学习的研究中，研究者们更倾向于综合以往研究中的成果，试图开发出一种综合性的学会学习素养框架。在研究视角方面，研究者一般基于学习结果、学习过程、学习者以及学习环境四种视角对学会学习进行界定。在内涵与结构方面，随着人们对学会学习的不断理解与反思，其内涵也逐步由一元的认知维度发展到如今的包括认知、元认知和情感三个维度。其中，欧盟对学会学习的定义有一定的代表性，他们认为学会学习是一种在学习上的动机与意志力，是一种能够在学习中进行时间和信息管理的能力，其中包括学习者对学习需求的意识、学习机会的识别与利用、对学习障碍的克服（主动克服和寻求帮助）等方面的内容。这个定义是基于2006年欧盟专家提出的"认知—情感"的二维框架修正而成的，包含了认知、情感和元认知三个维度。其中，认知维度和情感维度与其前期开发的二维框架基本一致，新增加的元认知维度主要包括问题解决、元认知使用的准确性和应用元认知

---

[1] 张雨强. 芬兰学会学习能力评价框架与启示［J］. 云南教育（视界时政版），2018（4X）：33-35.

的信心三个方面。❶ 也有研究者认为学会学习是个包含了价值观、情感、知识与技能等复杂因素的综合体。还有研究者认为，学会学习素养是知识、能力和态度的综合体现，包括认知、元认知和非认知资源。❷ 我国开发的核心素养体系中，学会学习的内涵主要包括学生学习意识的形成、学生对学习方法的选择以及学生对自身学习活动的评估三个方面。值得一提的是，周慧（2020）基于哲学、心理学、教育学和脑科学，通过文献研究与调查研究相结合的方法，建构了小学高段学生的学会学习素养的框架，将学会学习素养分为认知、情感、元认知和社会四个维度（见表6-3）。

表6-3 "学会学习"素养四维框架（周慧）

维度	要素
情感	引发学习兴趣、激发学习动机、保持积极情绪、端正学习态度、具备学习自信心、形成学习价值观
社会	与教师合作学习、与同伴合作学习、与父母合作学习、利用学习工具、利用信息资源
认知	记忆学习内容、了解学习内容、应用学习内容、分析学习内容、评价学习内容、创造学习内容、觉察自我特点
元认知	确立学习目标、制订学习计划、监督学习进程与质量、总结学习经验、调整学习时间、调节学习注意力、具备学习毅力

（三）学会学习素养的测评

1. 芬兰学会学习素养的测评

1996年，芬兰国家教育委员会与赫尔辛基大学等单位联合设立了学会学习素养评估指标的项目研究，最终形成了包括三个一级维度和12个二级维度的测评框架（见表6-4）。

---

❶ 黄志军，郑国民．国际视野下跨学科核心素养测评的经验及启示［J］．教育科学研究，2018（7）：42-47.

❷ Peculea L. The multidimensional approach of learningto learn competency［J］．Journal Plus Education，2016（14）：366-380.

表 6-4 芬兰"学会学习"测评框架

维度	要素
背景信念	社会框架、学习感知
自我信念	学习动机、自控力、自我效能、任务接受、自我评估、未来方向
学习能力	学习领域、推理领域、管理学习、情感自我调节

芬兰的"学会学习"素养测评是在自然的教学状态中进行的，针对学生采取测评和问卷调查的方式获取信息，而针对教师则采用访谈的方式获取信息。学生测评主要分认知测评、情感测评和背景信息三部分。认知测评主要通过测试的方式收集学生文本处理能力、数学运算能力和演绎分析能力等方面的信息。情感测评主要采用问卷调查的形式收集学生"与背景相关的信念"和"与自我相关的信念"等方面的信息。背景信息也是采用问卷的形式搜集学生诸如性别、家庭背景、学校、籍贯等基本信息。教师访谈则是通过访谈的方式了解教师对课程、教学、学校等方面的看法。基于此，芬兰与匈牙利等国进行了多次本国学生"学会学习"素养的测评。

2. 英国学会学习素养的测评

2002 年，英国布里斯托大学启动了"有效终身学习问卷"项目用来测评学生的学习力。理论研究阶段，研究者将学习力分为弹性、策应性、反思性和关联性，分别与学习的情感、认知、元认知和社会四方面相对应。为了便于测评，研究者在对一万多名学生的测评数据进行探索性因素分析，最终确定了七个维度。问卷包含 72 个项目，一般采用网络问卷的形式发放，被测试者按照要求填写完个人信息及回答完相关量表题后即可生成测试者个人学习力的"雷达图"。雷达图所包含的面积越大，表明被测试者的学习力越强。研究表明，学习力的测评对教师与学生都有着积极的意义，可以帮助教师和学生诊断学情，能让学生清楚直观地了解自己的发展现状并计划自己学习的努力方向。

3. 欧盟学会学习素养的测评

欧盟学会学习素养的测评开始于 20 世纪末，通过不断的实践与探索，其主要借鉴与整合了欧洲多国的相关研究成果，比如认知维度方面整合了芬兰和荷兰的研究成果，情感维度的评价是基于英国和芬兰的研究成果而形成的，元认知维度则是基于西班牙的成果构建的，最终形成了比较有代表性的和相对完善的整合了认知、元认知和情感三个维度的学会学习评价工具。❶ 2008年欧盟在奥地利、芬兰、法国、意大利、西班牙和葡萄牙等国进行了"学会学习"能力检测的预测试，发现欧盟"学会学习"能力的概念框架和测试工具都存在一定的不足，有待继续完善。比如，受心理因素的复杂性的影响，认知维度与情感维度难以相互独立；受研究条件的限制，测试者受测试任务难度的影响可能终止测试；或者是由于框架本身的缺陷而导致个别维度中的要素缺乏内在的一致性等。但同时，该测试也有其积极的意义。比如其验证了三维框架的效度，并且在一定程度上促进了教育教学的变革。❷

4. 中国学会学习素养的测评

学会学习素养是中国学生发展核心素养的一个重要维度，其又被分为四个子维度。有研究者尝试进行了学会学习素养相关测评工具的开发。李红（2018）开发了自编问卷，将4个维度分解出相关的二级维度（见表6-5）。

表6-5 "学会学习"素养测评框架（李红）

一级维度	二级维度
乐学	学习动机、学习意志、求知欲、学习态度
善学	学习习惯、学习策略、学习规范
认知	信息发现、信息能力、信息伦理
元认知	前瞻性反思、过程性反思、回顾性反思

宋晓娟（2017）等研究者认为，学生能较好地使用学习策略是其具备良好的学会学习素养的重要体现。其采用学习策略经典的分类方式，结合学习策略的三个维度，自编了"中小学生学习策略量表"对北京市18814名学生的学习策略进行了测评。结果显示，相比元认知策略，中小学生使用更多的是资源管理策略。我国学者孙妍妍（2019）等利用学会学习的"认知—情

---

❶ 汤明清，吴荣平. 学生发展核心素养中"学会学习"的内涵及培养策略研究 [J]. 基础教育课程，2020（13）：39-45.
❷ 鲍银霞. 欧盟"学会学习"能力监测进展评介 [J]. 上海教育科研，2014（3）：15-18.

感—元认知"的分析框架对比了芬兰、荷兰、英国和中国等学会学习核心素养的内涵，并基于该三维框架开发出了中小学生"学会学习"能力问卷（见表6-6）。

表6-6 中学生学会学习问卷框架（孙妍妍）

一级维度	二级维度
认知	认知策略、认知过程
情感	自我效能感、学习态度、学习投入度
元认知	自我调节、学习习惯

纵观现有的学会学习方面的研究成果，可以发现世界各国以及多个学会学习的研究组织对学会学习内涵的理解存在着差异，尚未形成统一的认识。虽然学会学习的"认知—情感—元认知"的三维框架被部分研究者认同。比如夏雪梅（2017）认为各国以及不同组织所提出的学会学习素养的内涵与结构各不相同，但都可以归属到三维框架中。但也有研究者认为当前的学会学习无论是其内涵研究还是测评结构，都是以认知心理学为架构的，缺乏基于社会文化视角的审视。而且有的研究机构或研究者对学会学习内涵及框架的建构并不是无懈可击的。比如有研究者将芬兰学会学习测试中的"社会框架"、荷兰跨学科技能测试中的"合作完成任务"、欧盟学会学习测试中的"学习环境"等归属到学习情感维度，似乎不符合中国人对"学习情感"的理解。而其将学习态度归属到元认知维度的合理性也有待商榷。此外，有研究者认为学习策略是学会学习素养的核心。即便如此，在迈克卡（1990）提出的学习策略中，其将努力管理等也归属到资源管理中。将努力作为一种学习者的资源有一定的合理性，但与学会学习素养的结构相对照，努力管理纳入情感维度似乎更为适切。而学习策略中学习情感的内容较为匮乏，其过于注重工具理性而对学习者作为人的情感关注不足。因此，本研究所提出的学会学习分析框架将整合现有的成果，按照中国人对维度名称的理解，将现有的学会学习以及学习策略的二级维度进行整合，将其纳入"认知—情感—元认知—社会"四维分析框架中，主要以教育心理学中的相关理论为依据。基于此，本研究还将尝试开发我国高中生学会学习素养的观察表，以此作为本

研究中对作业效能进行测评的工具。

（四）发展学会学习素养的策略与方法

学会学习素养的发展策略是跟研究者对学会学习的认识高度相关的。金庆莉（2011）提出一种以图表的形式组织知识与表征方法的"编图"的方式促进学生学会学习的策略。显然研究者认同的是学会学习的一维框架，因此这种学会学习的对策主要是以发展学生的认知能力为核心的。高文（2000）认为，会学习的人应该是一名"策略型学习者"，这既需要学习者具备元认知知识、学习动机和元认知意识等基本条件，也需要学习者能够善于运用各种策略去对自己的学习活动进行调节与管理。其中元认知知识与元认知意识属于元认知维度而学习愿望与动机可以归结到情感维度，因此这种策略是基于学会学习的"情感—元认知"的二维框架提出的。汤明清等（2020）提出三条发展学生学会学习核心素养的策略。一是可以通过创设合适的学习环境、提高学生的元认知水平、加强学生非智力因素和反思性思维的培养来发展学生的元学习水平；二是可以通过营造氛围、自主探究、培养习惯和实践反思等途径来培养学生积极的学习情感；三是可以通过构建学习共同体的方式让学生在同伴互助中学会学习。这种对策可以看作基于学会学习的"元认知—情感—社会"三维框架提出的。

二、现有研究中存在的问题分析

（一）学会学习素养的内涵比较模糊

学会学习是一种现代政治标语，也是一种教育教学领域所追求的发展目标。从学术视角审视学会学习，最基本的范式是回归到对学习本身的认识上来。而对学习活动认识的不同影响着研究者对学会学习素养的理解。首先，人们对学习的认识不尽一致。有人认为学习是一种过程，也有人认为学习是一种结果。持"过程说"的研究者将学习看作人的一种持续的变化过程，比如克努兹·伊列雷斯就将学习界定为是一种改变生命有机体持久性能力的过程。而持"结果说"的研究者则更关注通过学习，学习者学到了什么或者是其身体和心智发生了什么样的变化。其次，人们对学习的解释机理存在争议。

学习论"脱胎"于心理学,因此用心理学知识对学习进行解释是一种传统。然而,随着脑科学等学科的发展与独立,许多研究者开始用新的学习科学解释学习活动,使得学习论逐步形成一门独立的学科。在此过程中,人们对学习的认识是基于多学科的,从而产生了不同的认识结果。这使得研究者对学会学习素养要素的认识产生多样化的结果。事实上,就心理学学科内对学习的认识而言也在逐步发生着变化。初期对学习的研究是以认知心理学为主要的认识工具的,注重对学习中的强化与刺激的研究。后来的建构主义理论则在以往注重学习者个体认知的基础上加入了社会性因素的作用,使得学习不但被认为是学习者内部的活动,也是一种交互性的活动。最后,人们对学习内容的认识也不尽统一。传统的学习研究中往往将学习狭义地等同于客观知识的理解以及相关技能的掌握,而同等重要的学习者的情感以及社会等方面的因素却未被充分重视。❶ 克努兹·伊列雷斯将学习的内容进行了拓展,认为学习内容应包含三部分,一是传统的知识与能力,二是包括社会情境在内的文化获得,三是学习者理解自己的个体方面的知识。❷ 对学习活动的关注点不同、认识基础不同和认识对象不同,导致不同国家和不同组织对学会学习素养内涵的界定也存在较大的差异。更主要的是学会学习是一个不断变化的概念,其内涵也一直在被调整和充实。认识的差异性和发展的动态性使得其内涵比较模糊,人们更多地将学会学习作为一种发展的方向而非一个清晰和具体的目标。

(二) 学会学习素养的划分维度不统一

随着人们对学习活动认识的不断深入和多学科审视的进展,学会学习素养的划分维度也日趋丰富。最初人们对学习的认识主要以认知心理学为工具的,所以学会学习素养也主要关注认知的发展,因而呈现的是以认知为主的一维框架。这种框架虽然主要关注的是学习者的认知活动,但情感作为与认知活动不可分离的要素也一直包含在其中。随之,人们发现学习情感在学习活动中的重要作用,逐渐将情感作为一个独立的维度进行分析,学会学习也

---

❶ 克努兹·伊列雷斯. 我们如何学习:全视角学习理论 [M]. 北京:教育科学出版社, 2010:54.
❷ 克努兹·伊列雷斯. 我们如何学习:全视角学习理论 [M]. 北京:教育科学出版社, 2010:78.

随之成为"认知—情感"二维框架。二维框架的形成使得学习情感作为一个重要的组成部分而受到广泛的重视，这种模式也符合传统意义上将"爱学"和"会学"作为"会学习"的重要组成部分的认识。然而，此处的"会学"主要关注学习者的认知层面。在20世纪80年代，美国心理学家J. H. 弗拉维尔认为，学习活动中学习者除了有认知方面的活动，还有一种调控和管理自己认知的活动，他把这种活动称为元认知。随着其他研究者对元认知的认可，学会学习素养也加入了元认知维度，呈现"认知—元认知"式的二维框架和"认知—情感—元认知"式的三维框架等样态。也有部分学者认为元认知才是学会学习的重要组成部分。❶ 随着心理学领域逐步对学习者社会属性的重视，学习活动的情境性、互动性等社会性因素也逐步被研究者重视起来。学习的社会性因素一般是被包含在其他维度中的，比如麦基奇提出的学习策略的三维模型中，社会维度主要被包含在资源管理策略中。全视角学习理论中则将学习的社会学命名为互动维度，将学习者的对话与合作等因素纳入该维度中。也有研究者通过探究构建了学会学习素养的"认知—情感—元认知—社会"四维框架，将社会单独作为学会学习素养的一个维度。❷ 一方面，对学习活动以及学会学习素养认识的不同是其素养划分维度有异的主要原因。随着学习活动研究视角的多样化，学会学习素养的维度也呈现多元化的趋势。另一方面，对各个维度的界定差异也导致了学会学习素养划分维度的不统一。学习活动本身是一个复杂的过程，❸ 审视学习活动的相关学科也是基于不同的认识论而形成的，所以其形成的学会学习素养的维度的划分标准不够统一，有的项目可能在不同的分类标准下属于不同的维度，或者是即使属于相同的维度，其内涵也可能不同，或者其本身与其他维度是高度相关的。

（三）学会学习素养的研究大多未结合具体学科特点

当前学会学习素养的研究大多是基于成人发展的和职业需求的，这种素养是综合性的和宏观的，结合具体学科进行的学会学习素养的研究相对较少。

---

❶ 夏雪梅，杨向东. 核心素养中的"学会学习"意味着什么[J]. 课程·教材·教法，2017，37（4）：106-112.
❷ 周慧. 小学高段学生"学会学习"素养框架的建构[D]. 金华：浙江师范大学，2020.
❸ 李枭鹰，郭新伟. 论教育的复杂性[J]. 教育科学，2022（1）：10-17.

各国以及各国际组织多从成人的视角提出学会学习素养。这就产生了一个悖论，即学会学习素养是为了使得学习者能迎合未来职业发展的需求而具备的，应该在学习者学习的初级阶段加以培养，但学会学习素养的内涵与测评等研究却是基于成人的和职业的。这在一定程度上也导致了学会学习素养的相关维度过于广泛和抽象而使一线教学活动中教师难以以此为依据对学生进行评价从而实现更精准地了解学生的目的。虽然学会学习素养具备较强的可迁移性，但素养的发展离不开知识与能力作为载体。学生作为学习者，处于社会人的初级阶段，其学习活动既是基础的，也是抽象的。现实的和面向未来的学习是情境性的，学习者需要面对真实的问题运用自己的能力进行问题的解决。然而学生由于其心理发展特点和学习特点，其学习的内容是经过加工和提炼的，往往也是去情境化的。当然这也与学科的形成与发展有关。知识与学习原本是情境性的和综合性的，随着工业时代的发展，对专业人才的需求量剧增，为了迎合这种需求，人们将综合性的知识学科化，也即按照一定的知识特点与体系，将内容相近的知识按照一定的逻辑编排成为学科知识。这种知识是被加工的，往往也是比较抽象的。学习者通过学科知识的学习可以比较快捷地掌握该学科的知识和解决相关问题。分科学习的做法沿用至今，这在提升学习掌握知识效率的同时造成了学生学习内容和方式与现实生活中学习的内容和方式之间存在着较大的差距。因此，现实生活中学会学习的素养与学校学习活动中的学会学习素养是存在一定的差异的。要在学习者的学生时代发展其学会学习素养，就需要结合其当前的学习方式、学习心理及所学内容的特点使其在学科学习的情境下"学会学习"，然后其才有可能将该需要进行内化与拓展，最终作用于跨学科学习和真实情境的学习，实现学会学习素养由抽象的学科知识的学习向真实的问题解决式学习的迁移。

三、未来研究可能的发展路径

（一）强化理论研究，形成较为统一的认识

当前学会学习素养的相关研究中，模糊的内涵与富有争议的结构使得研究者们"自说自话"，不利于研究合力的形成。所以，在未来的研究中需要

强化学会学习素养理论方面的研究，明确学会学习素养的内涵并形成对学会学习素养结构的较为统一的认识，这便于国内相关研究与世界接轨，也有利于在相关研究中形成较为统一的话语体系。虽然已有的学会学习素养的相关研究存在对学会学习素养的内涵界定模糊、维度划分不统一等问题，但其研究方向是同向同行的，研究内容也相对集中，是后续研究的坚实基础。在研究视角方面，传统的心理学可以作为探究学会学习素养的经典视角与理论基础。虽然当前的脑科学和神经科学等出现了许多创新性的成果，但一方面，这些新兴学科尚处于发展期，其相关成果还需经过时间的论证与检验。另一方面，这些新兴学科的成果还处于"碎片化"的样态，未构建成强有力的理论体系，对学习活动缺乏足够的解释力。事实上，许多新的研究成果与学习论中已有的结论是并行不悖的，甚至是验证性的。后续的研究中可以以心理学中的信息加工理论和建构主义学习理论等作为学会学习素养研究的理论基础。这些理论相对成熟，对现实的学习活动具有较强的解释力，其与分科的知识教学活动是高度契合的。在维度划分方面，可以就现有的划分维度进行整合。现有维度不够统一的主要原因有二：一是对学会学习素养的认识不统一，这是最主要的原因；二是维度的划分中有的项目可能在心理学中划分标准不统一，在不同国家的文化中其内涵也不一致。后续研究中，只要结合具体的社会文化情境与学习情境，按照一定的标准进行维度的划分，应该可以形成比较合理的学会学习素养的构成要素。当然，也可以参考"学力"等方面的研究，从知识、能力和情意等维度审视学会学习素养。❶事实上，当前的学会学习素养的维度主要可以归属于"认知—情感—元认知"三个维度，一个问题是要不要遵循把社会维度单独分离出来的做法。比如，我国的学会学习主要关注学生在学习中意识的形成、方法的选择以及过程的评估等方面，这主要是对学习者学习情感与元认知水平的描述，而其所划分的三个维度并不严格。比如善学与勤于反思可能都含有元认知的成分，而信息意识包含信息加工的内容，可以归属于认知维度，而信息意识也包含学习者获取信息等社会性学习资源的过程，也可以归属于社会维度。但这也从侧面验证了当前

---

❶ 王向红. 大学生学力评价的问题与改革路径分析［J］. 当代教育科学，2015（17）：54-56.

主流的维度划分的合理性。只要按照一定的标准进行分解，还是可以纳入一定的维度划分的框架中。

(二) 结合学科特点，探究学科化的学会学习素养

学会学习素养是一种综合性的学习素养，但其发展的主要载体却是学科学习。所以，可以结合具体学科探究学科化的学会学习素养的结构、表现及测评。这有利于将学会学习素养具体化，便于在学科教学中发展学生的学会学习素养。素养既是一种知识与能力的集合体，也是一种能力发展到一定程度之后的综合性的表现。实践活动是发展素养的根本途径，学科学习可以作为发展中小学生学会学习素养的良好载体。因此，可以基于已有的研究成果结合具体的学科学习进行学会学习素养的研究。学会学习素养具有较强的可迁移性，可以在不同的学科学习中相互转换，也可以在学科学习与真实的社会性学习中进行迁移。虽然后者是发展学生学会学习素养的最终目标，但其不可能是凭空发展的。与现有的课程进行结合是核心素养发展的一条可行路径。[1]特别是对于中小学生而言，这个群体庞大、也是成人的初级阶段，其学习活动更多地处于学科教学情境下。因此结合具体学科探究学会学习素养的发展可以作为学会学习素养研究的一个重要组成部分。具体地可以分三个阶段进行。第一阶段，可以结合具体学科进行学科化的学会学习素养的内涵与结构的研究。一是可以采用思辨式的研究，即研究者结合学科特点采用演绎等推理方式对学科化的学会学习素养的内涵等进行探究；二是可以进行验证性的研究，即采用验证性因子分析等量化研究的手段进行学科化的学会学习素养的结构分析与模型构建。第二阶段，可以结合具体学科进行学科化的学会学习素养的表征研究。学会学习素养的探究是建立在心理学和学习科学等学科中解释人的微观的和隐性的认知活动等理论的基础上的，因此学会学习素养也具备一定的内隐性和综合性。虽然当前的许多研究对学会学习素养做了内涵及结构等方面的剖析，但在学科学习中对学习者学会学习素养的观察与测评则需要以学习者的特定的具体表现为评判依据。这就要求研究者需

---

[1] 索桂芳. 核心素养评价若干问题的探讨 [J]. 课程·教材·教法，2017，37 (1)：22-27.

要探究学会学习素养的某些具体的表现指标，这有利于将内隐的素养外显化，也有利于教师在日常的教学活动中对学生的学会学习素养进行评价。第三阶段，可以结合具体学科进行学科化的学会学习素养的测评研究。学会学习素养的内涵及表征的研究是为学会学习素养的测评服务的。在当前所处的"素养时代"，对素养的测评可以实现对知识与能力测评的超越，从而提升学生学习测评的客观性与有效性。可以结合学科学会学习素养的结构与表征，采用德尔菲法从专家的意见中提升评价框架的科学性和合理性。还可以采用量化研究的方法，在不断的修改和完善中，提升评价工具的信效度。

第二节 中小学作业设计变革应指向学会学习

当前社会对人力资源的要求在逐步提升，人必须要能够迅速和高效地学习才能满足社会发展的需求。因此，如何构建学习型社会与如何提升社会成员的学会学习素养已经成为世界各国所共同关心的主题。在欧盟、芬兰、荷兰、英国、中国等国际组织和国家所出台的核心素养框架中无一例外地将学会学习作为核心素养的重要组成部分。然而，当前对如何发展人们的学会学习素养的研究还非常有限。中小学生正处于学校学习阶段，这是为学习者获取终身学习能力奠定基础的重要时期。作业活动是中小学生进行自主性学习的重要途径，可以作为发展学生学会学习素养的实践场域。指向学会学习素养的中小学作业设计既有利于发展学生的学会学习素养，又有利于促进中小学作业的优化设计。这对学生学业负担的缓解以及中小学作业的变革有着积极的意义。

一、学会学习素养的内涵及意义

（一）学会学习一直为人类所关注

学习是动物必备的行为，学习效果直接影响着动物的生存技能与质量。因此，动物有意无意地会关注"学会学习"。印随学习是由动物的基因决定的，是动物出生后早期的学习方式，这有利于小动物在最短的时间内认识本物种的模样，并获得基本的生存技能。但这种本能性的促使动物进行学习的行为对学习的促进作用相当有限。人类的学习在更大程度上已经转向了对抽象知识和复杂技能的学习。或许在人类知识学习产生的同时，人类就已经在关注如何学会学习了。《学记》被认为是中国教育史上最早、最完善的极为重要的教育理论专著，也是世界上最早的教育专著。其中提到的许多原则既能服务于教师的教，更能启发学生的学。比如"独学而无友，则孤陋而寡闻"、"相观而善"等，都可以为学生如何优化自己的学习所借鉴。随着知识增长的加剧，知识更新速度的加快，人们需要不断地学习更多的知识。因此，人们开始更迫切地关注如何才能"学会学习"。托夫勒提到"未来的文盲不是不识字的人，而是不会学习的人"。1970年，保尔·朗格朗出版的《终身教育引论》中提出了终身教育的思想，指出教育的责任是帮助人在一生中保持学习的连续性。1972年，联合国教科文组织在《学会生存》一书中指出"我们再也不能一劳永逸地获取知识了，而需要终身学习去建立一个不断演进的知识体系——学会生存"。随后在1996年发布的《学习——财富蕴藏其中》中提出了终身教育的四大支柱，即学会求知、学会做事，学会共处，学会生存。其中，学会求知的能力也就是学会学习的能力。只有拥有了最迅速、最有效地获取信息、处理信息和运用信息的能力，才能掌握认识世界的工具，也才具备终身学习的能力。随着核心素养的提出，世界各国、各地区也纷纷将学会学习作为其核心素养体系中的重要组成部分。

（二）学会学习素养的内涵

学会学习核心素养自提出以来，便受到了广泛的关注，是当前欧盟、北美、日本以及我国（包含香港、台湾等地区）所公认的核心素养。有研究者梳理了世界经合组织、欧盟、美国、日本、俄罗斯等主要国际组织和国家的核心素养框架，结果表明，29个核心素养框架中，有17个提及学会学习和终身学习。[1] 学会学习主要表现为个体在学习态度、方式、方法、进程等方

---

[1] 师曼，刘晟，刘霞，等.21世纪核心素养的框架及要素研究[J]. 华东师范大学学报（教育科学版），2016, 34（3）: 29-37, 115.

面的选择、评估与调控。❶ 欧盟对学会学习的定义有一定的代表性，他们认为学会学习是一种在学习上的动机与意志力，也是一种能够在学习中进行时间和信息管理的能力，其中包括学习者对学习需求的意识、学习机会的识别与利用、对学习障碍的克服（主动克服和寻求帮助）等方面的内容。❷ 有研究者将世界主要国家和地区学会学习测量的指标体系聚类成认知、情感和元认知三大维度。❸ 这与欧盟提出的学会学习的"认知—情感—元认知"三维框架是一致的。也有学者以此为基础，对其他国家和地区的学会学习测量的指标维度进行了划分，提炼出了二级维度。一二级维度关系、内容及关注点如表6-7所示。❹

表6-7 学会学习的测量维度

一级维度	二级维度	主要内容	关注点
认知维度	认知策略与认知过程	命题识别、规则使用、规则和命题的检验、心智工具的使用	知识的获取与信息的处理能力
情感维度	学习动机与意愿	学习动机、学习策略和改变定向、学业自我概念与自尊、学习环境	学习态度、学习动机、学习兴趣等社会性因素
元认知维度	自我调节与学习意识	问题解决/元认知检测任务、元认知准确性、元认知信心	对学习过程的监控和自我调节

也有研究者也有研究者基于哲学、心理学、教育学和脑科学建构了小学高学段学生的学会学习素养的框架，将学会学习素养分为认知、情感、元认知和社会四个维度（表6-8）。❺

---

❶ 刘辉，康文彦. 借助微课提升学生学会学习的核心素养［J］. 教育科学论坛，2016（20）：22-24.
❷ 贾绪计，王泉泉，林崇德. "学会学习"素养的内涵与评价［J］. 北京师范大学学报（社会科学版），2018（1）：34-40.
❸ 夏雪梅，杨向东. 核心素养中的"学会学习"意味着什么［J］. 课程·教材·教法，2017，37（4）：106-112.
❹ 孙妍妍，顾小清，丰大程. 面向学习者画像的评估工具设计：中小学生"学会学习"能力问卷构建与验证研究［J］. 华东师范大学学报（教育科学版），2019，37（6）：36-47.
❺ 周慧. 小学高段学生"学会学习"素养框架的建构［D］. 杭州：浙江师范大学，2020.

表 6-8　小学高年级学生"学会学习"素养框架

一级维度	二级维度
情感	引发学习兴趣、激发学习动机、保持积极情绪、端正学习态度、具备学习自信心、形成学习价值观
社会	与教师合作学习、与同伴合作学习、与父母合作学习、利用学习工具、利用信息资源
认知	记忆学习内容、理解学习内容、应用学习内容、分析学习内容、评价学习内容、构造学习内容、觉察自我特点
元认知	确定学习目标、制订学习计划、监督学习情况、总结学习经验、调整学习时间、调节学习注意力、具备学习毅力

事实上，无论是学会学习的三维框架还是四维框架，其要素都是相一致的，只是三维框架将社会维度归结到了认知维度中。相比而言，四维框架将社会维度独立出来，有利于分别从学习的认知要素与社会性要素两方面进行学会学习的认识与发展。事实上，这与建构主义学习理论是相一致的。建构主义学习理论认为，学习是学习者主动进行知识建构的过程，既包含学习者个体的内在的心理认知的建构，也包含学习者之间以及学习者与学习环境之间外在的社会性建构。

（三）发展学生学会学习素养的意义

发展学生学会学习的素养无论是对于作为个人的学习者的发展，还是对于社会的发展与稳定，都有着积极的意义。第一，发展学生学会学习素养有利于提升学生的学习效率，减轻学生的学习负担。当前教学活动中有许多学生通过"刷题"来提升学习成绩，这种行为甚至受到教师的认可。"刷题"的实质是通过多重和重复的刺激来促使学生"熟练"地掌握知识，是有用的但却不是高效的。如果学生具备良好的学会学习的素养，则学生通过课堂学习就基本能够掌握知识的内涵与应用技巧，稍做几种变式训练就可以比较精准地掌握相关知识。这可以大大地减轻学生的学习负担。第二，发展学生学会学习素养有利于促使学生满足现代学习的需求。一方面，随着社会变革的加剧，一次学习忠实受用的时代已经成为历史。当前职业所要求的知识与技能变更的频率尽快，人只有不断和快速地学习新知识才能满足现代职业的需求。另一方面，学习者进行正式学习的时间是有限的，而非正式学习占据着学习者的大部分时间。教师利用在校和课堂教学时间只能将有限的知识传授给学生，而"授之以鱼不如授之以渔"，如果学生能掌握到学习的技能，那么他在课外和校外，乃至离开校园后还具备持续的学习能力，并且利用好一切可能的学习机会发展自己。第三，发展学生学会学习素养有利于促进社会公平的实现。公平是社会稳定的基石，因此在教育中，往往从起点公平、机会公平和结果公平等维度探究教育公平的实现方式，其目的正是为作为社会个体的人提供多种发展机会，促进社会公平的实现。人具备了良好的学会学习的素养，就能更好地抓住机会，在国家创设的起点公平的基础上，较好地利用国家提供的机会公平的各项支持条件，最终更大程度地实现结果公平。而且，具备良好学习素养的人，往往对自身的发展充满自信，相信通过自己的努力能抓住下一个成功的机会。这种归因是客观的和健康的，也是积极的和充满希望的，这对社会良好学习风气的形成以及社会稳定的建设都有着积极的意义。

二、学会学习素养是当代教育教学变革的指向

（一）当代教育教学变革正从"知识中心"走向"素养为本"

近代，知识生产的速度加剧，知识的总量激增。有学者指出，近代科学知识的"数量"每10年到15年便会增长一倍，每半个世纪会增加一个数量级。这导致人所能掌握的知识会相当有限，甚至不能掌握某个领域的大部分知识。因此，人们也发现，传统的以"知识为中心"的教学模式已经不能适应当前教育教学的需求。进入21世纪后，世界各国开始提出"核心素养"的概念，即将知识的"大概念"或应用知识的能力等归结为几种主要的能力和素养。这有利于学校和教师能在教育教学中，抓住知识的"主干"进行着力，至于细枝末节的碎片化的知识，则可由学生自行构建。进入21世纪，许多组织、国家与地区等都进行了核心素养框架体系的构建。比如联合国教科文组织、OECD、欧盟、世界银行、APEC等组织，以及美国、英国、法国、

芬兰、日本、澳大利亚以及我国（包含香港、台湾等地区），都先后构建了自己的"21世纪核心素养"框架。联合国教科文组织构建的核心素养框架包括身体健康、社会情绪、文化与艺术、文字与沟通、学习方法与认知、数字与数学、科学与技术七个领域。OECD构建了人与工具（互动地使用语言、符号和文本的能力；互动地使用知识和信息的能力；互动地使用科技的能力）、人与自我（在复杂大环境中行动的能力；设计人生规划与个人计划的能力；维护权利、利益、限制与需求的能力）、人与社会（与他人建立良好关系的能力；合作的能力；管理与解决冲突的能力等）三大类别的核心素养框架。欧盟构建的核心素养框架包括母语、外语、数学与科学技术素养、信息素养、学会学习、公民与社会素养、创业精神以及艺术素养共计八个领域。2016年，我国也发布了中国学生发展核心素养，主要划分为文化基础、自主发展、社会参与三个方面，综合表现为人文底蕴、科学精神、学会学习、健康生活、责任担当、实践创新六大素养。核心素养是党的教育方针的具体化，是连接宏观教育理念、培养目标与具体教育教学实践的中间环节。

（二）学会学习是核心素养之"核心"

从各个组织以及大部分国家和地区所构建的核心素养框架来看，学会学习素养几乎无一例外地被作为核心素养的一个重要组成部分。事实上，许多研究认为，学会学习素养是核心素养中具有特殊作用的一种素养，甚至可以认为学会学习素养是核心素养之"核心"。以欧盟的核心素养框架构建为例，作为欧盟教育发展的支柱性理念，核心素养框架自2002年起进行了4次重要的修订，所形成的8项核心素养在4个版本的文字表述中唯一没有变化的一项是"学会学习"，这表明欧盟认为学习能力是知识经济社会公民的必备素养，也表明了对这一素养的重视程度。[1] 我国的核心素养体系中，学会学习也是自主发展维度的重要组成部分。学会学习之所以成为核心素养的重要维度之一，有以下两方面的原因。一是核心素养具有动态发展的本质，但其发展是需要以学习为载体的。蔡清田认为，核心素养是可学与可教的、必须经

---

[1] 裴新宁，刘新阳. 为21世纪重建教育——欧盟"核心素养"框架的确立 [J]. 全球教育展望，2013，42（12）：89-102.

由学习的过程加以培养的知识、能力与态度的综合性素养。❶ 学生的主要活动场域以及接受正式教育的场域是学校，主要的活动形式是学习。核心素养作为发展目标，其最为合适的载体就是学生的学习活动。通过学习活动，学校才能将社会事物"学校化"之后以接近学生经验的方式呈现给学生，学生也才能从中模拟性地和更为安全地感知社会，从中发展自己的知识、技能与态度。二是核心素养需要凸显学习者的主体性，这也是学会学习所追求的目标。核心素养是为了学生的，也是存在于学生身上的，其目的是将学生培养成具有主体意识和主体能力的人。❷ 学习活动是学生经历最为丰富的和最能由自己进行掌控的活动。经历的丰富性能使得学生对学习活动有更好的驾驭能力，这有利于增长学生进行自主学习的信心，学习的自主性则有利于促成学生主体意识的生成，而学习活动本身是促使学生应用主体能力的载体。可见，核心素养与学会学习的目标及实现路径是高度一致的。

（三）当代教育教学变革应以发展学生的学会学习素养为中心

核心素养是当代教育教学变革的取向，而学会学习是众多核心素养的"核心"，因此，发展学生学会学习素养自然应该成为当代教育教学变革的重心。除此之外，从"喻文化"和"建构主义学习理论"的视角审视，学会学习也应该是当代教育教学变革的核心。1970年，美国人类学家玛格丽特·米德在《文化与承诺——一项有关代沟的研究》一书中提出了著名的"喻文化理论"，她将人类文化的发展划分为三个阶段，即前喻文化、并喻文化和后喻文化。在人类早期直至近代的学习文化被称为是前喻文化，这个时期内的学习模式主要是由长辈传授给晚辈知识。受"闻道有先后"的影响，长辈所学习到的知识与技能，所拥有的生活经验都要比晚辈多，所以知识一般呈现由长辈向晚辈的单向度的流动。到近代，学习文化逐步呈现出并喻文化的样态。随着知识储量的增加以及知识生成模式的变化，后辈群体掌握的知识量

---

❶ 蔡清田. 核心素养的学理基础与教育培养 [J]. 华东师范大学学报（教育科学版），2018，36（1）：42-54，161.

❷ 罗祖兵. 深度教学："核心素养"时代教学变革的方向 [J]. 课程·教材·教法，2017，37（4）：20-26.

逐渐增多，而且许多知识是祖辈也不曾掌握的，前辈所掌握的知识在后辈群体面前不再占有绝对的优势，学习过程也成为了前辈群体与后辈群体相互学习、相互交流的过程。而随着后辈群体所掌握知识的方式与知识生产模式的继续演进，学习文化已然呈现出后喻文化的样态，即学习主要是知识从后辈群体向前辈群体流通的过程。这要求我们的教育教学模式不能再局限于"前喻文化"的教学样态中，应该注重发展学生学会学习的素养，使其能更好地掌握和创造知识，能更好地适应不同学习文化。在心理学领域，随着认知心理学的发展，人们逐渐发现学习不是简单的"刺激—反应"的行为，而是由学习者主动对知识进行建构的行为。于是学习论的基石由行为主义学习理论逐步转向了建构主义学习理论。建构主义学习理论认为，学习需要学习者本体主动进行知识的建构，这是其他人所无法替代的。而且建构过程是复杂的，既关涉学习者的学习动机，又关涉学习者的先前经验。因此，如何促使学习者掌握认知的技能，优化学习的情感以及具备对自己的学习过程进行调节与反思的能力显得尤为重要，因为这些都会影响到学习者知识建构的质量与效能。

三、中小学作业变革应指向学生学会学习素养的发展

（一）作业活动与教育教学活动是同向同行的

就时空而言，作业活动可以看作学校或课堂教育教学的延伸。就功能而言，作业可以看作对学生实施教育教学活动的载体。以凯洛夫为代表的学者认为作业是教育教学活动的一个组成部分，也是课堂教学的延伸。比如，凯洛夫在其教育学论著中将课后作业作为了教学五环节中的一个环节。而以杜威为代表的学者认为作业活动就是教育教学活动，其教学形式便是让学生在"作业"活动中去学习、去接受教育。两种认识不同，这是由二者对知识的认识不同造成的。前者认为知识是客观存在的，是由教师"传输"给学生的，因此在课堂教学中教师注重基本概念与方法的传授，而对知识的巩固则主要依赖学生的作业活动。后者认为知识是在生活实践中由学习者主动建构的，因此作业活动与教育教学活动是融为一体的，作业活动是教育教学的载

体。虽然二者在知识的认识上存在差异，但都将作业活动当成是一种供学生进行实践的活动，而这种实践活动对学生的学习起着非常重要的作用。以行为主义学习理论审视作业，可以发现作业活动为了促进知识的记忆，是对学习者进行强化刺激的载体。学习者在有限的时间（如课堂）里对知识有了表层的认识，其对知识的记忆尚处于短时记忆状态，如果没有一定的重复刺激，则短时记忆难以转化成长时记忆，容易被学习者遗忘。而以建构主义学习理论审视，可以发现作业活动是供学习者进行知识建构的良好的载体。作业活动中，学习者会面对相比课堂教学更为复杂的任务，这可以给学习者提供更丰富的应用知识的情境，学习者在不断的辨析中使得自己对知识的理解更加精确，从而也增加了自己建构的知识的牢固性。除此之外，作业活动中所涉及的因素也可以丰富教育教学活动的内涵。比如相比传统的课堂教学，学生在作业活动中拥有更大程度的自主性，这有利于发展学生自主学习的能力。而相比学校教育，作业活动涉及家长和社会参与等因素，这有利于促使家庭教育和社区教育与学校教育的协同发展，形成多方的教育合力。可见，在学习形式以及参与主体方面，作业活动与学校教育教学活动有着明显的差异，这可以极大地丰富教育教学的内涵，提升教育教学的有效性。

（二）作业活动适宜作为发展学生学会学习素养的载体

学习在很大程度上依赖于学习者自主地对知识进行建构，而知识建构是需要环境支持的。一方面，时间和空间相对宽松的环境有利于帮助学习者进行知识的建构。作业活动一般是在课后甚至是在校外进行的，学生对时间的控制以及空间的选择具有一定的自主性。这不但能为学习者提供适宜的物理环境，而且可以为学习者提供长时间的思考与试错的机会。另一方面，知识建构需要互动性环境的支持。互动既包含学习者与材料的互动，也包括学习者与学习者以及指导者之间的互动。在与材料的互动中学习者可以从多个层次与视角应用知识，在与学伴以及教师的互动中，学生可以不断地对所学知识进行纠偏。学会学习被认为是一种素养，其表现为能力而依托于知识的学习。同"只有在游泳的过程中才能学会游泳"一样，只有在学习的过程中才能学会学习。素养的形成需要实践做载体，而作业活动正是发展学生学会学习素养的适切的载体。作业活动在发展学生认知、元认知、学习情感以及社会性学习等方面有着得天独厚的优势。第一，作业活动可以有效促进学生的认知与元认知能力的发展。作业活动一般由学生独立进行，这不但需要学生能应用自己的认知能力对知识进行强化、准确地进行知识要点的把握和建构知识间的联系，还需要学生在作业过程中对自己的学习行为与策略进行调节，比如时间的分配与任务的选择等。第二，作业活动可以促进学生学习情感的优化。课堂教学由于其时间限制与教学模式等条件的影响，学生往往处于被动地接受知识的状态，这不利于学生良好学习情感的培养。在作业活动中，学生可以更多地关注到自我，关注到自己的学习进步，特别是在经过自己的努力后取得了认知方面的发展，学生会产生良好的学习体验。第三，作业活动可以促进学生的社会性学习。学习是需要不断进行互动的，而作业活动正能成为学生与知识、学生与学伴以及老师进行互动的载体。在与知识的互动中进行深度学习，在与同伴的活动中去理解他人，丰富自己对知识的认识视角，在与教师的互动中，了解自己的学情并获得学习方法等方面的指引与帮助。这些都有利于发展学生的学会学习素养。

（三）指向学会学习可以促进中小学作业活动的优化

当前中小学作业往往被指责是学生"学习负担"的重要来源，其主要原因是当前中小学作业的指向是知识掌握而非能力的提升和素养的发展。指向知识掌握的作业往往会呈现多、难、杂等特点。因为任何一个学科中，其基本概念是比较多的，而围绕基本概念理解以及基本技能应用的相关题型众多，这使得学习者身处其中往往有一种"只见树木不见森林"的感觉。于是学习者在无穷无尽的碎片化的知识学习中迷失了方向，而教师努力为学生准备各种题型以图让学生"操千曲而后晓声，观千剑而后识器"。这种做法是大工作量的和低效的，但对以知识掌握为目的的教师和学生来说，这却是有效的，这也正是当下学生"刷题"成风的缘由之一。在以"素养为本"的教育教学变革中，将关注的焦点从学生知识的掌握转移到学生学习能力的提升，这有利于使得作业活动与课堂教学活动同向同行，形成教育教学的合力。也有利于教师优化作业设计，注重作业形式的丰富性、作业内容的精练化以及作业实施的层次性等。首先，指向学会学习的作业的形式是丰富的。相比传统的文本形式的作业，实践性和探究性的作业才能更大程度地促进学生对学习的参与，激发学生的学习动机，并提升学生问题解决的能力。这要求教师在作业设计中，注重学习任务的情境性，并将知识融于更丰富的样态中供学生挖掘与体验。其次，指向学会学习的作业的内容是精练的。学会学习是具有大概念的性质与特征的。这使得作业活动中，知识成为了载体，而学会学习才是目标。过多的载体是低效的，适切的载体才能发挥到"四两拨千斤"的作用。所以教师在作业设计中会突破知识的束缚，更多地将注意力放在活动设计中。最后，指向学会学习的作业是需要分层实施的。每个学习者都是不同起点和不同能力水平的个体，其学会学习的需要也各不相同。因此，作业设计应该为不同需求和不同兴趣的学生设置不同层次与内容的作业。这需要教师更多地关注学生的需求，收集更丰富的作业素材，开发多层次的作业。以学会学习为指向的作业设计改变了传统的作业观，也促使教师进行作业的优化设计，这可以极大地优化作业活动，提升作业的效能。

第三节　学会学习指向的作业设计变革的理念建构[1]

2021年5月21日，习近平总书记主持召开了中央全面深化改革委员会第十九次会议，审议通过了《关于进一步减轻义务教育阶段学生作业负担和校外培训负担的意见》，并将"全面压减作业总量"等作为为中小学生减负的重要途径。这与此前国家层面发布的《国务院办公厅关于新时代推进普通高中育人方式改革的指导意见》和《中共中央国务院关于深化教育教学改革全面提高义务教育质量的意见》是遥相呼应的，都将中小学作业作为了基础教育阶段教育教学变革的一个突破点。然而，三个"意见"中虽然给出了作业变革的举措和外在表现，却没有明确提出作业变革的指向。因此，基于中小学作业的特点，明确作业变革的价值指向，并探究指向该价值目标的作业

---

[1] 本部分已发表，刘辉，李德显. 中小学作业设计变革：目标确认、理念建构及实践路径[J]. 当代教育论坛，2022，307（1）：97-108。

设计理念及具体做法，有利于为中小学作业设计的变革树立一个基本目标，使广大中小学作业的研究者和教师在作业研究和作业设计中能围绕该目标，做到有的放矢，并在实现该目标的过程中，达成优化作业设计与减轻学生学业负担的目的。

一、以学会学习为指向的中小学作业设计变革的目标确认

（一）学会学习的内涵及结构

自联合国教科文组织提出"学会学习"的概念以来，学会学习无论是作为一种能力还是作为一种素养都广受世界各国的关注。在研究视角方面，研究者一般基于学习结果、学习过程、学习者以及学习环境四种视角对学会学习进行界定。在内涵与结构方面，随着人们对学会学习的不断理解与反思，其内涵也逐步由一元的认知维度发展到如今的包括认知、元认知、情感和社会的多个维度。其中，欧盟对学会学习的定义有一定的代表性，他们认为学会学习是一种在学习上的动机与意志力，也是一种能够在学习中进行时间和信息管理的能力，其中包括学习者对学习需求的意识、学习机会的识别与利用、对学习障碍的克服（主动克服和寻求帮助）等方面的内容。在学会学习的构成方面，有研究者将其分为认知、情感和元认知三个维度，也有研究者基于文献分析将其分为认知、情感、元认知和社会四个维度。[1] 本研究认同四个维度的划分标准。因为从建构主义学习理论视角来看，"学习是基于知识建构的社会协商过程"。[2] 事实上，学习是学习者对知识进行内部认知加工的过程，而这个过程是学习者与环境或与其他学习主体在不断确认的过程中进行知识建构的过程。即学习者在自身所处的社会环境下，需要不断地将所学知识进行表达与交流，以实现对知识进行精确化建构的、不断获得外界的确认和支持的过程。佐藤学则用"对话"阐释了学习的社会性特点，他认为"所谓'学习'，是同客体（教材）的相遇与对话，是同他人（教师与伙伴）

---

[1] 周慧. 小学高段学生"学会学习"素养框架的建构 [D]. 金华：浙江师范大学，2020：121-128.
[2] 王希华. 建构主义促进了学习理论的三次变革 [J]. 心理科学，2005（6）：242-244.

的相遇与对话，也是同自己的相遇与对话"。因此，在学会学习框架的构建中，应充分注意学习的社会互动性，比如师生之间、同伴之间和学生与学习工具（图书、信息等资源）之间的相互作用等。四个维度中，认知维度主要关注个体如何运用内部的认知加工过程处理外部新信息和建构新知识，其测评关注的是学习者的认知加工过程，包括创造力、应用能力、理解力等；情感维度主要关注学习者的心理状态及表征，包括学习态度、学习动机、学习自信心、学习兴趣、学习意志力等；社会维度主要关注学习者在学习过程中的社会互动情况，包括与教师合作学习、与同伴合作学习、利用信息资源、利用学习工具和表达能力等；元认知主要关注学习者对学习过程的计划、监控与调节，主要包括确定学习目标、反思学习、管理学习时间、监控学习、自我评价等。

（二）学会学习的发展策略

学会学习所包含的认知、情感、社会和元认知四个维度与迈克尔等人提出的学习策略的分类标准较为一致，而且相关概念的内涵也较为相近。[1] 其中的认知策略与认知维度相对应、元认知策略与元认知维度相对应，资源管理策略中的时间管理与学习环境管理可以纳入元认知维度中，其他人支持与社会维度相对应，努力管理与情感维度相对应。可以借鉴学习策略中相关维度的发展策略作为学会学习中各个维度的发展策略，最终促进学习者学会学习素养的提升。认知策略是加工信息的一些方法和技术，主要可以分为复述策略、精细加工策略和组织策略三种。复述策略主要是对所学新知识进行初步的记忆，为后续的编码做准备。复述策略中，既要注重记忆方法的使用和学习情感的调整，还需要注重复习策略的应用。精细加工策略中，要注重将新知识与已有的经验建立联系，并且在知识的主动应用中去理解知识。组织策略是学习者整合新旧知识形成新的知识结构的策略，一般包括列提纲、画图表和运用理论模型等方法。元认知包括元认知知识和元认知控制两部分，其中元认知知识包括学习者对自己的认识、对任务的认识和对学习策略的了

---

[1] 陈琦，刘儒德. 当代教育心理学第 2 版 [M]. 北京：北京师范大学出版社，2007：365.

解与使用等方面的知识，元认知控制包括计划、监控和调节三方面。因此，元认知的发展一方面要让学习者了解基本的元认知知识，为元认知的使用奠定基础；另一方面，要让学习者会用元认知知识，即掌握计划策略、监控策略和调节策略等。情感维度方面，第一，要激发学习者的学习动机使其"想学"；第二，要增强学习者的学习效能感使其"敢学"；第三，要培养学生的学习习惯帮助其形成良好的学习态度和坚强的学习意志力使其能"坚持学"。社会维度方面，一方面，要培养学习者获取帮助的能力，比如能通过向教师、同伴请教或通过查阅资料、借助互联网工具等途径解决问题的能力；另一方面，要培养学习者能与同伴或教师交流信息的能力，其中包括表达自己的思想及理解他人观点等能力。

（三）作业活动是发展学生学会学习素养的适切载体

作业活动是中小学教学活动的重要组成部分。无论是凯洛夫的教学五环节说，还是杜威的"做中学"教学实践，都注意到作业活动的特殊价值，并将作业作为学习活动的重要载体。作业活动作为发展学生学会学习素养的载体有三方面的优势。第一，作业活动中学生有一定的独立性，这有利于发展学生的认知能力。相比课堂教学，在作业活动中学生更具自主性与实践性。因为在课堂教学中，受教学模式与教学进度等因素的限制，学生的学习往往处于"被动"的样态。事实上，当前许多中小学课堂教学往往成了教师"展现"知识与"示范"技能的平台，虽然学生在课堂也会进行知识的初步建构，但其程度较浅，而且往往有较强的"引导"成分。而作业活动一般是在课堂教学之外的、教师"弱辅助"的情境中进行，学生在完成作业的过程中，需要独立地应用所学知识，这才是学生与自己建构的知识进行"对话"的过程。从信息加工角度来看，作业活动中，学生调取课堂掌握的知识进行应用，在应用中不断地确认知识的适应条件，随着知识应用背景的变换，学生对知识的理解不断地精细化，其知识建构也更为"牢靠"。第二，作业活动中学生有比较充足的自主性，这有利于提升学生的元认知水平和学习情感。相比课堂教学，学生在作业活动中往往处于"弱监管"的样态。一方面，学生需要在作业时间、作业顺序等方面按照自己的兴趣和能力现状做出规划和选择。这有助于发展学生元认知中的计划能力与监控能力。另一方面，学生在完成作业的过程中，需要不断就自己的行为进行反思与评价，及时对自己的学习行为做出调整。这有利于发展学生元认知中的监控与调节能力，也有利于提升学生的学习效能感。第三，作业活动中学生有比较充裕的时间与机会去讨论和求助，这有利于促进学生学会学习素养中的社会维度的发展。作业活动中，学生的时间相对充裕，学生也具备更为丰富的寻求学习辅助的途径。在完成作业的过程中，学生会在面临问题而自身又难以解决的时候通过查阅资料、网络搜索和向教师或同学提问等方式寻求帮助。

二、学会学习指向的中小学作业设计的核心要素分析

作业活动是一项系统的活动，既可以看作课堂教学的一个环节，也可以看作一种具有学生"自调节学习"特点的独立的活动形式。很长时间以来，人们往往将作业设计"窄化"地理解为是作业内容的设计，这是受凯洛夫教育学中将作业活动作为教学活动的一个环节的影响所致。从系统观分析，受作业活动时间和空间特点的影响，作业活动与课堂教学有着鲜明的区别。作业活动既受课堂教学活动的影响，也受自习环境以及家庭环境等因素的影响，更受学生自主学习能力的影响。这就要求教师既要设计好作业内容，也要注重作业实施环境以及作业评价的设计，以此形成保证作业活动顺利和有效进行的"合力"。因此，将作业设计理解为一种学习活动的设计或者一种对学习环境的设计，更能凸显作业活动的特点，也更能提升作业活动的效能。学会学习对学生的认知、元认知以及资源管理能力提出了较高的要求。在作业设计中，适切的内容是载体，自主性的环境是背景，辅助性的支持是条件，展示与交流活动是表现形式，反馈与反思活动是保障。

（一）设计适切的作业内容做载体

作业内容是作业的核心，承载着教师的作业观、教学观，是教师为学生设计的旨在巩固知识与提升能力的"问题"。作业内容是最直接作用于学生的，也是学生最能切实感知到的"作业"。学会学习指向的作业内容要服务于发展学生的学会学习素养。这与知识的学习及技能的训练非但不矛盾，反

而是紧密联系在一起的。因为学习素养需要在学习的实践中才能得到更好的发展。"学会"是"会学"的基础，也是提升学生学习兴趣与学习效能感的重要手段。因此，可以秉持"让学生在学习中学会学习"的原则，遵循课程标准与教学实际为学生设计适切的作业内容，以使作业实现其帮助学生进行知识巩固的基本功能。首先，作业内容要以课程标准为依据。课程具有"轨道"的意涵，虽然也有学者认为课程是动态生成的，但动态的课程也是应该以静态的"轨道"为导向的，否则可能导致学习的低效与盲目。作业作为一种课外学习活动，其内容应与课程紧密联系。课程标准中对知识与能力的要求应该作为作业内容设计的基本目的，这是使作业与课程和教学形成合力的关键因素，是保证作业科学性与合理性的途径，也是在当前教育情境下对学生负责的根本做法。同时，这也可以使学生在作业活动中能获得更多与作业内容相吻合的学习资源。其次，作业内容要结合课堂教学进行设计。作业可以看作课堂教学的延伸。课堂教学是教师充分发挥自己教学智慧的平台。但受课程标准与教学计划以及课堂教学形式的影响，课堂教学的主要目标主要是帮助学生了解基本的概念和相关能力的初步应用，而对知识的巩固与能力的训练则需要通过课后作业来实现。特别是对于课堂教学中，由教师的教学智慧生成的一些重要而可能会削弱课堂教学重心的问题，就可以放到作业中来。这使得作业活动与课堂教学可以结合各自的特点，实现优势互补。最后，作业内容要更大程度地适合学生的需求。学生作为学习者个体的复杂性与多样性使得教师"一对多"式的教学难以适应所有学生的需求。学习者个体的能力不同、兴趣点不同、对知识的理解程度也不同，所以其在学习过程中有着复杂的需求。课堂教学是以夸美纽斯提出的班级授课制为理论基础的，但其以能力与知识水平分班的思想在实践中很难完美实现。而作业活动是学生个性化和自主学习的机会，这可以为不同需求的学生提供多样化的材料及学习机会，从而更大程度地满足不同学习者的学习需求。

（二）营造自主的学习环境

自主学习是能更大程度地发挥学生学习自主性的学习模式。作业活动虽然不能够是由学生完全自主地进行学习的活动，但教师可以以作业活动中学生的学习为中心，为学生营造比较自主的学习环境，让学生在作业活动中能拥有一定的自主性，这有利于将作业活动更大程度地设计成为供学生自主学习的机会，可以以此发展学生学会学习的核心素养。❶ 因为在自主性的学习活动中，学生才能主动地规划自己的学习活动，也才能根据自己的需求选择性地进行学习，并能结合自己的实际情况主动寻求适切的帮助。一方面，在作业方式方面，当前研究成果中的分层作业或"超市型作业"模式可以供教师选用。受学生认知水平与学习基础等条件的制约，每个学生的学习需求是不同的。自主学习情境下，学习者需要自己进行学习资源的选取。这就需要教师将作业当成是学习材料，供学生自主选择。一种可行的方法是为学生布置分层作业，分层作业可以在一定程度上缓解班级授课制中"大一统"的现状带来的不良影响，让学生对自己的能力进行评估，自主选择相应层次的作业来完成。另一种可以尝试的方法是为学生设置"超市型作业"，即学生根据自己的兴趣与能力，在众多作业任务中选择自己喜欢的和适合自己的任务，自主组成作业内容。这两种方法都是从作业形式上给了学生自主选择的权力，从而实现为学生提供"自主性学习机会"的目的。另一方面，在作业内容方面，需要科学地选择和开发作业内容。作业中学生的"自主"是建立在学生能自主选择适合自己的学习任务基础上的。这就要求教师在作业中注重作业内容的丰富性以及作业的层次性。作业内容的丰富性体现在作业选题的新颖性和生活性等方面，这样才能通过作业内容吸引学生的注意力，并使得作业内容与学生的生活经验能迅速建立联系，激发学生的具身认知，并促进学生对知识的建构过程。作业难度的层次性则要求教师在作业设计中，注重选取不同能力要求的作业任务，将其按照从易到难的顺序进行设计。这既可以促使大部分学生对基础知识与技能的基本应用进行巩固与训练，也为各个层次的学生都提供了挑战性任务，可以满足不同层次的学生进一步学习的需求。

（三）保证作业活动的顺利进行

培养学生获取学习支持的能力是发展学生学会学习素养的重要途径。相

---

❶ 刘辉，李德显. 作业即过程：过程教育视角下的作业观［J］. 基础教育课程，2021（6）：4-8.

比课堂教学，作业活动中学生拥有了一定的独立性，这表现为在作业活动中，学生需要独立地去面对任务和解决问题。在课堂中，教师可能会给学生独立思考或独立完成任务的机会，但受课堂教学时间的限制，无论学生能解决到何种程度，教师往往会在几分钟内为学生提供思路或者直接进行解答。而在作业活动中，学生往往只能自己面对任务，在短时间内难以获得提示或解答。这使得学生必须对问题进行长时间的思考和尝试。如果问题能由自己解决，则会提升学生的学习效能感，巩固学生学习的信心。但如果仍然无法解决，则可能会引发学生的焦虑，甚至导致学生放弃作业任务，用抄答案等形式消极地完成作业。只有在作业活动中为学生提供一定的作业辅助，才能保证作业活动的顺利进行，使得作业能发挥其最大的效能。同时，这也可以培养学生获取学习支持的能力，发展其学会学习的素养。因此，教师可以通过让学生与材料互动、与信息化工具互动以及在学习共同体中互动等方式保证作业活动的顺利实施。第一，可以通过培养学生查阅资料解决问题的能力来保证作业活动的顺利进行。学生在作业中所遇到的问题一般都是基于课程的和比较常规的认知方面的问题，这些问题大部分都蕴含在课本、教辅资料和学生的笔记中。通过让学生查阅这些材料可以促成其与学习材料进行对话，从静态的材料中对比、分析和挖掘自己所要解决的问题，最后实现问题的解决。这既可以提升学生信息辨别与挖掘的能力，又可以提升学生自主解决问题的信心与能力。第二，可以通过培养学生通过信息技术手段获取帮助的能力保证作业活动的顺利进行。利用信息化工具解决问题是学会学习核心素养的重要维度，是现代化学习的"基本功"。在作业中学生可以通过"作业帮"和"猿辅导"等拍照搜题工具进行问题的解决，这些能力很容易地可以迁移到用其他学习软件进行实验模拟以及英语等学科的学习中，这有助于提升学生的信息素养和非正式学习的能力。第三，可以通过培养学生向教师或学生求助的能力保证作业活动的顺利进行。教师和同伴是学生学习的共同体成员，他们都处在作业情境中。对于教师而言，其一般都拥有比较丰富的教学经验，对于学生所提出的问题可以一针见血地为学生进行解答。对于同伴而言，其与学生自身有着近似的知识背景，面临着相同的学习任务，他们更容易就某一问题进行相近层次的交流，也更容易产生新的想法或暴露出共性的问题。这都有利于培养学生的交流能力，发挥作业的功效。

（四）提供展示与交流的机会

作业活动中的展示与交流是学生表达自己的观点和理解他人思想的重要举措，也是促进学生理解知识与建构知识的良好契机，在此过程中，可以促进学生学会学习中认知与社会维度的发展。建构主义学习观认为学习是学习者主动进行知识建构的过程。学生经过课堂的学习，对知识有了初步的认识。但这种认识往往是了解性的和浅层次的，只有经过充分的知识应用才能深入了解相关知识的内涵与外延，从而实现对知识的精细化的了解与熟练的应用。怀特海也将教育节奏分为"浪漫阶段""精确阶段"和"综合阶段"，认为学习者的学习过程是这三个阶段的螺旋式上升的过程。[1] 作业活动是学生对知识进行实践应用的过程，这有利于将学生的认知导入精确阶段和综合阶段，实现学生的深度学习，而这种深度学习的实现有赖于学生在作业中的展示与交流。学习是一个人与物、人与人的交流的过程，在交流活动中，人的认知才能得到不断的发展，知识也才能在不断地同化与顺应中得到不断的强化。作为一种学习活动，作业活动中的交流也可以分为两个阶段。前一阶段是学习者与作业文本的交流活动，即学生自己与学习材料之间进行知识的展示与交流。学生独立面对作业中的问题，需要调用自己在课堂学习中所达成的对知识的理解去尝试解决问题。如果能顺利解决问题，学生则会主动强化相关知识；而如果遇到障碍，学生则会进入反复的确认与修正阶段。这会促使学生进行学习的反思，促使学生重新审视问题和重新检验自己对知识的建构是否合理。这是学生展示自己的认识并与学习材料进行交流的过程，也是学生不断自主地进行反思与对知识进行重新建构的过程。后一阶段学习者与人之间的交流活动，即学生与教师和同伴间进行的展示与交流。无论是教师让学生介绍自己在作业中的好的思路与方法，还是学生在作业中遇到问题向他人请教，这都需要学生展示出自己对知识的理解，并将自己的思路与方法进行

---

[1] 孙刚成.怀特海过程哲学视域下的教育节奏与目的论［J］.当代教育与文化，2021，13（1）：16-23.

梳理，用学科语言进行表述，这是一个重要的对知识进行编码的过程。在交流中，学生需要表达出自己的思想、展示出自己的观点，同时也需要理解和批判他人的思想与观点。同时，在交流活动中，不同的思想会发生碰撞，有冲突的认识会在相互讨论中逐步得以澄清。这两个阶段虽然有先后之分，但整体而言，其在学生的学习过程中是以螺旋式上升的形态呈现的。这都是学生不断进行知识的精细化建构的过程，有利于发展学生的认知能力，提升学生的认知水平。

（五）注重发挥反馈及反思的功能

作业反馈是作业评价的重要组成部分，也是指导学生进行学习调节以及促进学生进行反思的重要手段。学生作为学习者，其学习能力有限。长期处在教师的"辅助学习"之中，学生少有机会独立地进行学习。因此，在作业活动中，虽然学生有了一定的自主性，但受其对认知和元认知知识了解的限制，以及长期以来所形成的学习习惯的影响，其能够支配和调整自己学习的能力相当有限。这就要求教师在作业活动中，能够为学生进行适当的反馈，通过反馈来引发学生的反思和引领学生的行动。反馈的种类与方法是多样的，从内容方面来看，反馈内容可以分为认知反馈与能力反馈。认知反馈侧重对学生认知现状、认知建构过程的反馈，即通过反馈帮助学生进行知识的精细化建构。能力反馈则是侧重对学生元认知水平及发展情况的反馈，侧重于对学生的学习能力进行评估并将其反馈给学生。从反馈频率来看，可以分为及时反馈与延时反馈。及时反馈往往可以对学生的学习起到良好的辅助作用，特别是在学生遇到问题时，及时的反馈可以在一定程度上消减学生的挫败感，提升学生的学习效能感。然而，延时反馈也是必要的，这可以促使学生进行深入的思考和反复的试错，从而促进学生的认知发展与提升学生的反思水平。从反馈的目的来看，可以将反馈分为结果性反馈和诊断性反馈。结果性反馈是对学生最终的学习结果的终结性反馈，既包含知识方面的，又包含能力方面的。而诊断性反馈则是基于学生学习过程的，对学生学习过程中的计划、反思、调整等学习行为进行反馈，旨在帮助学生了解到自己在元认知使用方面的问题，并提出指导性的意见。反思则是学生运用元认知的重要形式，应该贯穿于学生学习的始终。❶ 一方面，教师可以教给学生反思的知识与方法，以提升学生的反思水平。学生掌握了基本的反思步骤与方法，才能在学习活动中有意识地回顾自己的学习，对自己的学习进行评估与诊断。另一方面，教师可以为学生创设反思的机会，让学生有进行反思实践的情境。作业活动中的时间和任务相对宽松和自主，可以专门为学生设置反思的时间，让学生在反思中学会反思、学会学习。通过反思，学生能尝试对自己的知识掌握情况和自己的学习过程进行审视，并制订新的学习计划，这是学生应用元认知和促进元认知发展的重要实践活动。

三、学会学习指向的中小学作业设计理念的建构

（一）目标：知识掌握与学习能力提升并行

作业目标是作业活动的指向，决定着作业的内容、过程及评价。同时，作业目标也是教师作业观的集中体现。当前的作业目标主要集中在知识掌握方面，对学习能力的提升则缺少有意的关注。一方面，作业目标与教学目标是相一致的，而教学目标中对学习能力提升方面的关注并未被广泛重视。虽然教师将教学目标分为知识目标与能力目标两类，但是能力目标主要体现为学生对相关技能的应用，而不是关注学习能力。在三维目标中，过程与方法维度与学会学习高度相关，但在教学实践中却因缺少相关评价而难以实施。因此，作业活动中也与之相应地对学习能力的提升进行"选择性的忽视"。另一方面，教师在作业目标设计中没有认识到作业活动的特殊性。教师往往将作业视为课堂教学的延伸，而忽视作业活动中学生学习方式的特殊性。对作业内容的选取、作业活动的组织以及作业活动的评价等都与课堂教学的评价模式趋同，而没有突出对作业活动中学生自主性学习的评价。学习能力的提升需要以知识的掌握为基础，但不有意强调对学习能力的关注则容易使作业陷入"唯知识"与"唯技能"的困境。因此，作业目标中既要注重知识与技能方面的达成，又要注重对学生学习能力方面的关注。一方面，教师应该

---

❶ 赵敏，李森. 论课堂反思场域中学生反思路径的五度划分及策略选择［J］. 教育理论与实践，2021，41（1）：60-64.

认识到学习能力是学生发展的基石,是教学活动的主要目标。学校所学的知识是基础的,也是有限的,学生更重要的学习往往发生在学校之外。❶ 所以教师应该注重授予学生以"渔",让学生拥有自主学习的能力。另一方面,教师应该认识到作业活动的特点,以学生学习能力的发展为指向促进作业活动效能的提升。作业活动是发展学生自主学习能力的载体与契机,除了关注学生知识目标的达成,更应该关注学生对自己学习过程的反思与调节,这样才能充分结合作业活动的特点,实现学生综合性的发展。这就要求教师在作业目标中,能够结合知识目标的达成设置监测学生能力发展的观察点,并且注重与学生进行交流,了解学生元认知的应用过程,从而对学生学习能力的发展进行监测与评估。

(二)内容:任务的丰富性与背景的单一性相统一

作业内容是作业最主要的表现形式,既承载着知识与能力等目标,又决定着作业活动的形式等,是直接影响或指引学生进行学习的学习任务的集合。一方面,任务的丰富性可以促进学生的认知发展。从促进学生认知生成的角度考虑,作业中的任务应具备多样性与丰富性。从行为主义学习理论分析,学习需要重复的强化和刺激,丰富的任务可以让学生在多次的刺激中实现对知识的记忆与认识。从建构主义心理学理论分析,对同一知识以不同的形式进行刺激,能够促进学生在不同的情境中进行知识的应用,从而帮助学生实现对知识的精确化理解。此外,多通道学习理论也说明了多重刺激能更好地促进学生的学习。❷ 因此,在作业活动中,同一知识可以通过不同的形态呈现,也可以被融入不同的背景中,还可以同时与文字、符号和图形等形式一起呈现,这可以更大程度地实现学生对相关知识的理解。另一方面,任务的丰富性也可以激发学生的学习兴趣。虽然作业内容一般是以文字的和静态的特征呈现的,但其决定着学生的思维活动和身体活动。对于传统的文本性的任务,学生需要利用自己的思维实现对任务的辨析并调用相关认知进行问题

---

❶ 邵兴江,张佳.中小学新型学习空间:非正式学习空间的建设维度与方法[J].教育发展研究,2020, 40(10):66-72.

❷ 赵瑞斌,范文翔,杨现民,等.具身型混合现实学习环境(EMRLE)的构建与学习活动设计[J].远程教育杂志,2020, 38(5):44-51.

的解决，最终将其转化为解决问题的答案。而对于互动性的任务如项目学习等，学生则需要根据文本任务投身到现实生活实践中去获取数据、建立模型等，并通过合作学习不断与教师和同伴进行交流，最终实现问题的解决。多种样态的任务可以消减学生单调的学习感，激发学生参与作业活动的动机，维持学生在学习活动中的注意力，但任务的丰富性需要占用学生过多的认知空间与时间。认知负荷理论认为，个体的工作记忆是有限的，在从事复杂的认知活动时，由于大量的信息元素需要加工而可能引起工作记忆的负荷，从而导致其无法有效地进行信息加工。可以通过减轻学生的外部认知负荷与增加学生的关联认知负荷来实现对学生认知负荷的优化。梅耶等人认为，有效的教学设计可以降低学生的内在认知负荷。❶ 认知负荷的优化措施是尽量减少学习者的内部认知负荷与外部认知负荷，适度增加学习者的关联认知负荷。❷ 一种可行的方式就是实现任务背景的单一性。单一的任务背景可以减少学生不必要的多次理解任务背景的努力，使学生能把主要精力放在问题的思考与解决中，这样学生也可以有更多的时间集中精力围绕该背景进行笔记的整理和范例的补充。

（三）过程：学生的自主性与资源的支持性相联系

作业过程是学生较大程度地进行自主学习的过程，也是最能体现作业活动特点的环节。就时间和空间而言，作业活动是独立于课堂教学之外的，作业活动中学生有着比较充裕的活动时间与活动空间。就活动特点而言，作业活动是在教师"弱辅助"的情境中进行的，这要求学生在作业活动中能够自主地进行计划的设立、监管学习过程、获得学习辅助以及作出反思与评价。一方面，作业活动要保证学生学习活动的自主性。作业过程的设计要维持和利用好作业活动中学生能够拥有一定的学习自主性的特点，以作业为载体，为学生创设自主学习的学习环境，使学生能够在作业活动中自主地制订学习计划、分配学习时间、选择学习任务、调控学习进程和学会反思评价。这是

---

❶ Mayer R E, Moreno R. Nine Ways to Reduce Cognitive Load in Multimedia Learning [J]. Educational Psychologist, 2003, 38 (1): 43-52.
❷ 庞维国. 认知负荷理论及其教学涵义 [J]. 当代教育科学, 2011 (12): 23-28.

发展学生元认知的重要契机，学生只有在这种自主的学习情境中和自主地进行学习管理的实践中，才能更好地促进元认知的发展。元认知一般被分为元认知知识、元认知体验和认知调节三个组成部分，自主的作业过程可以促进学生元认知的体验，发展学生的认知调节能力，最终促进元认知知识体系的构建与完善。这可以在很大程度上促进学生元认知的发展，进而实现学生学会学习素养的发展。另一方面，作业活动要保证作业活动情境中学习资源的支持性。作业过程的设计要保证学生学习的自主性，这种自主性是建立在学习资源的支持性基础上的。学生与成人学习者不同，其在学习动机、学习的控制以及认知发展等方面与成人学习者有着较大的区别。❶ 与成人学习者相比，学生如果在作业活动中无法得到有效的辅助与支持，那么其学习效能感会相应地消退，这可能影响作业活动的顺利进行，甚至导致作业活动的失效和无效。因此，在作业活动中可以为学生提供较为丰富的学习材料供学生查阅和参考，为学生提供信息化的学习材料获取工具供学生自主地进行信息的获取、辨识与吸收，为学生提供向教师和同学请教的交流机会供学生表达和理解他人的观点。这样就可以在为学生提供学习辅助的同时，发展学生获取学习帮助的能力，以及提升学生表达与交流的能力。

（四）评价：表现性评价与发展性评价相结合

评价具有导向作用。知识中心的评价一般是终结性的评价，其以知识的掌握及应用等为评价依据，更为注重的是学习的结果。能力中心的评价应该是表现性评价与发展性评价的综合应用，表现性评价是通过观察等手段对学生的学习过程进行评价，而发展性评价则注重对学生能力的发展提出指导性的意见。二者相结合可以实现对学生学习过程的评价与诊断，并实现对学生学习走向的引导。学习素养是学生在学习过程中逐步形成和发展的。在最基本的概念认识中，学生需要将旧经验与新概念进行联系，将新概念纳入自己的知识体系中。这是学生进行知识建构的过程，教师观察学生此阶段的表现可以发现学生建构知识的方法与效能。在知识的应用阶段，学生需要将自己

---

❶ 纪河，麦绣文. 成人学习者的学习心理及基本特性［J］. 中国远程教育，2006（1）：20-23，78-79.

"掌握"的知识结合新的情境进行使用，在使用中实现对知识的精确化建构，教师通过观察可以了解学生对知识的掌握与反思情况。在学生与同伴或教师的交流中，教师可以通过学生的作品、表述与论点等观察学生对知识的理解情况。这需要教师用更多的精力对学生的学习过程投入更多的关注，也可以通过其他手段对学生的学习过程进行"留痕"管理，使其作为学生学习过程中的"证据"，并在此基础上实现对学生学习过程中知识掌握与应用的表现，以及学生学习兴趣与态度等方面的表现作出评价。发展性评价是突出过程性评价、注重评价诊断功能和关注学习者个体性差异的评价，其着眼于学生的发展，既要考虑学生的个体差异以及实际发展情况，又要考虑学生未来的发展。首先，发展性评价注重学习者的个体差异。这是"以学生学习为中心"的教学理念的落实过程，也是尊重学生个体差异的过程。其次，发展性评价是基于证据的，证据的来源正是评价者对学习者学习过程的观察和学习阶段性成果的收集，这有利于通过分析学生学习的纵向历程，从中发现学生学习的特点及问题。最后，发展性评价注重评价的诊断功能。评价的目的在于发现问题并为学生提出科学合理的学习建议，❶这是对学生的指导过程，也是教学生学会利用元认知调节自己学习行为的过程。

四、学会学习指向的中小学作业设计的实践路径

（一）作业目标设计：关注学生学习素养的发展

素养是知识与能力的综合体现，将素养作为作业目标设计的着力点有利于促进学生掌握知识的同时，凸显其学习素养的发展。学习素养的发展主要关注两方面，一方面是学科核心素养的发展，另一方面是学会学习素养的发展。学科核心素养是相关学科诸多知识与能力的载体，是以"大概念"的形式呈现的可以融合学科主要要求的素养。❷作业设计中，要结合课程目标与

---

❶ 刘辉，李德显．谁可以是作业评价的主体——兼论人工智能时代作业评价之变革路径[J]．当代教育科学，2021（9）：74-79．
❷ 李学书．指向核心素养培育的大概念：课程意蕴及其价值[J]．教育研究与实验，2020（4）：68-75．

教学目标设定知识与能力方面的目标，利用相关课时的"大概念"将其进行融合或者是突出其主要的目标。因为"大概念"中的"大"是相对的，对于一课时或一单元内容而言，可能其内容可以用一种类型的题或者一种相关的解决问题的模式所涵盖，这种典型的题或者解题模式便可以作为本节或本章内容的"大概念"，也可以作为相关作业设计的主要目标。这种目标介于微观的知识、能力目标与宏观的学科核心素养之间，是比较适切的易操作和可观察的教学目标。所以，教师在作业设计时要结合课堂教学目标，使二者的目标趋于一致，这有利于使课堂教学与作业活动形成合力。在此过程中，教师要研读课程标准，结合学情科学地设计教学目标，并将目标用合适的"大概念"所涵盖。除此之外，在作业活动中，可以结合该"大概念"目标的达成和作业活动的特点，为学生设计学会学习素养方面的发展目标；也可以结合学会学习素养的认知、情感、元认知与社会四个维度设计相关目标，认知方面主要关注学生的信息加工过程，情感方面主要关注学生的努力程度和学习效能感，元认知方面主要关注学生对自己学习进程的反思与调节，社会方面则主要关注学生的交流能力与获取支持等方面的表现。值得一提的是，学会学习素养的相关目标往往是隐性的，这会使得相关目标的设计往往显得空泛和抽象。所以，一方面，可以结合相关知识与能力方面的目标将其转化为显性的、能便于教师检测的指标。比如，可以将认知的发展转化为观察学生是否可以用多种方法解决同一问题，或者是通过观察学生是否能在相关概念的辨析中获得较好的表现，来判断学生是否实现了对概念的深刻理解。另一方面，可以尝试通过观察等方式了解学生学会学习素养的发展情况。比如，可以通过观察学生在作业过程中参与讨论的情况和学生完成作业的认真程度，来了解学生在社会以及情感方面的发展情况。

（二）作业内容设计：立足课程并科学设计

作业内容离不开课程要求与教学内容，但在作业中可以通过科学设计使得内容更好地服务于学生学会学习素养的发展。首先，可以通过科学设计内容优化学生的认知过程。第一，要注重内容的连续性。虽然每节课的作业要以本节课的知识为中心，但应该注重将作业内容与前后内容相联系，帮助学生加深记忆，并为后续的学习奠定情境等方面的基础。第二，要注重内容安排。一般内容应该按照由易到难的顺序设计，这有利于学生更大程度地完成作业。按照布鲁诺的小步子原则设计作业，可以为学生搭建学习的脚手架，从解决最基本和最简单的问题开始，层层递进，最终实现问题的解决与能力的逐步提升。第三，可以采用变式训练的内容设计模式。针对同一问题用不同的情境呈现，让学生在不同的情境中识别和提炼该问题，也可以就相似的知识利用变式进行整合，让学生在同一情境中进行相关问题的辨识，最终起到对知识精细化建构的目的。其次，可以通过科普等形式帮助学生了解更多的元认知知识。元认知分为元认知知识、元认知体验和元认知调节三部分，对于学生来说，元认知体验和元认知调节都来源于经验，其对元认知知识的掌握非常有限。因此，教师可以在作业中采用小贴士等形式将心理学知识、学习论知识、学习法知识等展示给学生。教师未必要专门强调，可以让学生通过非正式学习的方式去了解、尝试和体悟。再次，可以通过介绍大学和专业等信息的形式提升学生的学习动机。每次作业内容中可以穿插一所大学或一类专业的信息，一方面可以让学生了解相关信息为职业规划做准备，另一方面可以无形中激发学生的学习动机。学生学习的一个重要显性目标就是考大学，这是对自己学习过程的最大回馈。作业中出现的大学信息无疑会激发学生对大学的向往，最终将其转化为学习的动力。最后，可以通过设计作业版式促进学生信息编码与反思能力的发展。作业活动不仅是学生自主学习、自主反思的学习活动，而且是过程性和诊断性的学习活动，所以作业版式设计不能类似于试卷版式设计。可以借鉴康奈尔笔记法的思路，将作业页面分为三个区。主区是作业区，右边可以设置"要点区"，底端可以设计"反思区"。这样便于学生在做作业的过程中将作业过程或知识要点进行记录和提炼，也为学生设置反思的任务和机会，促使学生在作业活动中不断关注自己的学习过程。

（三）作业实施设计：注重学习环境的营造

作业实施设计是对学生完成作业的过程的设计。大部分作业设计的重心是对作业内容的设计，而对作业实施设计关注不够，这使得作业内容虽然得到了精心的设计，却可能因实施过程中的问题而没有达到理想的效果。作业实施设计的核心是为学生营造良好的作业环境。从外部环境来看，要发展学生的学会学习素养需要为学生营造比较自主、宽松和安静的学习环境，这样才有利于让学生在自主学习的环境中学会学习。因此，作业环境要有别于课堂教学环境，应该让学生在一个相对安静的环境中独立地思考、自主地选择学习任务以及自主地调控自己的学习活动。小学和初中阶段这样的环境主要由教师和家长合作进行创设，教师主要通过设计相应的作业内容与作业形式营造自主学习的环境，比如可以通过作业内容的选择性和层次性等使得学生在作业活动中具有一定的自主性。而家长则主要进行物理环境的创设和对作业活动过程进行必要的监管。高中阶段的作业环境创设则主要是在晚自习阶段完成的，主要设计者和管理者应该是教师。所以教师既要注重作业内容与形式的设计，使之有利于学生的作业实施活动，又要注重学习环境的维护，保证学生在作业活动中能有一个独立思考的环境。从内部环境来看，主要表现为作业实施过程中是否能为学生提供支持性的学习资源。第一，教师可以在教学活动中帮助学生将学习要点、典型例题等记录在笔记本上，这样笔记本就能成为学生作业活动中的重要教学辅助资源，同样，课本和教辅资料也具备类似的功能。这些资源是静态的，但是可以起到一定的支持作用，也可以发展学生查阅文献资料和将所学知识进行归类整理的能力。第二，教师可以注重发挥作业实施过程中教师自身与同学对学生学习的辅助功能。在学生完成作业的过程中，教师可以通过现场指导和远程指导等方式为学生提供帮助，也可以组织学生进行小组合作作业，这有利于学生在与他人交流的过程中表达自己的思想并获得相应的帮助。第三，教师可以有意设计让学生通过信息技术等手段获取相关信息的作业。这可以促使学生学习和使用信息技术手段搜索、选择、获取和整理相关信息，从而提升学生应用现代化工具获取学习帮助与学习支持的能力。

（四）作业评价设计：丰富评价主体与评价方式

作业评价设计是指对整个作业活动进行综合性评价的设计，既包含对作业目标、作业内容和作业实施的评价设计，又包含对作业活动中学生的学习表现与学习结果等方面的评价设计。这需要注重评价主体与评价方式的多元化。[1] 一方面，需要以多元的评价主体减轻教师的评价负担，丰富评价视角，提升评价质量。教师作为学生作业活动的评价主体，专业化的特点使其具有一定的权威性，加之教师也是作业的设计者，所以教师对作业活动的评价往往会更专业。但并非所有的评价活动都需要由教师来进行。在大班制的教学现状下，教师面对的作业往往近百份甚至超过一百份，这使得光就作业内容一项的评价就会占据教师相当大比例的工作时间。为了解放教师，让教师将更多的精力投入对学生学习行为和学习过程的关注中，可以将学生融入评价主体。一是可以引导学生展开自评，即让学生对自己的解答过程与结果、学习情感的样态等进行评价；二是可以组织学生进行互评，即让学生相互评价同伴的作业成果与作业过程。另一方面，需要以多元的评价方式实现对学习者学习的综合性评价。评价可以分为量化评价和质性评价两部分。量化评价注重将学生的作业过程和结果转化成数据，比如教师可以通过学生作业的正确率了解学生知识理解方面的达成情况，通过统计学生作业活动过程中参与讨论的次数了解学生的参与度与获取帮助的能力。这是教师从直观方面了解学情的手段，也可以作为教师改善教学的重要依据。[2] 质性评价注重通过观察、收集学生的作业反思和访谈等手段获取学生的学习信息，然后通过了解作业活动中学生的表现和倾诉等途径知晓学生在作业活动中元认知、学习情感等方面的变化，了解学生对自己学习进程的认识与调节情况，最终实现对学生学习过程的质性评价。此外，质性评价还应该有诊断性和指导性的功能。教师可以通过质性的描述，结合学生在作业活动中的相关表现，为学生进行学习方法等方面的指导。

---

[1] 刘辉，李德显. 理解作业：知识分类视角下作业的审思与启示 [J]. 当代教育科学，2020（5）：25-29.

[2] 袁丽，张金华. 数据驱动赋能新时代教师领导力的思考 [J]. 当代教育论坛，2021（1）：82-88.

第四节 指向学会学习素养的作业如何设计[1]

随着中国学生发展核心素养体系的构建,学会学习素养作为自主发展维度中的一个重要组成部分而受到广泛地关注。在新一轮的课程改革中,学会学习已经成为不同课程目标中的一项共同目标。因此,明确学会学习素养的结构体系和为发展学生学会学习素养寻找适切的途径是当前迫切要解决的问题。该问题的解决有利于通过中小学的教学活动更"精准"和更有目的性地发展学生的学会学习素养。这既可以提升中小学生的"学力",为其后续发展及终生学习奠定基础,也可以逐步提升我国公民的学习素养,为建设学习型社会提供保障。

一、学会学习素养及作业设计的内涵

(一)中小学作业活动中学会学习素养的内涵

中国学生发展核心素养体系中,学会学习素养是学生自主发展的下级指标之一,其基本内涵被定义为:"学生在学习意识形成、学习方式方法选择、学习进程评估调控等方面的综合表现,具体包括乐学善学、勤于反思、信息意识等基本要点。"[2] 其各个基本要点与表现性指标对应如表6-9所示。

表6-9 学会学习素养基本要点与表现性指标(中国)

基本要点	主要表现指标
乐学善学	学习价值观、学习态度、学习兴趣、学习习惯、学习方法、自主学习、学习意识、学习能力
勤于反思	反思意识、反思习惯、总结经验、选择学习方法、调整学习策略
信息意识	信息获取、信息鉴别、信息使用、信息适应、网络伦理、信息安全

---

[1] 本部分内容已发表,刘辉,李德显. 指向学会学习素养的中小学作业如何设计[J]. 天津师范大学学报(基础教育版),2022,23(5):18-23.
[2] 张丰. 学会学习:关注学生的学习品质[J]. 基础教育课程,2017(13):91-92.

中国学生发展核心素养体系中的学会学习素养的基本要点结合了中国语境，而且前瞻性地融合了信息化时代发展的特点，在一定程度上将学会学习素养进行了分解。但有学者认为勤于反思应是"善学"的组成部分，不应独立出来。事实上，目前学会学习素养的研究领域对学会学习素养的认识尚不统一。比如在我国，有学者结合国外比如欧盟、芬兰等地的学会学习素养的结构，将学会学习素养分为认知、元认知和情感三个维度。[1] 也有研究者根据文献分析法与专家访谈法，将学会学习素养分为认知、元认知、情感和社会四个维度。[2]

本研究基于中小学生在作业活动中的学习特点，结合文献分析与访谈法进行材料的梳理，形成了中小学作业活动中学会学习素养的指标体系。该体系将学会学习素养分为学习情感、信息处理、自我管理和学习求助四个一级指标，同时提取了一级指标的要素（见表6-10）。

表6-10 中小学作业活动中学会学习素养的指标体系

一级指标	要素	对照一	对照二
学习情感	作业动机、作业兴趣、学习效能	乐学	情感
信息处理	知识应用、提取要点、知识联系、归纳总结	善学	认知
自我管理	制订计划、自主反思、学习调节、管理知识、努力管理	勤于反思	元认知
学习求助	查阅资料、工具使用、咨询教师、同伴互助	信息意识	社会

表中的对照一是指本体系与中国学生发展核心素养中的学会学习素养的对应关系，对照二是指本体系与学会学习素养的四维框架的对应关系。可以发现该指标的结构与现有的学会学习素养的结构基本一致，不同的是该结构更能凸显中小学作业活动的特点。比如在学习求助维度，因为当前中小学生利用信息技术进行学习的机会有限，学生获取信息的主要途径还是通过资料查找、求助于教师和同学等，所以本体系中的学习求助与其他框架中的信息

---

[1] 孙妍妍，顾小清，丰大程. 面向学习者画像的评估工具设计：中小学生"学会学习"能力问卷构建与验证研究 [J]. 华东师范大学学报（教育科学版），2019，37（6）：36-47.
[2] 周慧. 小学高段学生"学会学习"素养框架的建构 [D]. 金华：浙江师范大学，2020.

意识或社会等虽然是相对应的，但其内涵并非完全一致。再如自我管理维度虽然与学会学习素养的四维框架中的元认知维度相对应，但其突破了元认知的限制，加入了努力管理等要素。此外，在一级指标及要素的命名中，虽然借鉴了心理学中的动机、兴趣和态度等概念，但其内涵与心理学中的内涵并不等同，各要素的具体描述将在后文呈现。

（二）作业设计的内涵

作业活动是一项系统的学习活动，主要包括作业内容、作业实施与作业评价三个环节，所以作业设计一般应包括作业内容的设计、作业实施的设计与作业评价的设计。传统的作业设计往往是狭隘地指作业内容的设计，这种认识存在一定的局限性。一方面，这反映出人们对作业功能认识的不足。一般地，人们往往将作业看作课堂教学的补充。这是受凯洛夫教育学中将课后作业当作教学五环节中的最后一环节的影响，将课后作业作为了课堂教学的一个补充环节。[1] 然而，作业活动有其自身的特点，这与课堂教学有着本质的区别。无论是学生的主动性还是学习环境的自由度等都与课堂不尽相同。甚至可以认为作业活动是一个可以供学生自主学习的活动形式。其功能也不仅是促进学生知识的掌握，而且是可以作为学生学习情感发展的和学习能力提升的良好载体。另一方面，这反映出人们往往忽略了作业活动的系统性。就作业与外部教学环境的关系而言，作业是整个教学生态中的一个组成部分，其与课堂教学紧密联系，其受国家教育政策、社会教育观及教学评价导向等因素的影响。就作业内部而言，作业的定位、目的、主体、内容、环境和评价等是一个有机的整体。[2] 各部分之间相互影响、相互适应。作业的系统性决定着作业设计不仅仅是作业内容的设计，而且必须包含作业目标、作业内容、作业实施和作业过程等方面。因此，指向发展学生学会学习素养的作业设计应该主要关注作业内容、作业实施过程与作业评价三个环节。作业内容的设计包括作业内容的选取、作业数量与难度的控制和作业任务形式的设计

---

[1] 杨伊，夏惠贤，王晶莹．我国学生作业设计研究 70 年：回顾与展望［J］．教育科学研究，2020（1）：25-30，54．

[2] 刘辉，李德显．作业即过程：过程教育视角下的作业观［J］．基础教育课程，2021（6）：4-8．

等方面。作业实施的设计包括作业实施的形式的设计、作业实施的环境的营造和作业实施过程中学生活动的设计等。作业评价的设计包括作业评价主体的选择、作业评价的内容设计、作业评价的功能设计和作业评价的形式设计等方面。

二、何以可能：如何通过作业活动发展学生的学会学习素养

（一）如何通过作业活动优化学生的学习情感

学习情感是指学习者在学习活动中所蕴含的促进学生学习活动的动机、信念和情绪等心理活动，主要包括作业动机、作业兴趣和学习效能三个要素。作业动机是学生参与作业活动的驱动力。可以将学习动机分为外部动机和内部动机两类。外部动机是通过学习目标和外在激励等措施所产生的学习动力。在作业设计时，可以在作业内容中穿插大学校园和学科专业的介绍，使学生能在作业活动中"非正式"地意识到自己的奋斗目标，这在一定程度上可以强化其学习动机。此外，还可以通过作业评价中的激励激发学生学习的外部动机。内部动机是学习者自发产生的学习动力。可以在作业设计中，为学生提供自我评价的机会，使学生在完成作业的过程中不断察觉到自己的进步，从而产生学习的成就感，最终转化为内部的学习动机。作业兴趣是指学生对作业活动的积极的心理倾向。作业兴趣可以分为学生对学科的兴趣以及学生对作业活动的兴趣两类。一方面，可以通过让学生理解学科的价值和增加学科内容的吸引力来提升学生的学科兴趣。在作业设计中，可以选择合适的内容呈现学科文化、学科美等内容，以此强化学生对学科的认识与认同，还可以设计情境化和生活化的问题让学生感觉到该学科知识的应用型特点，以此吸引学生和提升学生的学习兴趣。另一方面，可以通过提升作业活动的效能来提升学生对作业价值的认识。这需要教师在作业设计中对作业内容精挑细选，既要保证作业内容的典型性和适切性，使学生能够切实通过完成作业在知识的巩固与应用方面有所收获，又要控制作业的数量与难度，以免因作业的繁与难而影响了学生的作业兴趣。学习效能是指学生在作业活动中判断自

己是否能完成某些任务的自信程度。学生在作业活动中会不断地对自己的学习能力进行反思与评估，这种反馈结果影响着学生的学习信念与自信心。这一方面取决于作业内容的难度，另一方面取决于学生对自己学习情况归因的科学性。一般而言，中低难度的作业内容往往容易激发学生学习的信心。在归因方面，强自我效能感的学生往往将失败归因为缺乏足够的努力，而弱学习效能感的学生往往将失败归因为自身能力的缺失。❶ 因此，在作业内容的设计方面要注重内容难度的控制，既要避免内容过易而导致学生的盲目自信，也要避免内容过难而引发学生的弱学习效能。

（二）如何通过作业活动提升学生的信息处理能力

信息处理是指学习者在作业活动的过程中应用信息加工及知识建构的认知方面的方法进行知识的加工和处理的过程，主要包括知识应用、提取要点、知识联系和归纳总结四个要素。知识应用是指学生作业活动中将课堂所学知识应用于作业活动中解决相关问题的过程。知识应用可以分为知识记忆与知识迁移两部分。所以在作业设计中，一方面要求作业内容具有同构性，即作业中所涉及的问题与课堂所讲内容是同构的和具有较高的相似度的，这便于学生进行知识的初步应用。另一方面要求作业内容具有拓展性，可以在课堂所学知识的基础上将相关问题的条件、情境等进行适当的改变，以此提升学生知识的迁移应用能力。提取要点是指学生在作业活动中抓住问题的关键要素，将其作为问题解决的突破点或对问题进行概念化的表征的过程。这要求作业内容具有一定的综合性，作业中的问题可以不同程度地涵盖结构不良领域的知识，这可以促进作业活动成为发展学生提取要点能力的契机。同时，学生可以在解决不同类型的问题的过程中发现和提炼其"共性"，从而将其抽象为该问题的要点，最终实现核心知识的掌握。知识联系是指学生在作业活动中能将作业中的任务与以往学习的相关知识相联系，以此实现新知识的强化与构建的学习行为。在作业内容设计中，可以注重提升作业内容的相关性。首先，可以增强前后知识的联系。在作业任务中加入涉及先前知识的问

---

❶ 皮连生. 教育心理学[M]. 3版. 上海：上海教育出版社，2004：339.

题，"迫使"学生去回忆或回顾先前知识，在此过程中提升学生将前后知识进行联系的意识与能力。其次，可以增强学科内相关知识的联系。作业内容中可以加入对学科内相关性较强的知识比对或迁移类的问题，促使学生思考二者之间的联系，从而提升其类比与迁移的能力。最后，可以增强跨学科相关知识的联系。可以在作业内容中加入与当前所学知识密切相关的其他学科的知识，以此促进学生对二者之间的关系进行建构，以提升其跨学科学习的能力。归纳总结是指学生在作业活动中能将本节作业内容中的知识进行梳理和总结，以实现知识体系建构的过程。在作业设计中可以通过优化作业内容与优化作业实施过程来提升学生的归纳总结能力。一方面，在作业内容设计中可以给学生提出让学生进行归纳总结的要求，要求学生对每个问题的解决过程进行概述，并在作业完成后尝试用图表等方式构建本节内容的知识体系。另一方面，在作业实施的设计中要注重给学生留有比较充足的时间供学生进行知识的梳理、提炼与总结。

（三）如何通过作业活动提升学生的自我管理能力

自我管理是指学习者在学习活动中进行个人及学习活动进程调控的反思性的活动，主要包括制订计划、自主反思、学习调节、管理知识和努力管理五个要素。制订计划是指学生在作业活动中能够结合自己的时间、能力等特点选择制订适合自己的学习目标、选择适合自己的学习内容和制订相关学习进度的行为。在作业内容方面，可以为学生提供可选择的作业或任务，这可以使学生在作业活动中根据自己的能力去预计自己能达成的目标并选择适合自己完成的学习任务。在作业实施过程中，可以通过为学生提供宽松和自主的学习环境等途径，让学生根据自己的学习兴趣和学习特点对作业时间进行个性化的管理与分配。自主反思是指学生在作业活动中能够对自己的学习行为和学习结果等主动地进行反思与评价的行为。一方面，可以通过在作业实施的过程中为学生提供即时性辅助的方式帮助学生提升自主反思的能力。另一方面，可以通过在作业评价中为学生提供诊断性评语的方式帮助学生反思自己的学习过程，从而帮助其提升自己的反思水平。学习调节是指学生在作业活动中能够根据自我的反思与评价，对自己的学习计划和学习方式等进行

· 225 ·

调节的行为。这要求作业设计中要为作业的实施预留足够的时间，供学生不断地尝试对自己的学习活动进行调节，以促进学生学习调节能力的发展。而在作业评价中，也可以通过学生自评与教师指导等形式来帮助学生整理和总结学习调节的经验。管理知识是指学生所拥有的对自己的学习活动进行计划、反思、评价等方面的知识。可以通过在作业内容中加入学习管理知识让学生"非正式"地了解学习管理方面的知识，也可以通过作业评价的途径，结合学生的特点，用诊断性评价的方式帮助学生科学地认识自己的性格特点和学习特点等，并帮助学生制定管理自己学习活动的策略。努力管理是指学生能够在作业活动中克服外部诱惑、自身惰性以及学习中客观存在的困难，进而围绕学习目的的实现来支配、调节自己的学习状态的行为。在作业实施过程中，教师可以利用班级的规则与自身权威等控制作业活动中的纪律，通过维护教室卫生、调节光线等方式为学生营造更为适宜的学习环境，以此保证学生能在相对安静和舒适的环境中完成作业。同时，可以通过作业评价中的激励和优化作业内容激发学生的学习动机和提升学生的学习效能感，最终促进学生学习努力的付出与维持。

（四）如何通过作业活动提升学生的学习求助能力

学习求助是指学习者在作业活动中通过各种途径获取帮助的行为，主要包括查阅资料、工具使用、咨询教师和同伴互助四个要素。查阅资料是指学生在作业活动中通过借助课本、教辅资料和网络素材等学习材料进行问题解决的行为。作业内容中，可以增加回忆性的学习任务以此促使学生通过查阅资料的手段回顾已学知识，也可以加入实践性的和拓展性的任务以此促使学生通过查阅资料的方式去了解新概念和获取相关数据。在作业实施过程中，也需要为学生提供可查阅的资料以及必要的信息化工具，以保证学生查阅资料活动的顺利进行。工具使用是指学生在作业活动中通过借助学习工具、教具、仪器、计算工具和网络工具等进行问题解决的行为。在作业内容中，可以设置检验性和预测性的学习任务，这可以引导学生利用工具进行验证与探索，也可以通过项目学习的形式为学生设计实践类的作业，促使其使用工具进行测量与运算，以此提升其使用工具的能力。在作业评价中可以通过强化学生自评自改等方式促进学生在作业提交之前通过信息化工具进行作业的评价，并主动进行反思与纠正。咨询教师是指学生在作业活动中通过向教师进行咨询等方式而获取帮助的行为。咨询教师的行为大多发生在作业实施的过程中，学生只有在面对作业任务产生解决问题的困难或对自己的学习行为产生困惑时才会产生学习求助的需求，这种需求既包含知识理解方面，也包含学习策略方面。在学生完成作业的同时，教师可以通过自习巡视的方式和在线答疑等方式为学生提供即时的学习辅助。同伴互助是指学生在作业活动中通过与同伴交流的方式获取帮助的行为，能够实现学生差异性资源的互补，产生较好的学习效果。❶ 在作业实施过程中，教师可以为学生设计同伴互助的机会，比如可以设置专门的时间让学生讨论交流。在作业评价环节，则可以通过学生互评作业的方式促使学生了解同伴的学情，并在对比中结合自身存在的问题和同伴在作业中呈现的问题获取或给予帮助。

三、何以实现：中小学作业的优化设计原则

（一）作业内容：适切性、丰富性、结构性与可选择性

作业内容的适切性是指作业内容要与课堂教学内容一致，并且在作业的难度与数量等方面与学生的学情、作业时间等相吻合。首先，作业内容的适切性要求在作业设计中保证作业内容与课堂教学内容的一致性，这可以在强化学生知识应用能力的同时帮助学生发现知识要点，从而提升学生要点提取的能力。其次，作业内容的适切性要求在作业设计中把握好作业的难度。可以通过设计能力进阶型任务等方式以使作业内容对所有学生都有其易于完成的部分，这在一定程度上可以激发学生的学习兴趣与动机，提升学生的学习效能感。最后，作业内容的适切性要求在作业设计中控制好作业的数量。一方面，作业量的设计要考虑学生的认知水平。在充分了解学生学情的基础上进行作业的设计才能比较精准地预测学生的作业时间，从而对学生的作业量进行初步的判断。另一方面，作业量要与学生的作业时间相适应，不能占用

---

❶ 马静，冯展极. 学生差异资源的教学应用策略：互助学习［J］. 教育理论与实践，2021，41（2）：7-10.

其他学科学习的时间和学生休息的时间。作业内容的丰富性是指作业内容在知识类型和任务形式等方面呈现多样化的样态，这有利于促进学生学习情感和学习求助能力等的优化与发展。第一，可以在作业内容中加入国内外名校的介绍、名人的励志故事或者穿插励志的格言警句等，暗示学生牢记自己的学习目标维持自己的学习动机。第二，可以结合当前学习科学的进展，将记忆方法、元认知知识、学习调节的方法、学科的特点以及学习者的学习风格等知识融入作业内容中，帮助学生充实管理知识，从而提升自我管理的能力。第三，作业内容中可以加入与本部分内容相关的旧知识或跨学科知识。这有利于通过知识的新旧联系以及跨学科式的迁移应用提升学生的信息处理能力。第四，作业内容中可以加入探究性、实践性和拓展性的任务类型。这既有利于激发学生的学习兴趣，又有利于促进学生学习情感的发展以及学习求助能力的提升。作业内容的结构性是指作业的内容是一个结构性的整体，作业任务之间具有较强的相关性，这有利于促进学生学习情感的优化以及信息处理能力的发展。首先，作业内容之间的密切联系可以简化作业任务的背景，这可以有效减轻学生的认知负荷，突出作业活动的重点。其次，作业内容的结构性有利于提升学生知识应用的灵活性、知识掌握的精准度以及知识的迁移应用能力。最后，作业内容的结构性可以使得作业任务的难度呈现层层递进的样态，这可以作为训练学生学习调节能力的良好举措。作业内容的可选择性是指作业设计中为学生提供可选择完成的作业内容，这可以保证满足学生多样化的学习需求，也可以为提升学生的学习情感与自我管理能力提供基本保障。通过了解学情，作业内容中可以设计与课堂教学内容紧密相关的、促进知识掌握的和基础性的任务，这部分内容可以作为必做内容。然后可以在此基础上通过变式、跨学科相关知识的呈现等途径为学生设计选择性的作业任务。学生在任务选择的过程中需要不断对自己的学习进行反思与评估，并结合自己的学习特点做出新的学习计划，这对提升学生的自我管理能力有着良好的促进作用。

（二）作业实施：独立性、反思性、辅助性与环境适宜性

作业实施的独立性，一方面是指作业活动与课堂教学活动是相互独立的，

另一方面是指在作业活动中学生的活动具有相对的独立性。要禁止教师占用学生的作业时间，将学生的作业活动变成另一种形式的"课堂教学"。作业活动的独立性可以为学生在作业活动中的独立性提供保障，即学生在作业活动中是相对独立和自主的。这样才能保证选择性作业的实施，也才能为学生提供更为充裕的进行自主思考、试错和反思的时间，让学生在不断地尝试和调整中进行学习策略的应用，从而发展自己的学会学习素养。作业实施的反思性是指在作业活动中要保证学生不断地对自己的学习活动进行反思，这有助于提升学生的学习反思能力，从而提升学生的自调节学习能力。学生在根据自己的兴趣和能力选择作业任务时，就需要对自己的学情、作业的难度、作业活动的时间等进行综合考虑，这是学生重要的反思过程。在作业实施过程中，教师可以要求学生在呈现解决问题的过程的前提下对解答过程进行总结性的梳理，这是帮助学生对自己策略性知识进行梳理与反思的过程。在作业实施的末端，可以为学生设计整个作业活动的反思环节，这可以在促进学生进行知识建构的同时促进学生对自我管理能力进行剖析与反思，最终促进学生自我管理能力的提升。作业实施的辅助性是指在作业活动中教师要为学生提供适切的寻求帮助的环境。作业实施的辅助性可以保证学生作业活动的顺利进行，也可以促进学生学习情感的优化以及信息处理能力和学习求助能力的发展。[1] 这就要求教师在作业实施过程中为学生提供适当的辅助性的条件，比如可以通过教师自习巡视和在线答疑、为学生设计作业交流环节以及为学生创设使用工具解决问题的机会等形式为学生营造辅助性作业实施的环境。作业实施的环境适宜性是指教师和学生要通过努力，共同营造适宜的作业环境，这有助于优化学生的学习情感和提升学生的自我管理能力。教师可以在作业实施过程中，尽力地为学生提供良好的物理环境，特别是可以通过强化卫生管理和纪律管理等方式为学生营造干净整洁和安静的作业环境，也可以通过观察学生的行为有针对性地对学生予以关心和关注，这可以在一定程度上促进学生内部学习环境的优化。就学生自身而言，需要在作业实施过

---

[1] 刘辉，李德显. 中小学作业的异化及回归 [J]. 天津师范大学学报（基础教育版），2021，22（4）：1-8.

程中不断地调整自己的学习状态，特别是要尝试用兴趣和动机"击败"自己的惰性，尝试用意志力控制自己的学习行为，尽量提升自己的学习注意力，这可以让学生专门地关注自己的学习情感，并尝试使用自我管理能力去优化自己的学习情感。

（三）作业评价：综合性、激励性、诊断性和多主体性

作业评价的综合性是指在作业评价中要对学生的学习结果、学习过程、学习方法、学习策略、学习态度等进行综合性的评价，[1]以此保证评价的全面性和客观性，从而为学生学习素养的提升提供科学的依据。在作业评价中除关注学生在知识掌握方面的情况之外，还应该关注学生学习方法的选择、学习策略的应用、学习计划的执行、学习态度的变化、学习求助的实施等。这有利于拓宽教师的视野，从更多的视角审视学生，不仅关注学生的学习结果，也关注学生的学习过程，从而对学生的学习形成综合性的认识。这样形成的评价也更全面、更客观。作业评价的激励性是指作业评价中要发挥评价的激励功能，对学生在作业中的行为表现等进行有针对性的肯定与鼓励，以此优化学生的学习情感。[2]一方面，激励性评价要求评价者对学生的作业活动进行全面的关注，从中发现学生的优势与进步，以此给予学生肯定性和鼓励性的评价，以此提升学生的学习动机。另一方面，激励性评价要求评价者对学生的评价具有针对性，即作业评价必须是针对学生个性化特点的和学生真实学习情况的，这样的评价才能促动学生，也才能更有效地优化学生的学习情感。作业评价的诊断性是指在作业评价中，教师要根据学生在作业活动中暴露出的知识理解、学习方法与学习情感等方面的问题对学生进行诊断与指导，以此帮助学生优化自己的学习过程。一方面，作业评价要围绕作业活动的最基本的功能即知识的巩固功能进行。在此过程中评价者要围绕学生作业的结果分析其知识理解的过程，从而对其信息加工的过程进行分析与诊断，并为学生指出其认知的误区以及提出如何纠正等意见。另一方面，作业评价

---

[1] 刘辉，李德显. 理解作业：知识分类视角下作业的审思与启示 [J]. 当代教育科学，2020（5）：25-29.

[2] 何爱霞，李如密. 情感在"学会学习"中的地位、功能及其培养 [J]. 中国教育学刊，2000（4）：38-40.

也要围绕作业活动中学生学习能力的展现情况从而对学生的学习能力进行诊断。要关注学生的自我反思能力、学习方法的选择能力、学习策略的调节能力、学习情感的变化等，对学生的学法及情感等提出诊断性的意见。作业评价的多主体性是指在作业评价中，可以纳入多元的评价主体比如教师、学生、家长甚至人工智能等，以此减轻教师评价的负担，提升作业评价的客观性和科学性，从而更客观地为学生提供学法指导方面的反馈与指导。❶ 教师可以作为作业评价的主体，承担着对学生进行综合性评价与为学生提出专业的学习建议的责任。家长也可以作为作业评价的主体，可以主要关注学生在家作业的时间、作业中注意力的分配以及对客观性作业的结果进行评价。同伴可以促进学生间的相互交流，可以提升学生的信息表述与信息吸收的能力，也可以提升学生学习求助的能力。学生自身作为评价主体，可以深层次地对自己的作业活动进行反思，既包括信息处理方面的结果与过程，也包括学习策略的应用与调整等，这可以有效地提升学生的自我反思的能力，从而发展学生的学会学习素养。

作业的优化设计是当前"双减"政策落实的重要举措。指向学会学习素养的作业设计可以更大程度地凸显作业活动的特点，也可以以作业活动为载体提升学生的"学力"。这是以学生和学习为中心的学习活动设计的一种样例，也可以作为消减区域教育差异的一种途径。❷ 指向学会学习素养的作业设计可能会使得作业的设计变得烦琐和困难，但"互联网+"式的作业活动已经出现，借助信息技术的辅助，这些作业设计原则的实践会变得容易和简便得多。教师只要摒弃"平庸之恶"，认识到作业的功能和发展学生学会学习素养的意义，就会在作业设计中更多地融入自己的教育智慧，从而提升作业质量，最终实现教育教学效能的提升。

---

❶ 刘辉，李德显. 谁可以是作业评价的主体——兼论人工智能时代作业评价之变革路径［J］. 当代教育科学，2021（9）：74-79.
❷ 李德显. 我国教育综合发展水平区域差异研究［M］. 北京：九州出版社，2021.

第七章　指向学习中心的中小学作业设计

第一节　从规约到释放的作业设计

2019年6月相继出台的《国务院办公厅关于新时代推进普通高中育人方式改革的指导意见》与《中共中央国务院关于深化教育教学改革全面提高义务教育质量的意见》都将提高作业质量作为深化基础教育课堂教学改革的重要途径。什么样的作业最有价值以及如何提高作业设计的质量是我们应该关心和思考的问题。20世纪中期，我国的教育理念受凯洛夫教育思想的影响较大，在作业设计方面主要是将教科书上的内容进行直接选取或做简单变形。随着新课改的实施与深化，课程标准取代了教学大纲，作业设计的研究也逐步以"基于课程标准"为热点。有学者开发了基于课程标准的从作业设计到作业评价的全过程的指导框架[1]；有学者从内容、能力、情境三个维度构建了作业设计框架，以提高作业质量[2]。在历次变革中，研究者就作业内容的特点，比如，作业的巩固功能、作业内容应按照难度分开梯度、作业内容要贴近学生生活以及作业应成为多学科融合的载体等，形成了比较一致的认识。一方面，作业设计从比较简单化和单一化的设计理念融合课程观、教学设计理念等正在成为一门"扩张"的学问；另一方面，作业设计更多的是不断结合具体学科正在形成各种相关策略等，指导着其微观层面的应用。作业设计的研究历程是一个不断在争论中找平衡点的过程。受各种教育思潮的影响，

---

[1] 李学书. 如何基于课程标准设计作业：从命题走向指导框架 [J]. 复旦教育论坛，2014，12(6)：22-27，49.
[2] 黄华，顾跃平. 构建初中数学作业设计框架，提高作业设计和评价的品质 [J]. 课程·教材·教法，2013，33(3)：81-85.

作业设计也呈现出不同的取向，但作业"知识巩固"这一基本功能一直会被保留，作业研究中对其他思潮也往往采取"中庸"的取向，避免了"过"与"不及"，保证了作业设计的改革性与实用性。理想的作业是既能发挥作业的基本功能，即为学生提供训练与巩固的机会，从中规范学生的学习行为，又能发挥学生自主学习的特点，为学生提供更多的探索与自主发展的机会，使学生能够得到全面的发展。当前对作业设计研究的一种取向是将作业由传统的"文本作业"转向"活动作业"，这可能导致作业从一个极端走向另一个极端。传统的"文本作业"固然是学生负担的"原罪"，但其巩固训练的基本功能维系着教学的正常进行。而开放的"活动作业"注重以学生为主体，能培养学生的多元智力发展，但在当前情境下无论是教学环境还是社会环境，都难以为之提供有力的支持。因此，寻求符合当前实际的，能最大程度上实现作业的功能并能更大程度地帮助学生实现全面发展的作业设计模式有着积极的现实意义。

一、规约：工具理性指导的"文本作业"

（一）"文本作业"

"文本作业"是指以知识传递为中心，以"巩固知识"和"提升技能"为根本目的，以文本符号作为师生交流的主要手段而设计的作业。20世纪50年代，我国的教学活动主要以凯洛夫主编的《教育学》中的"课堂教学五步法"，即"组织教学—复习旧课—讲解新课—巩固小结—布置作业"的教学模式为主。凯洛夫指出，"家庭作业是教学工作的有机组成部分，这种作业根本上具有让学生通过独立学习进行知识的巩固，并使学生的技能和熟练技巧完善化的使命"。凯洛夫的这种假定将作业看作课堂教学的延伸，使原本伦理性的家庭空间被无形地转化为学习教育的"校外课堂"。"文本作业"正是满足凯洛夫所设想的这种作业的功能。"文本作业"的设计比较简单，一般以课堂教学的内容为主，选取课堂未完成的任务、课后习题或者是配套的习题直接作为作业任务。这样做的好处是作业与教学保持高度的一致，作业"真正"成为课堂教学的延伸。而且这种作业设计理念影响较大，时至今日，中小学作业设计仍秉持这种取向，虽然有时候在素材选取中教师可以有更大的选择空间，在任务形式上可能会丰富一些，但是其实质仍然是"文本作业"。这样的"文本作业"以知识为中心，容易忽视学生的主观感受，并在无穷尽的阅读和书写中阻隔了学生和现实生活世界的关联。❶

（二）"文本作业"的功能

1. 巩固提升

行为主义心理学认为，多次重复的刺激可以强化反应。认知主义学习理论认为，学习的过程是学习者对自我内部心理结构的形成和改组，学习的本质是在学习内容与学习者已有的认知结构之间建立联系的过程。而建构则需要在活动中通过丰富的刺激实现，对于与自己认知一致的知识将其纳入自身建构体系中，不一致的则通过深入理解，用新建或顺应等方式进行建构。人本主义认为学习的实质是形成体验和获得经验。虽然几种理论的取向不同，但在通过训练进行刺激或通过实践进行建构等方面的认识却是一致的。作业正是为学生提供刺激、建构和体验的载体，通过作业提升学生知识运用能力已经成为共识。作业是与课堂教学紧密联系着的。学生通过课堂学习对所学知识有了初步的了解，而通过作业对其进行简单的应用。"文本作业"正是在课堂教学的基础上围绕相同的知识，通过复述、回忆或者是应用于与课堂教学高度近似的情境中，以达到知识巩固和能力提升的目的。

2. 规范训练

规范性训练是设置作业的目的之一。在知识运用的过程中，学生可以通过大脑进行思考，形成解决问题的方案，但要将自己解决问题的过程科学、完整地进行表达，则需要遵循一定的规范。以数学作业中的解答题为例，"解"字代表着解答过程的开始，而"答"字代表着结果陈述的开始。通过这两个字可以将解答的过程部分与结果部分清晰地区分出来，便于交流。此外，在解答过程中什么时候用符号，什么时候用文字也需要遵循一定的规范。正是这种规范使得数学几乎成为"世界通用的语言"，学习者只需要懂得关

---

❶ 熊和平，沈雷鸣. 作业：课程哲学意涵及改革思路 [J]. 教育理论与实践，2008（28）：49-52.

键的几个单词，就基本可以读懂任何语言的数学文章，由此可见规范的重要性。此外，规范性训练有利于程序性知识的传播。程序性的知识是隐性的，不易通过明确的语言传播，而程序性知识往往在解决问题的过程中起着至关重要的作用。将"规范"的形式融入答题步骤中可以帮助学生明确相关知识的内涵与外延，体会相关知识的应用方法。同时，规范性的训练，可以让学生逐步学习如何科学、简洁、完整和规范地表达，在促进学生的思想交流和提升学生的表达能力等方面都有重要的意义。

3. 习惯养成

作业是学生根据教师的要求和布置的任务进行的独立的学习活动。因此，完成作业的过程是学生进行自主学习的过程。通过作业可以帮助学生形成在无人督促的情况下进行主动学习的习惯，从中可以提升学生的自控力。学生在完成作业的过程中有比较充分的自主性，完成作业的时间、顺序甚至环境都可以由自己支配。一方面，学生要在规定的时间段内完成作业，需要学生养成及时完成作业的习惯，这可以提升学生的执行力。另一方面，学生需要在完成作业的过程中灵活分配任务，这可以提升学生的统筹能力。长期的作业容易使学生形成课后自主学习的习惯，这与《学记》中所提的"退息必有居学"的意图是一致的。同时，作业也有利于帮助学生养成良好的思维习惯和学习习惯。在学生自主完成作业的过程中，一方面，学生需要应用课堂上教师所传授的思维模式进行问题的解决，包括正向思维和逆向思维等；另一方面，学生在独立完成任务的情况下需要对自己的行为和策略进行检验，这可以提升学生的批判性思维能力。在日积月累中，学生可以综合应用多种思维方式，形成科学的、良好的思维习惯。

（三）"文本作业"的异化

1. 作业目标功利化

在知识本位和考试本位的影响下，作业成了对课堂学习内容进行强化记忆和复现的过程。[1] 作业的目标与教育的目标是高度一致的。在以学生发展

---

[1] 刘辉. 作业研究变革：学习导向的作业分析 [J]. 中小学管理，2018（7）：42-45.

为教育目标的教学观中，教师布置作业的目的是促进学生的发展。然而当前的基础教育中，存在着以提升学生考试成绩为教学目的狭隘的教学取向。在这种教学观的指导下，教师为学生布置作业的目的就是为了提升学生的成绩，以此实现升学率的提升。为了使学生能够"精准"地掌握知识，教师不惜占用学生大部分的课外时间，让学生进行机械的、重复的训练。即使学生对所学知识已经基本掌握，但教师为了让学生在考试过程中提升准确率和提升答题速度，对学生提高了学习要求，造成了学生"过度学习"现象的出现。此外，当前对学生实施评价的主要手段是考试，考试是以文本的方式对学生进行评价，因此作业也逐渐与考试趋同，具体表现在作业的形式、作业的内容都与考试别无二致。甚至在相当多的情况下，教师会直接为学生印一份或一套教辅资料上的测试题作为学生课后或假期的作业。

2. 作业数量饱和化

受行为主义心理学的影响，教师秉持和践行着"刺激—反应"的学习观，相信通过多次重复的刺激能够强化认知、记忆甚至生成能力，将学生学习的过程看作条件反射的结果。在这种学习观的影响下，教师力图利用作业的数量来实现教学的增值，并想当然地认同和接受了作业数量与时间之间的叠加效应，强调熟能生巧。❶教师为学生布置更多的作业以期望帮助学生更牢固地掌握知识。一方面，课外作业被当作一种控制学生课外学习的手段；另一方面，教师之间也存在着通过课外作业争夺课外时间的现象。在访谈中有教师反馈："不能让学生闲着，否则他会贪玩，多布置点作业他就老实了。"也有教师提到，"我不布置作业学生就不看我这门（课），只看布置作业的那些科目。"这些希望通过作业对学生进行"控制"以及为了"争夺"学生的课外时间而布置作业的心理使得每位教师都会为学生布置"适量"的作业，而多个"适量"的作业加起来使得学生的作业时间几乎"饱和"，这对于学生来说是非常沉重的负担。

3. 作业内容低质化

作业的来源一般是课后习题和教辅资料。教师备课一般以准备课堂讲课

---

❶ 陈罡. 作业研究：从教学内容到学习经历——基于作业负担为中心的视角[J]. 教育理论与实践，2019，39（14）：50-52.

的内容为主，少有时间花在作业设计方面。因此，一般的作业内容往往以课本中的课后习题为主。课后习题较为简单，学生在课堂甚至在预习时就可能已经完成，但教师往往还会将课后习题作为作业让学生重新写到作业本上，主要意图是想让学生重新做一遍进行规范性训练。课后习题做完的情况下，教师往往会通过复印教辅资料上的成题或通过网络获取套题等形式为学生"设计"作业。这种作业往往只经过教师粗略地"审阅"、凭经验感觉题还"不错"，于是就成为了学生的作业。这样的作业没有融入教师的教育理念，也无法更大程度地顾及到学生的学情。这种只是为了给学生"找点事做"而临时选取的任务，不可能使得作业发挥其功能的最优化。甚至，还有的教师为了应付检查而为学生设计作业。比如有的非考试科目，学生已经在课堂基本掌握了相关知识，也没有考试的压力，但教师为了让领导检查时"有据可依"，仍然会为学生布置抄写性的任务。这种"文本作业"非但低质和低效，也是没有存在意义的。

4. 作业评价形式化

在大班制教学中，教师对学生的作业进行批阅的工作量是相当大的。一般语数外科目一位教师代两个班，物理、化学等科目一位教师代三个班。布置一次作业教师需花三个小时左右的时间进行批改。如果需要对作业进行详批详改则需要更多的时间。因此，教师在批改作业时一般重点关注答案，或者只对部分作业查看过程以达到对学生总体作业情况的了解。在批阅中也一般是简单地画勾或叉并写上日期。有部分教师还可能根据学生的准确率和作业的书写情况为学生评等级。受教学进度的影响，教师也很少重视对学生作业中出现的问题进行纠正，而往往在新课之前用几分钟时间对一下答案做个简单的反馈。这样形式化的评价只能简单地让学生知道自己答案的对错，而对自己出错的原因不是很清楚，同样教师知道学生哪些方面存在问题，但对问题产生的原因以及哪些同学在这方面存在问题则不甚清楚。这样，教师为了给领导检查一个交代、为了在学生面前体现自己对作业的重视，用形式化的符号进行作业的评价与反馈，这也难以使得作业起到对学生进行个性化训练的作用。

二、释放：过程教育哲学指导的"活动作业"

(一)"活动作业"

"活动作业"是指以过程教育哲学为指导的，基于现实情境和学生经验开发的旨在帮助学生形成体验和积累经验的开放性的任务。教育领域产生较大影响的过程理念模式是由约翰·杜威提出的，他的教育观点与怀特海的过程哲学的论说有很多共同之处。❶ 就作业而言，杜威的"活动作业"不是指传统的书面的作业，而是指"复演社会中进行某种工作或与之平行的活动方式"。这是一种通过实际工作比如木工、烹饪和缝纫等形式进行的作业。杜威的活动作业旨在为学生提供真实的动机与需求，着眼于在学生经验的智力与实践之间保持平衡，其关注点在于学生自身的发展而非发展的目的，从作业中提升学生观察、制订计划以及反省的能力。他认为，"只要着眼点在于外部结果而不在于包含在达到结果的过程中的心理和道德的状况和生长，这种工作可以叫手工工作而非作业。"❷ "活动作业"可秉持这种理念，但在现实情境下，"活动"的内涵有了更大的延伸，不止局限于木工、烹饪等活动，可以融入电脑制作等现代社会的活动形式。而且这种"活动"也不是必须由学生亲手来做的，可以采取参观、体会等形式代替直接经验的生成，在一定程度上也可以丰富学生的体验，以拓展"活动"的范围。

(二)"活动作业"的价值

1. 在情境中应用知识

"活动作业"是一种在真实情境中的学习活动，是杜威"做中学"的教育思想的生动体现。比如在木工活动中，学生需要根据制作目的进行绘图与测量，这需要用到数学知识。在对木材的材质选择中需要用到植物学和物理学知识。这种情境是生动的，这种任务是迫切需要使用知识并可以得到即时反馈的。正如杜威所言："离开了真实的需要和动因，感官训练就成为纯粹

---

❶ 李方，温恒福. 过程教育研究在中国 [M]. 福州：福建教育出版社，2012：4.
❷ 约翰·杜威，赵祥麟，任钟印，等. 学校与社会·明日之学校 [M]. 北京：人民教育出版社，2005：91.

的体操训练。"知识原本源于生活,经人为选择和组织后成为学科知识,这在提高知识掌握效率的同时造成了知识与生活的分离,也造成了学习者身心的二元对立。学习者通过课本学到的是抽象的、去生活化的知识,这加剧了学习的难度,不容易提升学生学习的兴趣。而"活动作业"让学生回归到真实的生活情境中,结合现实需求应用和发现知识,使得知识与生活重新融合。这极大地提升了学生学习与探索的积极性,加深了其对知识的认知,可以更大程度地提升学生的学习兴趣。

2. 在实践中积累经验

"经验"是杜威经验教育哲学的一个重要关键词。不是所有的经验都是能促进学习者发展的。只有符合学习者认知的、能促进学习者认同的才是"经验",也才能作为具有教育意义的材料。具有教育意义的经验必须符合连续性和交互作用的原则。经验的连续性原则是指经验是不断建构的过程。人通过实践积累了新的经验,这会对旧的经验进行革新与修正,以此往复实现经验的发展。经验的交互作用原则是指经验同时受到学习者个体经验与学习者所处的学习环境这二者交互作用的影响。"经验总是个体与形成他的环境之间发生交互作用的产物。"[1] 学生在完成作业的过程中,一方面通过眼睛和手等身体器官与作业发生作用,但更重要的是学生的大脑也需要对材料进行观察、提取、组织与反思,这个过程所生成的就是经验。被人为提炼和抽象出的知识本身是比较固定的,但其应用却是广泛的和灵活的。作业正是通过为学生设置不同的情景让学生体会知识在不同条件下的应用,以此生成经验,使学生在类似问题情境中能迅速地进行计划的制订以及方案的实施,从而降低解决问题的难度。

3. 在活动中生成智慧

"化知识为智慧"作为深化素质教育的一个的教育哲学命题,它是人类学习和发展的本质属性与规律之一,是人的主体性和超越性不断发展的必然选择,更是人们追求自由、自觉和解放的需要。这需要主体在实践过程中进行认识、交互、转化、生成,因此"化知识为智慧"是一个在活动中实践的

---

[1] 杜威. 我们怎样思维·经验与教育 [M]. 姜文闵,译. 北京:人民教育出版社,2005:262.

过程，是一种行动的、实践的教育哲学诠释。在怀特海看来，智慧就是对知识的掌握或掌握知识的方式。当我们不是成为知识的奴隶，而是学会了积极地创造知识和运用知识的时候，我们才最终拥有了智慧。❶ 学生理性智慧、价值智慧和实践智慧的协同发展，需要在智慧化的课外活动和社会实践中扎根、生成、拓展。❷ 在当前教学情境下，课堂教学主要用来进行知识的初步讲解，学生只能在教师的引导下对所学知识进行基本的应用，更多的知识应用则需要时间与任务作为活动的载体。而作业正由于其具备这些条件而理所当然地成为这种活动的重要载体，完成作业的过程是学生将知识应用于实践的重要过程，作业也成为学生在知识运用过程中生成智慧的重要场域。

（三）"活动作业"的局限性

1. 影响学生的学习效率

有学者提出"活动作业"不能够很好地注重学科知识的系统性，可能会导致教育质量的下降的担心并非杞人忧天。❸ "活动作业"注重让学生在真实的情境中学习，而在情境中进行学习需要耗费大量的时间，这在当今重视效率的时代是不现实和不经济的。此外，情境的有限性和单一性也往往容易使得学生对知识的掌握偏重于某个领域，从而形成知识的"孤岛"，难以与其他知识建立联系。而且，随着知识数量的增加以及抽象度的提升，过度地追求对知识的形成进行"仿真"训练虽然有利于帮助学生形成原始的体验，但其低效性难免会影响学生的学习效率。特别是在高度抽象的学科比如数学和物理中，即使为学生留有比较充足的时间，学生也很难通过活动重新探究其中的定理与重要发现。导致的结果可能是学生在低水平的重复和机械的活动中耗费大量的时间，得到的却是有限的甚至是片面的知识，这与当今时代的发展要求不符。正因如此，即使是在 20 世纪 50 年代的美国，杜威的"活动作业"也因为其低效而受到大量的批判。

---

❶ 李方，温恒福. 过程教育研究在中国 [M]. 福州：福建教育出版社，2012：51.
❷ 靖国平. "化知识为智慧"：深入推进素质教育的新探索 [J]. 教育科学研究，2019（8）：93-96.
❸ 杨明全. 世界著名教育思想家泰勒 [M]. 北京：北京师范大学出版社，2012：48.

2. 难以注意学生的真实体验

"活动作业"的初衷是让学生通过活动进行体验，在知识的发现与应用中形成"经验"。然而经验是隐性的，如何评价"活动作业"对学生经验积累的影响是一个难题。因为经验不易量化，而且难以通过语言表达出来。在"活动作业"的实施过程中，要关注学生经验的积累情况，往往是以学生活动的表现来作为主要的评价指标。具体的评价过程主要是通过关注学生的外显活动来进行。值得注意的是，学生的活动表现不代表学生的内心体验，在活动过程中表面上看学生可能是通过简单的活动在与作业互动，在内其可能是受自身认知的驱使，也可能是由模仿或尝试的心理进行指导的。相比外显活动，学生内心深处的体验活动则更加激烈，可能经过了无数次的组织、试错与判断才对行为作出了决策。体验的内隐性使得教育者甚至学习者本人很难对其进行把握与评价，这导致"活动作业"的评价更多地以关注学生的外显活动为主，很难注意到学生内心的真实体验，难以对其体验进行全面和客观的评价。

3. 对支持环境的要求较高

"活动作业"要求学生在真实的环境中进行观察、发现、体验与创作。首先，学生需要有充足的时间，这需要教学计划甚至课程设置与之相配套，否则在传统的文本教学中受教学计划的影响，学生很难有"活动"的机会。然而，在当前教学体制下，学生难以有充裕与自主的时间，也缺乏相关的顶层设计与材料支持。其次，"活动作业"中所涉及的活动虽然与现实生活密切相关，但一般学校难以提供活动所需要的硬件支持，即使可以通过与社会进行合作等形式为学生营造相关环境，但也受条件限制，这种"活动"不可能照顾到学生个体，最大限度地促进到每位学生的发展。最后，在"活动作业"中需要教师为学生提供相应的指导与辅助。在教师培养体系中一般以传授学科知识与教学知识为主，即使个别学校会进行通识教育提升教师的综合素养，但也很难培养出"全能型"的教师。因此，杜威所提的"活动作业"很难在教学活动中实施。一个例证就是在我国中小学中，虽然有许多学校开设了活动课程，但受环境限制而往往流于形式，没有达到促进学生理论联系实践的效果。

三、执两用中：实用主义指导的"'文本—活动'作业"

（一）"文本—活动"作业的内涵

"文本作业"的初衷是为了给学习者提供运用知识的模拟"情境"，帮助学习者巩固知识，提升学习者知识运用与迁移的能力，但受功利主义的影响与教育者认知水平的制约而发生了异化。"活动作业"注重了学生作为人的发展，但忽视了人的社会功能与教育的目的性。教育的民主离不开政治的民主，政治的民主离不开国力的强盛以及国际竞争水平的提升。这也是杜威的教育思想在美国曾遭到批判的原因之一。在当前教育改革中，我们要注重提升学习者的主体作用，要改变传统的"灌输"意识与行为，让学生积极主动地从探究活动中获取知识与经验。但同时，更应该发挥教师的主导作用，帮助学生提升学习效率，使其在实现个人发展的同时能更快更好地成为"社会主义的建设者与接班人"。因此，在作业变革中，也不能过于偏向"文本作业"与"活动作业"的任何一端，否则会造成"过犹不及"的后果。作为教育改革的重要组成部分，任何将中小学作业问题解决的简单化、极端性的认识及行为，都将使得中小学作业改革适得其反。[1] 在当前教育改革的情境下，可以考虑融合"文本作业"与"活动作业"的优点，"执两用中"地形成一种新的作业模式即"文本—活动"作业。作为中庸哲学的基本方法，"执两用中"不是一个简单的线性法则，而是要权衡各方面的可能性并作出命制的判断与选择。[2] 值得注意的是，"文本—活动"作业不是"文本作业"与"活动作业"的简单拼盘，而是在一定条件下，利用知识的特点以及知识之间的联系对"文本作业"与"活动作业"进行有机整合，形成符合学生认知特点以及具有可行性的作业形式。在当前教学情境下，"文本—活动"作业

---

[1] 卢光辉.试论中小学作业问题的可能解决之道［J］.课程·教材·教法，2017，37（8）：116-121.
[2] 石中英.中庸之道：超越激进主义与保守主义［J］.宁波大学学报（教育科学版），2004（6）：1-5.

一般以"文本作业"为主体，在其中融入开放性、情境化的任务背景或增加实践性的任务以提升学生知识运用的能力。

(二)"文本—活动"作业的适切性

1. "文本—活动"作业便于教师开发

"活动作业"的设计对教师的教学观以及作业设计能力提出了较高的要求。一方面，教师需要深入理解"活动课程"的理念，用过程教育理念以及杜威的经验主义教育理念指导自己的教学，同时教师要具备比较丰富的组织活动课程的经验。另一方面，活动作业的设计要求教师结合现状考虑相关学习条件与学习素材的支持情况。不同的课程、不同的学段、不同的地域可进行开发的素材不同，可以直接拿来使用和借鉴的案例很少，主要需依赖教师自己根据学生的情况结合地方环境进行自主开发，这使得教师在作业设计中受到一定的制约。对于教师来说，"文本作业"是最容易开发的，可以直接从课本或教辅材料中找成题，也可以在教辅材料和网络中选择题目进行组合。所以在"文本—活动"作业中，教师可以以"文本作业"为基础，对部分题目中的条件、设问等进行改变而形成改编题或变式题，还可以通过在现实中提取问题或让学生寻找感兴趣的问题等方式获得议题，将其改编为当前学生可以运用所学知识解决的具有"真实情境"的任务型问题。这可以降低教师作业设计的难度，激发教师作业设计的灵感，便于教师进行作业的开发。

2. "文本—活动"作业便于学生完成

相比"活动作业"而言，"文本—活动"更便于学生完成。传统的"文本作业"是最便于学生完成的，因为"文本作业"的内容与课堂练习以及考试题型高度一致，学生熟悉解决问题的思路，因而在完成作业时主要用常规的技巧与方法即可。然而，"规约性"过强的"文本作业"也可能会固化学生的思维习惯，不利于学生的长远发展。"活动作业"的完成对学生而言是不小的挑战。一方面，活动性的任务需要学生多方面的知识储备、发散性的思维以及较强的数据收集与分析等自主学习能力；另一方面，过于开放的"活动作业"也会占据学生更多的自主发展的时间，这需要学生具备一定的学习策略的调控能力。更为重要的是学生在完成"活动作业"时还需要更多的学习辅助材料与参与社会实践的机会，这种学习机会的获得也绝非易事。"文本—活动"作业则结合二者特点，在传统的"文本作业"的基础上设置开放性的问题或布置小型的实践活动，便于学生独立完成，也便于家庭、学校以及社区为学生提供相关的实践环境。

3. "文本—活动"作业便于评价反馈

"文本—活动"作业中的"文本作业"部分内容相对封闭，主要考查学生对知识掌握的牢固程度以及对知识运用的熟练程度，所以这部分任务的评价比较简单和便捷。教师或者学生自己可以根据标准答案来对自己的解答进行评判，一方面对照答案检验自己是否达到了相关的要求，另一方面对照解答过程分析自己解决问题的思路是否存在问题，或者是否可以有解决问题的其他途径。"文本—活动"作业中的"活动作业"部分主要以开放问题和微型的实践任务两种形式展现。开放题仍然以传统的知识运用为主，看重学生的解决问题的思路，学生在解决问题时虽然思路会比较发散，但一般还是集中在常见的学科思维中，教师也容易进行掌控。微型的实践任务是基于当前所学知识的，主要体现知识在某一个现实问题中的应用，由于其与教学的密切性以及微型化，也便于教师对学生完成任务的过程进行评价与反馈。

（三）"文本—活动"作业的应用

1. 开发与设计

"文本—活动"作业一般是在"文本作业"的基础上进行改造而生成的。教师可以以现有的"文本作业"为设计起点，将经典的、基础性的题目选入作业中用以帮助学生巩固知识，提升基本的知识运用的能力。此外，教师应该在传统的"文本作业"的基础上对题型、题目背景等进行改造和优化，使其转变为开放性的和切合时事的任务。开放性的任务可以锻炼学生发散思维的能力，使学生明白解决问题的途径不止一种，而问题的答案也不是唯一的，让学生在解决开放性问题的过程中用开放的心态和批判的精神解决问题。将题目的背景与时事结合可以提升作业中任务的真实感和实用性，激发学生解决问题的兴趣。如果条件允许，教师还可以结合本学科当前所学知识，甚至可以结合其他学科所学的知识，用项目学习的理念为学生设计任务驱动型作业。在设计过程中，要注意任务的基础性和顺序性，以符合学生认知发展的特点，还要注重任务的综合性，特别是要注重学科内知识的融合以及多学科知识之间的融合，以此达到还原知识本源，提升学生综合应用知识解决问题的能力。

2. 实施与支持

"文本—活动"作业主要以纸质版呈现，这一点与传统的"文本作业"类似。但在实施过程中，由于需要学生进行深度的学习，因此需要为学生提供相应的支持。一种支持表现为相关环境的建设，另一种支持表现为对学生作业过程中技术层面的辅助。"文本—活动"作业的开放性要求学生进行发散思维，这需要学生进行思路的验证及结果的检验，在此过程中可能需要用到书籍以及计算机模拟软件。而在微型的项目学习过程中，则更需要通过网络等媒体获取数据信息并进行模拟试验，这需要学校和家庭为学生提供必要的硬件支持并为学生创设良好的作业环境。而学生在完成作业的过程中，难免会遇到问题，如果不能够得到适当的帮助，学生则可能耗费大量的时间和精力也无法取得进展，在一定程度上影响学生完成任务的积极性。所以教师和家长应该增强合作交流，多关注学生完成作业的过程，特别是对其遇到的困难在适当的时机予以适度的提示与帮助，使其在完成作业的过程中能够比较方便地得到智力支持。

3. 评价与反馈

"文本—活动"作业的评价对教师提出了更高的要求。如果说传统的"文本作业"部分教师还能应付，那么开放性作业部分则增加了教师评价作业的难度，教师需要通过作业判断学生解决问题的思维的合理性，并对其适切性与灵活性进行评判。而在"活动作业"部分则对教师提出了更大的挑战，这类型的作业与传统的作业有很大的不同。评价的目的不单是要实现对学生的学业成就进行量化的和质性的判断，更重要的是要能够对学生的学习行为进行指导和跟进。[1] 在作业评价中，教师需要分析学生设计的解决问题

---

[1] 董博清，霍素君. 学生学业发展水平评价体系的研究与思考——以河北省义务教育评价为例[J]. 河北师范大学学报（教育科学版），2018，20（4）：123-128.

的方案，需要检验学生所获得的结果并综合"设计""实施""过程""结果表述"等环节学生的表现对学生进行过程性与发展性的评价，对学生的工作提出建议，以进一步促进学生的发展。作业的反馈也应突破传统作业批改的单一性与"无对象化"，应对每位学生所呈现出的问题反馈给每位学生，实现反馈的定制化。除此之外，在反馈过程中还应该体现评价的教育性。反馈给学生的不但应该有评价的结果，还应该包含分析学生出现问题的原因以及根据学生的情况为学生制订的学习计划和提供的相关的学习资源。这样才能使作业反馈成为既能促进学生认知上的巩固与发展，又能获得较好的情感体验的"深度的学习反馈"。

作业是一个复杂的系统。作业设计既是技术层面的操作，更是一个价值层面的澄清与选择。在技术层面我们应该考虑现实情境，适当地强调作业的效率。在价值层面，我们应该在发展学生基本能力的基础上追求学生的个性化、全面化的发展。教师应该转变静态的和行为主义的作业观，在作业中融入开放的问题和真实的任务，增强教学使命感，用改革的精神对传统的作业实施变革，发挥自身的主观能动性，提升自己的教育研究能力，促进学生的全面发展。

第二节 从控制到自主的作业设计

2019年6月相继出台的《国务院办公厅关于新时代推进普通高中育人方式改革的指导意见》与《中共中央国务院关于深化教育教学改革全面提高义务教育质量的意见》都将提高作业质量作为深化基础教育课堂教学改革的重要途径，对中小学生的作业时间、作业数量、作业设计与作业评价等方面都提出了指导性的意见。可见作业作为一种学习机会正在被重视起来。课外作业的研究由来已久。美国曾有过对家庭作业的存废之争，也有学者关注作业时间对学生的健康的影响，当前家庭作业对家庭教育的影响成为研究热点。我国学者对作业的关注则主要集中在提升作业设计的质量、作业内容与课程的一致性、作业的有效性以及作业与"减负"的关系等方面。事实上，作为一种特殊的学习方式，家庭作业除了其"巩固知识""提升技能"等基本功能外，还可以被看作一种学生自主学习的机会。现代人面临着由于生存环境改变而引发的一系列的挑战，教育所面临的问题具有前所未有的广泛性、复杂性和不可预见性。❶ 政府与社会不可能无限制地允许社会成员进入专门的机构学习，他们能做的是尽量为学习者提供学习的外部环境。主要地，还需依赖学习者个体进行自主学习。因此，在儿童时期培养学生的自主学习能力就显得尤为重要。自主学习是当前学习型社会构建的动力，是素养时代学习者甚至人类亟需的核心素养。探究中小学课外作业过程中学生自主学习情况的落实现状有利于发现中小学作业设计与实施等过程中的问题，引起教育管理者与教师的重视，也有利于为中小学作业的管理、设计、实施及评价的优化提供一种可能的切入点。

一、自主的学习机会：中小学课外作业的应有之义

（一）课外作业具有自主性特征

课外作业是中小学生学习与生活的一个重要组成部分。与课堂教学不同，课外作业有着其特有的性质。就空间而言，课堂教学实施的空间主要在学校、在教室，而课外作业完成的空间一般是在家庭。就时间而言，课堂教学的时间是固定的、"绑定在钟表上的"，而课外作业的时间却没有明确的界限。就学习形式而言，课堂教学中学生在教师的指导下和与同伴互助中学习，而课外作业则一般要求学生独立完成。课堂教学中，一节课有固定的学习科目，在40分钟左右的固定时间内，学生不但要在教师的引导下学习新的知识，而且要及时在教师的监督下进行知识的初步应用，学生很少有足够的时间进行深入思考，也很少有机会能按照自己的学习情况自主把握学习的进度，难以实现学习的个性化。而作业恰能为学生提供自主学习的机会。学生在课外的学习中，要对自己的作业行为负责，学生可以自主安排学习时间和学习进度，在完成作业任务的过程中对自己的学习情况进行自评，并对自己的学习策略

---

❶ 吴式颖. 外国教育史教程［M］. 北京：人民教育出版社，2012：524-525.

进行调整。❶ 相比而言，课堂教学中受到许多"约束"，而课外作业中学生则拥有更多的"自由"。可以说，中小学课外作业的本质应该是一种学生进行自主学习的活动。

（二）自主学习需要适切的载体

"作为一种活动过程，自主学习既需要内在的必然条件，也需要外部的支持条件。"❷ 自主学习的能力也不会凭空生成。一方面，学习者需要具备学习兴趣、自控能力等发生自主学习的主观条件；另一方面，自主学习的实施与自主学习能力的培养也需要相关的情境。只有为学习者构建适切的学习环境并借助适当的手段进行培养，才能提升学生的自主学习能力。国内外对培养自主学习能力的关注由来已久。我国古代的教育思想中就饱含着自主学习的理念。比如注重立志、学思结合、知疑善问、自我省察、相互切磋等自主学习原则，主张遵循启发式的、少而精的教学原则来培养学生的自主学习能力。❸ 在国外，自古希腊起就有利用反问等方式促进学习者进行自我构建的传统。但这些方法性、策略性的理念必须以相关的学习环境作载体，才能发挥其作用。当前，儿童的学习场域主要在学校，但学校的教学模式与培养目标使得课堂教学难以成为培养学生自主学习能力的载体。只有在一种弱功利化的、学生在时间和行为上有足够自主性的环境中，才有可能实现学生的自主学习。

（三）课外作业可以成为自主学习的载体

相比课堂教学，课外作业更具有自主学习的特征，因而也更具有成为培养学生自主学习能力的载体的优势。要通过课外作业提升学生的自主学习能力，课外作业需要满足几方面的条件。一是时间自主。学生的发展水平各不相同、兴趣爱好不同，面对相同的任务，不同的学生可能需要不同的时间，对不同科目所分配的学习时间也不尽相同，为了让学生实现均衡发展，应该

---

❶ 郑东辉. 中小学生作业负担之轻与重：课堂评价的解读 [M]. 上海：华东师范大学出版社，2017：11.
❷ 孟燕平，吴颖强. 试论自主学习的价值内涵 [J]. 上海教育科研，2004（11）：33-34.
❸ 庞维国，薛庆国. 中国古代的自主学习思想探析 [J]. 心理科学，2001（1）：59-62，127.

鼓励学生自主分配学习时间以满足自身的发展需求。二是自主选择学习内容。学习内容的自主选择程度影响着学生学习的自主程度。❶ 学生的学习需求是多样化的，不同难度、不同风格的学习内容才能提升学生的自主学习动机、满足学生的学习要求。三是行为自主。一方面，自主的行为是自主学习动机的表现形式，积极完成作业的学生往往是受其良好的学习动机所支配的。另一方面，自主的学习行为是学生自主调整学习策略和实现自我管理的必要条件。自主调整的学习策略与自主的管理是评价学生是否进行自主学习的主要维度。❷ 四是思维自由。思维是学习的高级阶段，培养学生的思维能力是教育教学活动的重要目标。只有实现思维自由，才能促进学习者进行创新性和反思性的学习，才有利于通过学习行为促进学生自主学习能力的提升。

二、被控制的学习机会：中小学作业的现状分析

自主学习具有教育氛围的民主性、学习目标制定的自主性、学习内容的可选择性、学习方式的多元性、学习资源的丰富性、学习场所的开放性和学习过程的自控性等特点。❸ 然而，当前中小学作业的设计与实施过程中，教师却往往通过作业实现了对学生学习时间、学习内容、学习行为和思维的控制。这在过度强调课外作业"巩固知识""提升能力"等基本功能的同时，严重违背了课外作业"自主学习"的意涵，剥夺了学生自主学习的机会。

（一）用"合法任务"侵占了学习的时间

时间问题是中小学作业研究中的一个重要议题。作为一种"合法任务"，课外作业是学生在课外必须完成的，任务量的大小决定着占用学生课外自主活动时间的多少。因此，时间往往会成为作业研究的关注对象。国外早期的许多作业方面的研究多是以时间为变量进行的。在中小学生"减负"的相关研究中，作业时间更是作为首要的研究对象出现。研究者通过调查学生花费在完成作业上时间，以之作为判断学生课业负担轻重的依据。为了保证学生

---

❶ 单志艳，孟庆茂. 中学生自主学习问卷的编制 [J]. 心理科学，2006（6）：1422-1424.
❷ 庞维国. 论学生的自主学习 [J]. 华东师范大学学报（教育科学版），2001（2）：78-83.
❸ 王玉兵，赵在民. 自主学习特点及其教育环境构建 [J]. 中国教育学刊，2003（1）：40-42.

的课外学习负担不至于过重，许多国家都对中小学生的作业时间做出了限制性的规定。2018年我国教育部下发的《中小学生减负措施》（"减负三十条"）规定，小学生高年级家庭作业时间需控制在一小时之内，初中生家庭作业不超过90分钟。❶

在时间社会学中，时间是一种资源。拉科夫（Lakoff）和约翰逊（Johnson）注意到，我们的主流时间观是与三个特别的隐喻联结着的，即时间是金钱、时间是一种有限的资源以及时间是一种有价值的商品。"作为一种资源，时间可以被看作一个分析变量，其总量是确定的，一旦用了，就不能重新得到。"❷ 课外的时间本应是学生及其家庭自主支配的。由于作业的存在，学生需要花一定的时间来完成"任务"，必然会影响到学生的自主发展与个性化的学习。特别是对于部分学业水平较为落后的学生来说，花费在作业上的时间远远超过了国家规定的时间，甚至会占据其课外活动的几乎全部时间。

就学生而言，课外时间影响着其个人资本的积累。在一定程度上，特别是在知识掌握的初期，学习成就与学习时间呈正相关性。那么，在课堂学习时间相同的情况下，学生的课外学习时间影响着学生的学习成就。作为"合法任务"，课外作业"名正言顺"地占据着学生的课外活动时间，也必然会影响着学生的学习成就。一般来说，花费足够长的时间来完成作业，有利于促进学生对教师预设的内容的掌握。但学生是存在差异性的，学生的学业水平、学习能力、兴趣爱好和个性特征等不同，所需要学和愿意选择的学习内容也不同。任由同质化的课外作业占据学生大部分的自主学习时间，只能满足一部分学生的学习需求，有其他学习需求的学生只能"被迫地"进行学习，而没时间进行自主学习。

就教师而言，对学生的课外时间的控制也影响到其个人资本的积累。学校和社会对教师的评价一般是以其教学成绩作为主要评价指标的。对于普通教师而言，能够通过高尚的德行或者个人魅力获得领导、学生与家长认可的机会很少。要引起大众的注意与认可，就需要使自己的行为符合大众的需求。

---

❶ 教育部，等．关于印发中小学减负措施的通知［EB/OL］．(2018-12-29)［2022-3-29］．
❷ 约翰·哈萨德．时间社会学［M］．北京：北京师范出版社，2009：14-18．

教师所能做的，就是提高学生的学习成绩，提高所带班级的升学率，以此实现个人价值。而要实现学生学习成绩的提升，一方面要提高学生的学习效率，另一方面要保证学生的学习时间。这二者之间并不矛盾。提升学习效率可以帮助学生在短时间内掌握更多的知识。然而，目前对学生的评价形式是高风险性评价，这要求学生在固定的时间获得更高的得分。这就要求学生不但要"会"，而且要"对"和"快"。这对学生答题的速度与精确度提出了较高的要求。而学生之间的"过度竞争"导致了家长和学生产生了"过度学习"的需求。正因如此，在以高风险性评价为终结性评价方式的国家与地区，比如中国、日本、韩国、中国台湾等地，很少有人质疑作业的合理性。教师正是顺应了学生以及家长的这种需求，使得为学生布置一定量的作业成为"天经地义"的事。在分科教学的教学模式下，教师对自己所带的科目负责。因此，虽然教师希望学生能够在多学科间实现均衡发展，但是更希望学生能在自己所带学科的学习上花更多的时间，以取得更高的成绩。因此，在常规的课堂教学之外，课外活动时间成了教师们争夺的焦点，课外作业正是这种争夺战的"利器"。

（二）用"文本符号"规定了学习的内容

作业内容是作业质量的重要影响因素。作业一般是在教师不在场的情境下需要学生独立完成的任务。这与课堂教学不同，课堂教学中师生间的交流是面对面的，可以相互观察和谈话，通过视觉符号和听觉符号进行交流，这是一种多通道的交流方式，可以在很大程度上保证信息表达的准确性，达到精准的相互了解的目的。而在课外，学生的学习主要以自主学习为主，作业内容便成了教师与学生间交流的一种"文本符号"。就目前的纸质作业而言，这种交流的符号具有单向性，即作业内容是教师向学生单向传输的信息，是教师意志的体现。虽然在作业的批改与评价阶段，学生的信息会反馈给教师，但这种交流是滞后的，在学生完成作业的阶段，师生的交流主要还是以作业内容为载体进行单向交流为主。

作业内容的设计很大程度上取决于教师的教学观。教学观是教师在教学过程中受价值观、教育理念、教学能力和教学经验等因素的影响所形成的教师个人的教学理念。教学观指导着教师的教学行为。在课外活动中，教师无法做到对学生进行耳提面命，作业就是其教学行动的延伸。故而，教学观影响着作业设计，而作业中也体现着教师的教学观。一直以来，中小学教师对作业的认识一般都停留在知识巩固与能力提升等基本功能的层面，这使得其所设计的传统作业大多以知识的学习与巩固为主。作业内容基本是课堂教学内容的重复与延续。考虑到学生是在教师不在场的情况下进行学习的，而且假设学生是没有完全掌握课堂所学知识的，于是作业内容往往被设计为与课堂所学内容相近的、难度适中的例题或习题的"变式"。

事实上，能对作业进行上述的"精心设计"的教师并不多见。其一，作业设计取决于教师的作业观。一般作业是作为课堂教学流程的最后一部分出现的，而且其活动范围不在课堂之内。我们在听课中不难发现，教师往往会在临下课前，总结完本节知识后才顺带布置一下本节课的作业。虽然在凯洛夫的教学五步法中作业是作为其中一个重要环节出现的，但由于其是最后一个环节的缘故，往往在现实教学中没有受到教师的足够重视。其二，作业设计取决于教师的教学能力。虽然大部分教师的教学资历是达标的，但在教学设计特别是作业设计方面的能力往往还有待提升。作业设计虽然看似容易，但是好的作业设计必须涉及学情分析、知识逻辑关系的梳理、学生心理活动的预设等，这对教师的教学能力提出了更高的要求。其三，作业设计取决于教师的设计动机。作业的周期很短，一般是一到两天。面对教师精心设计的作业，学生未必能体会到其中的价值而草草应对，教师还没批阅完上一次的作业就需要进行下一轮的作业设计，而且在作业管理方面，领导对作业的检查一般只看作业是否进行了批改，对作业的形式与质量不做严格要求，作业设计也不会作为对教师的主要的评价指标。因此，教师不愿意在作业设计上耗费时间。

出于便利性的考虑，教师选取的作业内容一般来源于课本的习题或者课本配套的习题册。这种作业内容与课堂教学的相关性强，而且习题与习题册中的内容往往由较高水平的专家编写，质量较高。然而，由于其面向范围广，也导致其个性化程度不高，只能是引导学生对基本内容进行巩固，很难对学生的能力有较大的提升，更难以进行个性化的辅助学习。另一种常见的现象就是，当前"学生的作业大多是来自市面上现成的教辅资料。随意取材自市面上五花八门、良莠不齐的教辅资料。"[1]的确，有的教师为了拔高教学难度，会在若干教辅材料中选取自己认为合适的内容作为作业，教师很少就这部分内容进行改动，而是直接选用或采用"拼盘式"的组合，这也导致作业内容质量良莠不齐。虽然有学者倡导作业内容应符合学生的心理特征、应与课程标准保持一致，但是在功利主义的驱使下，教师往往狭隘地以考试要求作为作业设计的主要依据，这导致了作业往往成为考试的"预演"，具体表现在作业内容与考试内容高度一致，作业难度与考试难度逐渐趋同、作业内容的呈现形式与考试题型如出一辙等方面。

（三）用"教师权威"限制了学生的行为

作业是学生自主学习的机会，应体现学生的自主性。然而，当前中小学作业无形中对学生的学习行为进行了严密的控制。课外学习中学生的学习方式本应是自主的，学生本可以在课外就自己感兴趣的内容以自己喜欢的和适合的方式进行自主的学习。然而，完成作业却成为"合法"和"大一统"的课外学习方式。学生完成作业成了"天经地义"的事，一旦不能完成，便是违规，可能受到相应的惩罚。因此，无论学生愿不愿意、需不需要，课外作业都必须完成，而且要按时地、保质保量地完成。这就使得学生在课外必须是在完成作业的基础上才能进行完全自主的学习。

作业的合法地位是与教师的权威紧密相连的。教师是学生学习的指导者，从这个角度来看，教师是为学生提供服务与支持的。但是教师在教学过程中可能会通过为学生提供表现机会、对待学生的态度、是否为学生提供精准的指导等途径体现自己的作用。在大班制教学的情境下，教师必然成为稀缺资源，成为学生与家长争相取悦的对象。这使得教师在教学过程中拥有了比自己职业标准高得多的权威。教师利用这种权威，可以突破相关规定的约束，实现对学生甚至对家长行为的控制。

---

[1] 卢光辉. 试论中小学作业问题的可能解决之道 [J]. 课程·教材·教法，2017, 37（8）：116-121.

教师认为学生在课外自主学习的行为应以作业为主。这不但可以实现对学生学习内容的控制，还可以对学生的学习行为进行控制。其一，完成作业意味着学生进行了学习行为；其二，完成作业表明学生的学习行为是按自己的要求进行的；其三，完成作业在一定程度上可以表明学生的学习行为的结果是符合自己预期的；其四，完成作业可以规范学生的学习行为。因为作业完成的质量可以体现出学生的能力水平和完成作业的态度。通过这样的控制，教师可以保证课外作业成为课堂教学的延续，可以保证学生的学习行为符合自己的意愿。即使学生有其他方式的学习需求，这些学习行为都或多或少地受到作业的制约。比如学生在参加校外培训机构的学习中，也往往会以课外作业为载体，要求校外培训机构的教师为其解决课外作业中的问题。"唯作业"的课外学习方式不可能满足所有学生的学习需求，不同学生的发展水平不同、个性习惯不同，其学习需求必然有一定的差异。然而教师致力于培养"一个模子里出来"的学生，也即能应试的学生，无法顾及学生的个性特征。在以"为了大多数学生"为教学目标的教学观的影响下，教师"无奈地"忽视了学生的个性发展。

在教学过程中，教师往往用"有罪的"预设和心态来决定对待儿童的态度与行为，这是一种"有罪推定"的儿童文化心态。[1] 在这种"有罪推定"文化的影响下，教师预设学生在完成作业的过程中必然是不自觉的。因此，需要用作业量来控制学生的学习行为，只要布置足够多的作业，学生就无暇偷懒，就没时间玩游戏。这在一定程度上导致了学生作业量的增加，加重了学生的学业负担。此外，教师认为好的作业质量必然是与好的作业过程相关联，因此，可以通过以作业质量促进作业过程的手段，注重对学生完成的作业数量、质量与书写的整洁程度等进行评价，以此"规范"学生完成作业的过程。为了实现对学生行为的"远程监管"，教师利用自身的权威发动家长进行学生作业完成过程的监督，甚至要求家长进行作业的检查与辅导。这使得家长成为课外学习活动中教师身份的代理，成为教师"遥控"操纵学生的主要工具。为了激发家长参与控制学生的积极性，教师要求家长在班级微信

---

[1] 闫守轩，朱宁波．"过度教育"的表征、归因与救赎［J］．中国教育学刊，2012（8）：18-21．

群中进行作业的"打卡",即将学生完成的作业拍照发布在交流群中,便于教师进行量化统计,也便于在家长之间形成"竞争",这在一定程度上也实现了对家长行为的控制。

(四) 用"规范步骤"固化了学生的思维

在思维方面,学生是有较大差异性的群体。这导致学生在学习过程中,掌握知识的途径、对知识的建构方式以及解决问题的思路不尽相同。作业是教师为学生设定的任务,是为学生提供的知识应用的学习机会。在完成作业的过程中,学生难免会表达出多种思维方式。对于学生而言,特别是在初学阶段,创造性的思维较少,更多的"创造性思维"属于学生天马行空的"畅想"或者是错误思想的表达。这给教师作业的评价带来很多麻烦,一方面教师需要花精力去理解学生的"思路",另一方面教师需要花时间进行纠正与交流,这会占用课堂教学时间。因此,教师更希望学生的思维"规范"一些。

为了规范学生的思维,教师在设计作业时,在题型选取方面主要以客观题为主,这样使得无论学生采取什么样的思维方式,答案都是固定的。这种隐藏思维过程的题型使得答案固定、易于评价,甚至可以"去人工化"进行作业批改。这在减轻教师的工作负担的同时体现出客观题的机械性与"去个性化"的特征。特别是在解答这类型题的过程中,教师会让学生对知识进行机械的记忆或者为学生传授"特值法""排除法"等技巧,这些机械的和"投机性"的学习方法对提升学生思维能力的影响相当有限。课外作业中,即使有的任务是以"主观题"的形式出现的,但其本质其实也是大容量的、多步骤的和思路在可控范围内的任务,学生必须以"规范"的方式解答,思路也往往局限在几种常规思路中选用。作业中很少会出现开放性问题等任务形式。

教师习惯于用"规范步骤"的做法来控制学生的思维。一方面,教师希望通过规范学生的答题步骤来规范学生的思维,从而提升学生答题的效率。发散的思维往往具有不确定性,而且往往具有失败的风险。更重要的是这种异于常人的思维虽然可能比较巧妙,但是不具备推广性。规范性的思维才能让学生产生熟悉感，这在一定程度上可以提升学生答题的准确率。另一方面，规范的步骤是以考试的评分标准为蓝本的。在解决问题的过程中，学生必须用课本上已经学习过的知识，其他地方获取的知识则被认为"不具备解释力"，或者"太突兀"。而答题步骤也必须按照大型考试中的评分标准来进行，从书写形式到推导过程都要"规范"，不但要表达精准，而且要便于找到"采分点"。这其实是为学生在考试中不发生意外的扣分和在不完全会的题目中拿过程分而做准备。

如果其他控制是对学生知识与身体的限制，那么对思维的控制则是对学生思想的规约。教师往往以"学生的思维能力弱""学生的创新思维大多是错的"等为借口，不鼓励学生进行思维训练，而引导学生通过"规范"的思路来迅速获得"掌握"知识的乐趣，致使学生相信只要按教师的思路做，肯定能得到正确的答案。等学生到了高年级，思维逐步僵化，教师仍然会感觉到学生的思维能力有限，仍然不敢放手也不愿意花费更多的时间让学生思考。相比而言，教师更愿意让学生掌握常规思路去应付考试。在此过程中，教师和学生都是"受益者"。然而这种做法却忽视了现实生活中大部分问题都具有不确定性，不能用固定的思维去应对。更重要的是，这种"规范"思维的行为扼杀了学生思维的自由，使得学生逐步丧失了自主思考的意识，也逐步失去了自主学习的动机和能力。

三、"规约的自主学习机会"：中小学作业优化的向度

"场域"概念由法国社会学家布迪厄提出，是指"那种相对自主的空间，那种具有自身法则的小世界。"[1] 用布迪厄的场域理论审视课外作业，课外作业活动是具有自身特定逻辑的"小世界"、构成独立的学习空间，具有一定的自主性，可以成为一个特殊的场域。布迪厄揭示的场域是一种存在自主和规约矛盾的"较量之场"，遵循法则是享有自主的前提。[2] 就课外作业而言，

---

[1] 皮埃尔·布迪厄. 科学的社会用途——写给科学场的临床社会学 [M]. 刘成富，张艳，译. 南京：南京大学出版社，2005：30.
[2] 刘桂辉，常攀攀. 教学场域中教师教学行为的规约与释放 [J]. 教师教育研究，2017，29（1）：87-92.

如果过度控制，则会约束学生的自主性，非但不能有效培养学生的自主学习能力、发展学生的创新思维，也难以有效实现其基本功能。而过度的释放则有可能导致学生陷入"自由主义"的泥潭，视作业为形式，进行无序的和碎片化的学习，这有可能导致学生学业差距的加大，使部分学生感觉到自主的"无效"。特别是对于自控能力较弱的学生来说，失去课外作业的引导，可能导致其陷入"因不会做而不做进而丧失学习兴趣"的恶性循环之中。因此，在中小学作业的优化过程中，可以在控制与自主之间采取"执两用中"的哲学智慧，通过强化作业管理、优化作业设计、增强作业辅助与改善作业评价等"控制"手段，为学生构建适切的自主学习的环境，使家庭作业真正成为学生自主学习的机会。

（一）强化作业管理

强化作业管理的目的是给学生建构良好的自主学习环境。管理主要有学校对教师的管理、教师和家长对学生的管理和学生自身对作业的管理三方面。就学校对教师的管理而言，中小学作业一般被认为是教师个人的事，很少有组织对作业进行管理。学校管理主要是针对课堂教学的管理，专门对作业的管理却很少涉及，即使有也一般是对作业量的要求或者作业难度的要求，很少关注作业的质量。年级组有时可能会对作业情况进行检查，但一般是以考核教师的批阅情况为目的的，对作业本身则少有过问。这使得教师在作业设计方面具有相当的自主性，作业的形式、数量、质量长期处于脱离监管的"泛自由"的状态，使得作业中出现任务过难、内容重复和机械训练等现象，极大地影响了作业的有效性。对此，学校以及教育行政部门应该强化对中小学作业的监管，控制作业数量，提升作业质量。禁止出现教师利用课外作业"争夺"学生课外学习时间的现象，力求为学生争取更多的自主学习时间，让学生们有更多时间去针对自己的学习情况进行自主的学习以及对自己的学习策略进行调整。教师和家长对学生作业的管理主要体现在监督方面。可以通过家校合作的方式对学生完成作业的过程中产生的不合理的时间分配等行为进行及时的纠正，以防学生由于缺乏自我管理与自我调控的能力而导致课外学习时间的浪费。这种管理是较为宏观的、指导性的管理，不可以太具体，要留给学生试错、反思与学习策略调整的时间。学生对作业的管理主要是指学生在完成课外作业的过程中自主地对学习行为所进行的调控,其中涉及时间的分配与管理、完成任务的次序分配、作业重心的调整等。学生自主调整学习策略的能力有其一般的形成过程,这需要学校、教师与家长通过作业管理,为学生营造良好的自主学习环境,为学生提供自主学习的机会,使学生在自主学习的实践中不断反思,发现自己的学习特点,找出符合自己学习习惯的学习模式,最终提升自己自主学习的能力。

(二) 优化作业设计

优化作业设计的目的是使课外作业能更好地承载自主学习的功能。课外作业是课外学习活动中师生交流的载体,蕴含着教师对学生的学习要求,体现着教师的教学目的和教学观。同时,作业设计也影响着学生的学习活动,在引导学生学习的同时为学生提供了进行自我评价的标准。更重要的是作业的设计理念影响着学生的学习理念。在作业内容上,应该保证作业与课程的一致性,作业可以看作课程实施的一部分,只有保证二者的一致性才能形成课堂教学与课外学习的"合力"。同时,作业内容也应该在任务情境的设计上有所创新,给学生适当的陌生感,这样才能有利于学生在课外自主学习的过程中能将课堂所学的知识与技能应用在新的任务情境中,提升知识迁移应用的能力。在作业难度上,课外作业的难度应该"适中"。一方面要保证其难度只是课堂学习难度的适当拔高,以实现作业具有的"知识巩固"的基本功能和提升学生自主完成作业的积极性;另一方面可以给学生留有比较充裕的学习时间,为其进行深入的思考与进行学习策略的调整提供可能。在作业形式上,要注重作业形式的丰富性与灵活性,以此提升学生的自主学习动机。作业设计在很大程度上依赖于教师的作业设计素养。有的教师可能会因职业倦怠而直接选用商业教辅材料当作学生在一个学习阶段的作业,也有的教师可能因设计能力的缺失而选择成套的试题来代替自己的设计。这样"设计"出来的作业导致教师的教学很被动,往往使得这种固定的作业成为自己教学的导向。要通过作业提升学生的自主学习能力,教师应该从以上方面着力,使作业任务的难度与学生的"最近发展区"相吻合,通过丰富作业内容提升学生学习的积极性和通过多样的作业形式增强作业的吸引力。这需要提升教师的作业设计能力，其中既包括更新教师的教学观，使教师能够认识到在作业过程中培养学生自主学习能力的重要意义，又包括提升教师的教学素养，使教师能够精准地把握学情，在作业中为学生设计出能促进学生能力发展的和激发学生兴趣的多种形式的任务。

（三）增强作业辅助

增强作业辅助的目的是给学生提供良好的自主学习的支持条件。人具有社会性，学生的学习自然也有社会性特征。学生作业不仅有个体性的成分，也有社会性的内涵。❶ 特别是以培养学生自主学习能力为目标的作业，对学生的学习能力、自控能力、获取资源的能力，以及调整学习策略的能力提出了更高的要求。学生个体作为正在发展的人，在认知与能力等方面还在逐渐发展，在此过程中需要得到适当的外界辅助。学生在完成课外作业时，一方面，需要通过教师和家长对其学习过程进行支持和对其学习策略的调整进行指导；另一方面，需要与教师和同伴进行即时、充分的交流，以促进自己的反思并对自己做出合理的评价。基于自主学习的作业中必然有许多开放性的问题和实践性的任务。这需要学校、家庭和社会为学生提供相关的条件，为学生创设良好的学习环境。对于实践性的任务，应该尽力为学生提供相应的实践环境，比如为学生提供现场参观、实地数据采集等条件，让学生体会到知识与真实世界的联系。在自主学习策略的提升方面，教师为学生进行学习科学、学习原理、学习策略等相关知识的普及，让其在自主学习过程中逐步客观地了解自己的学习风格并逐步尝试对自己的学习行为进行调整，以此实现对作业过程进行科学的管理，并逐步提升自主调整学习策略的能力。课外作业会涉及新的问题情境，学生在将所学知识运用于新情境的过程中可能会遇到理解性的或迁移性的问题，如果遇到问题则会影响学生的学习进程，在长时间没有突破的情况下还可能影响学生对自己学习能力的怀疑。因此，可以通过提供在线咨询或同伴互助等方式，使学生在自主学

---

❶ 胡扬洋．基础教育"作业"观念重构论纲［J］．教育科学研究，2019（10）：47-52.

习过程中遇到的问题能够得到及时和有效的解答,促进其进行后续的学习。教师可以用即时交流的方式,通过启发、指导和讨论等形式帮助学生实现问题的突破,鼓励学生拓展思维,进行创造性的解答,并针对学生情况帮助其学习策略进行适当的调整,保证其自主学习的顺利进行。学生也可以在完成作业的过程中,与同学展开广泛的交流和讨论,对自己的解答过程进行比较分析,以此对自己的学习情况作出判断。而在讨论过程中,可以根据自己对知识的理解表达自己的思想,在相互切磋中促进自己对知识的深层次的认知与建构。

(四) 改善作业评价

改善作业评价的目的是为了强化课外作业中的自主学习的落实。评价的目的不单是要实现对学生的学业成就进行量化的和质性的判断,更重要的是要能够对学生的学习行为进行指导和跟进。[1] 改善作业评价正是为了利用评价的导向功能,引导教师设计能为学生提供自主学习机会的和能提升学生自主学习能力的作业,引导学生在完成作业的过程中不断进行自我评价和自我反思,从而实现学生自主学习的能力的提升。作业评价包含对作业设计的评价和对学生所完成的作业的评价两个方面。对作业设计的评价一般是对教师所设计的作业文本的评价,其实质是对教师作业设计能力的评价。可以以作业的数量、作业的形式、作业的难度、作业内容与教学内容的一致程度、作业对学生的学习态度的影响、作业对学习能力的影响等方面作为评价指标,评价作业的适切性与对提升学生自主学习能力的影响程度,以此激发教师优化作业设计和积极更新教学理念的积极性。对学生所完成的作业的评价是指在学生完成作业后教师以此为依据对学生作业情况所做出的评价,其实质是对学生学习情况的评价。当前这方面的评价主要关注的是学生对知识的掌握情况,课外作业成为教师用来检测学生知识掌握程度的手段,在作业批改中也一般以作业文本进行正误的评判,少有对作业过程的评判,更少有对学生学习态度、学习方式、学习策略等方面的关注。要通过课外作业提升学生自

---

[1] 董博清,霍素君. 学生学业发展水平评价体系的研究与思考——以河北省义务教育评价为例 [J]. 河北师范大学学报 (教育科学版),2018,20 (4): 123-128.

主学习的能力应该注重学生自主学习能力的要素在课外作业评价指标中的体现。自主学习能力一般包含学生的学习兴趣、学习内容的获取与选择能力、学习策略的调控能力等因素。因此，作业评价中，一方面，可以通过学生的作业成果对学生所选择的学习内容、新知识的掌握情况、学习的独立程度以及思维的创新性进行评价。对于学生的作业成果可以鼓励学生以多种形式进行展示与交流，使得学生的成果受到更大程度的关注并获得更加客观的评价。另一方面，要注重通过分析学生的学习过程，通过对学生完成作业过程的评价来了解学生在学习动机、内容选择等方面的情况。随着未来信息技术的发展，学习系统可以客观、真实地记录学生的作业过程，以此可以对学生的学习策略进行分析与评价。

第三节 作业中心教学模式

"以学生发展为本"是我国教育教学改革的基本取向，也是促使教学由以教师（讲授）为中心转向以学生（学习）为中心的最重要的理由。[1] 然而，长期以来，我国中小学的教学活动一直在"教师中心"与"学生中心"之间做"钟摆运动"。"学习中心教学"理念的出现在一定程度上调和了这种二元对立的现状，然而"学习中心教学"作为一种理念，在落实中却会受到诸多因素的影响。如何通过一种形式化的教学模式促进"学习中心教学"理念的落实就当前的教学改革而言有着重要的意义。作业是一种彰显学生独立学习与自主学习的学习机会，对学生的发展起着课堂教学无法取代的特殊的作用。是否可以以"作业中心教学"模式践行"学习中心教学"理念是一个值得探讨的问题。这不但可以在一定程度上破解当前的作业困境，而且可以为"学习中心教学"理念的实施提供可能的路径。

---

[1] 陈佑清，张彦平. 以学习中心课堂为旨趣的教学活动设计的逻辑［J］. 教育研究与实验，2015（5）：28-32.

一、"学习中心教学"提出的背景及特点

教学的中心问题是中小学教学研究的一个基本议题。在教学二元对立的情境下，往往容易得出"以教师为中心"和"以学生为中心"两个极端的结论。"以教师为中心"的支持者将教学看作一种引导的活动，将学生看作被动的个体，教师只要按照既定的、科学的课程逻辑，将知识和技能呈现出来，学生经过记忆与训练就可以实现知识的掌握。"以学生为中心"的支持者则以人本主义为出发点，认为学生作为人的权利应该受到尊重，学生是教学活动的主体，教学活动应该围绕学生的需求展开。从历史发展的脉络来看，教学活动的中心正由"教师中心"转向"学生中心"。然而，在实际的教学活动与教育改革中，这又取决于决策者的教学观。事实上，"以学生为中心"固然是大势所趋，但受学生认知水平与学习能力的限制，教师在教学活动中的作用必不可少。因此，又出现了"以学生为主体、以教师为主导"的"主导主体论"。但其仍然没有清晰地揭示教与学之间的关系，❶ 而导致其在实施过程中会遭到多种理解、呈现出多种样态。事实上，秉持二元对立的视角看问题容易走向事物的极端，这可能使得问题永远停留在争议中，无法得到解决。如果采用整体和统一的视角审视，则可以发现学习是教学活动的中心，通过学生的学习可以将教师和学生从师生对立的两端推向学习区域的中心。

考虑到我国课程改革的趋势以及多年来我国课程改革的累积作用等因素，陈佑清教授提出了"学习中心教学"理念。"学习中心教学"的内涵是，以学习为中心的教学活动中，教师要努力让学生成为能动的个体并进行自主学习，教师的作用则是激发、引导和促进学生能动、独立地学习。"学习中心教学"的基本特质是"学为中心，教为学服务"，在教学活动中主要体现出"多学少教""依学定教""先学后教""以学论教"等特点。在教学活动中，从教与学所占的时空比例来看，"学习中心教学"需要实现"多学少教"，即

---

❶ 陈佑清. 建构学习中心课堂——我国中小学课堂教学转型的取向探析 [J]. 教育研究，2014，35（3）：96-105.

在教学活动中要尽可能减少教师单向地传授知识的时间，而应增加动机激发、方法指导、疑难解答和互动交流等教导行为。从教学决策的依据来看，"学习中心教学"需要实现"依学定教"。教师需要突破以教学经验、课程标准以及教学参考资料等为来源的"经验主义"，将学生的学情作为教学的起点，结合学生的兴趣、知识经验与思维水平来组织教学活动，以保证学生学习的主动性、能动性与有效性。从教与学的顺序安排来看，"学习中心教学"需要实现"先学后教"。让学生进行先行学习，对于学生可以自己学会的内容教师无须重复讲解。这样可以优先保证学生自主学习的落实和明确教的对象与内容。"先学"是帮助教师精准了解学情的重要机制，是提高教师"后教"的针对性与有效性的保障。从教学评价标准来看，"学习中心教学"需要实现"以学论教"。传统的教学评价基本上都是从教师的角度设计的典型的"以教评教"，而"学习中心教学"则主要是从教师教导之下的学生学习过程中的表现及其产生的结果来评价教师教的效果的。❶

二、实施"学习中心教学"的困境

新理念的实施往往会遭遇旧理念、旧模式以及其他条件的制约，当这种新理念与旧理念有本质差别的时候，这种制约性表现得更加明显。"学习中心教学"所秉持的"以学为中心"是对传统教学中"以教为中心"理念的根本性变革。教师的教学观、学情分析的精准度、传统的教学模式以及评价依据的客观性等都影响着"学习中心教学"的实施。

（一）教师的教学观左右着"多学少教"的实现

"多学少教"的目的是从时间上"规约"教师的行为，保障学生的自主学习机会。然而，教与学是没有明显边界的，即使有，教师也可能将学生的学放置于自己教的框架中。这主要是由教师的教学观决定的。为了短期内提高学生的学习成绩、实现功利化的目的，教师可能有意无意地实施以教师为中心的教学，用"灌输"的方式开展教学活动。而在教学改革导向的公开课

---

❶ 陈佑清，余潇. 学习中心教学论［J］. 课程·教材·教法，2019，39（11）：89-96.

等活动中，教师又倾向于应用以学生为中心的教学模式，努力在课堂上呈现以学生自主学习为主，教师辅助学习的"改进的教师中心教学"样态。在以学生考试成绩为主要评价指标的评价体系中，教师为了获得最大的"效益"，在"花费大量的时间和精力慢慢提升学生的学习能力"与"通过大量的练习在短期内提升学生的成绩"之间的博弈中，教师往往倾向于选择后一种策略。因为这种策略不需要教师花费较多的心思，只需要"诱导"或"逼迫"学生进行大量的"刷题"，学生对各种题型和"套路"形成了一定的机械的记忆，这使得学生在答题过程中，不至于无从下手，而且大量的练习也确实能提升学生答题的精准度，这些都可以极大地迎合当前的考试制度。于是这种做法为大多数教师所推崇，甚至演化成经常性的"以考代练"。表面上看，无论是"刷题"还是"以考代练"都仿佛是一种"多学少教"的样态，但值得注意的是这种"练"与"考"是在教师设计好的"跑道"上进行的，是符合教师意愿的，并没有保障到学生自主学习的机会。此外，一方面，教师常常秉持"有罪推定"的假设，认定学生必然会在自主学习中偷懒、耍滑，所以不愿意创设自主学习的机会；另一方面，教师文化中存在着一种"推卸责任"的取向，即教师秉持一种"反正在课堂上我教过你了，考试中如果你不会就不能埋怨我"的逻辑来规避自己的教学水平被学生质疑的风险。这些都影响着教师的教学观，使教师认为"教"比"学"更重要，从而影响着"多学少教"的实现。

（二）学情了解的精准度制约着"依学定教"的实现

"依学定教"的目的是保证教师实施精准教学。然而，正如杜威的"儿童中心"理念和布鲁姆的"掌握教学法"难以实施一样，"依学定教"同样面临如何精准了解学生"学情"的问题。首先，学习是一个复杂的过程，学生个体的"学情"难以把握。学习是一种心理活动过程，具有极强的内隐性，因此学生的心理活动是难以把握和测评的。以建构主义学习观为例，学生对知识的掌握是一个逐渐"清晰化"的过程，而学生"清晰化"的程度非但从外部难以了解到，即使是学习者本人也难以言明。其次，教学是一个复杂的过程，如何使教学活动符合大部分乃至全体学生的需求也是一个难题。

学生的认知水平与当前的知识储备各不相同,对学生个体的学情尚难明确,要了解学生的整体学情的难度可想而知。整体学情非但是个体学情的综合,更是一种群体文化的反应,这需要教师突破个体的视角,将关注的目光转向学习的社会性,融入学生群体的社会特征去了解学情。最后,教师对学生学情的理解也影响着"依学定教"的效果。如果说学生个体或群体的"学情"是客观存在的,那么教师对这种客观的情况的了解则具有很大的主观性。虽然布鲁姆提出的教学目标分类标准可以作为判断学生学习水平的依据,但教师对分类目标中不同层级和维度的理解的差异性会影响教师判断的准确性。事实上,教师在日常教学中往往是根据经验展开教学的,其主要依据是课程的进度和自己的"感觉"。按照课程的进度,在新知识学习之初,教师默认学生已经掌握了必要的基础知识。在教学过程中,教师则主要基于学生的"反应"判断学生的掌握程度。最根本的原因,还是因为学习活动具有缄默性的特点,而在教学活动中缺乏使学生思维和能力可视化的载体。长期以来,因材施教、个性化教学等教学理念虽然备受推崇,但在教学实践中却难以得到有效的实施,在很大程度上也正是学情了解难以精准化的例证。

(三) 传统的教学模式阻碍着"先学后教"的实现

"先学后教"的目的是提升教学活动的针对性,然而其"教"与"学"顺序的变化与传统的教学模式是相冲突的,学校、教师和学生都难以改变原有的"惯习"。从学校角度来看,教学顺序的改变打乱了其固有的管理与评价秩序,非但当前的管理模式和制度等需要进行转变,而且管理的目的也需要重新定位。"先教后学"的教学模式中,学生的进步往往被认为是教师努力的结果,也被认为是评价教师的重要指标。而"先学后教"的教学模式是以学生学习为主的,教师成了学习的"辅助者",课堂教学成了查漏补缺的教学环节,这种貌似"弱化"了教师作用的教学模式与传统的管理模式是相违背的,因为这(将)使得传统的"科层制"管理体系中的末端不再"顺畅",难以使得上层的意志一以贯之地作用于"终端",影响了管理的"有效性"。习惯了用制度管理人的学校对这种难以管理与评价的教学模式往往持敬而远之的态度。从学生和家长的角度来看,"先教后学"是天经地义的事。

学生因为"不会"才去学校学，让学生先学是"赶鸭子上架"，是学校和教师在推卸责任。事实上，在初期的尝试中，学生自主学习能力的薄弱性也往往会成为家长和学生批判"先学后教"的"证据"。从教师角度来看，其个体已经习惯了传统教学中的"说教式"教学模式，简单直接地将知识与方法呈现给学生的做法的高效性深深吸引着教师，在这种教学模式下，教师才能更显著地看到自己的"影响"、发现自己的"价值"，也才能维护自己的"权威"。而且，在教师文化中存在着一种"平庸之恶"。无论是出于对传统课堂教学模式的"盲从"或是出于自身的惰性，教师不但有一种安于现状并维护现状的心理，也即教师更愿意在"先教后学"的模式中用一种更为"稳妥的"和大众化的教学模式来避免自己成为众矢之的。

（四）支撑材料的缺乏影响着"以学论教"的实现

"以学论教"的目的是将教学评价的重点放在学生的学习上，促进教师对学生学习的关注，鼓励教师将教学活动围绕学生的需求进行。然而，如何对学生的学习进行客观和及时的评价也是一个难题。学生的学习是一个连续和渐进的过程，这加大了对学生的课堂学习进行阶段性和过程性评价的难度。当前对学生的评价主要以终结性评价为主，其主要形式是考试，然而为了保证考试的信度和效度，需要命题具有较高的质量。如果每节课都用考试的方式对学生进行评价，这在加大教师工作量的同时对教师的教学水平提出了更高的要求。况且，即使是高质量的考试，也难以科学和准确地测量出学生的水平。因此，对于课堂教学而言，每节课都用考试来对学生进行评价是不现实的。学生的学习是缄默知识掌握的过程，这导致难以对学生的课堂学习进行显性的评价。波兰尼将知识分为显性知识与隐性知识（缄默知识），用冰山隐喻说明缄默知识如同冰山在水面以下的部分，在知识总体中占据着更大的比例。这部分知识隐藏在学生的认知、技能和情感之中，难以外显地表现。因此，如何通过外显的形式更准确地了解学生的学习情况是对学生进行精准评价的关键所在。在当前以考试为主要评价手段的情境下，终结性的考试不可能完全真实地体现学生的水平，而多次考试又会浪费过多的时间和精力。这使得对学生的评价既没有合适的工具，又缺乏有力的支持材料。上级部门对教师的评价主要以对学生的终结性评价为主要依据,这也在很大程度上导致教师注重学生的学习结果而忽视其过程。教师对学生的评价则以阶段性评价(周练、月考等)为主,辅以肤浅的观察与主观的经验,这也使得很难客观和精准地实现对学生的评价。支撑材料的缺失在很大程度上影响着对学生进行评价的方式,也影响着教师对学情的了解,增加了"以学论教"的难度。

三、作业可以作为践行"学习中心教学"理念的载体

作业绝不只是复习、巩固,其本质应当是学生自主学习、自主探究的机会和过程。[1] 本研究中所提的作业正是指教师设计的、在课堂教学之外进行的主要由学生进行自主学习的学习活动。作为一种特殊的学习机会,作业在时空特点、功能以及学生的学习方式等方面具备一定的特性,这些特性在很大程度上是与"学习中心教学"所表现的"多学少教""依学定教""先学后教""以学论教"等特征相吻合的。因此,作业可以成为践行"学习中心教学"理念的载体。

(一)作业可以为"多学少教"提供其所需的学习机会

完成作业和作业交流的过程都是学生学习的过程。作业是一种学习任务,虽然任务中的问题是由教师设计的,但解决问题的过程却是以学生为主体进行的,甚至可以说,完成作业的过程就是学生自主学习的过程。完成作业需要时间,通过作业可以在学习时间上为学生提供保障。完成作业的活动一般是在课外进行的,师生"隔离"的特点使得学生可以在脱离教师"教"的情境中独立地应对任务。因此,在完成作业的过程中需要学生进行独立的思考和自主地进行学习策略的调节,这可以更大程度地促进学生的"学"。作业交流可分为课外作业交流与课堂作业交流两种形式。课外作业交流是指在完成作业的过程中,就学生遇到的问题,学生可以与同学或教师交流,从而获得一定的帮助,课堂作业交流则是指课堂教学中教师就学生在完成作业过程

---

[1] 成尚荣. 教学改革要坚持以学生学会学习为核心 [J]. 人民教育, 2013 (22): 30-31.

中遇到的问题组织学生展开讨论等形式的教学活动。作业交流是学生与学生、学生与教师以及师生与作业进行互动的过程。所谓"问题"事实上是学生在完成作业的过程中在思维上遇到的"阻塞点",能发现问题说明学生进行了力所能及的思考,而交流正是学生应用学科知识与学科逻辑表达自己思想的过程,通过交流学生才能使得自己的思想逐步清晰化并通过交流获取他人的信息,从与他人的对照中或在他人的指导下获得必要的帮助,并在此基础上尝试进行障碍的突破。这是学生学习的重要阶段,是学生的思维进行碰撞的过程,可以充分体现学生的能动性。课堂中的作业交流是围绕学生普遍或者比较有特点的问题进行的交流活动。共性的问题可以触及学生的"兴趣点",是存在于学生群体的"最近发展区"中的大部分学生未能突破的问题。这类型问题也正是促进学生达到"愤悱"状态的问题,这可以实现学生在学习上更大的投入。同时,以解决学生作业中存在的问题为教学任务的课堂也可以"迫使"教师了解学生、掌握学情,最终实现为学生服务的目的。

(二) 作业可以为"依学定教"提供其所需的参考材料

作为一种学习任务的结果,作业承载着学生的诸多信息,这些信息可以作为"依学定教"中教师分析学生学情的依据。第一,通过作业可以判断学生个体对知识的掌握情况。作业是教师依据课程标准与教学进度为学生设计的学习任务,学生完成作业的过程则是学生依据自身认知完成任务的过程,即是学生与课程及教学相互"调适"和"对话"的过程。虽然学生的认知发展是隐性的,学习也是复杂的过程,但是通过学生完成作业的情况可以了解到学生认知水平的变化,这是教师了解学生学情的直接途径。相比依靠经验和直观判断而言,这种判断有学生的"成果"作为支撑,从而更具科学性和客观性。第二,通过作业可以判断学生整体的学习情况。通过了解作业中问题的分布、频次等信息,教师可以比较准确地判断出哪些知识点是大部分学生已经掌握的,哪些知识点存在的问题较多,还需要进一步的强化。第三,通过作业可以判断出学生的学习情感。学习活动往往会受到学生的学习情感的影响,情感的波动会在学习活动中有所体现。作业作为一种静态的学习成果,记录着学生的情感信息。教师在作业批改中通过纵向对比同一学生完成作业的情况可以发现该学生学习情感的变化。作业完成率、作业完成质量和认真程度等信息都反映着学生学习情感的波动，可以作为教师了解学习情感方面的学情的依据。第四，通过作业可以判断出"异常"的学习情况。所谓"异常"是指有别于大部分学生和学情的较为特殊的信息。相比大部分学生，班级中总会有容易被忽略的"边缘生"。通过作业情况可以发现这部分学生的学习状况与需求，在教学中可以做出相应的兼顾策略。相比大部分学生解决问题的思路，也常会有部分学生在解决作业中的问题时产生比较特殊或新颖的思路方法。这也是学情的重要组成部分，可以作为宝贵的教学资源在课堂教学中与其他学生分享，起到拓展思维和树立榜样的作用。

（三）作业可以为"先学后教"提供其必要的学习形式

作业由于其学习方式和学习时空等方面的特点而具有能为"先学后教"提供其所需的学习形式的可能性。就学习时空而言，作业与课堂教学在时空上是相对独立且有前后次序的。课堂是学校按照时间与科目分配的在时空上相对固定的学习机会，其学习场域主要是在校内，时间是公共的和法定的。而作业是在课外的和校外的学习机会，其学习场域一般是在教室或家庭，时间是可以由个人掌控的，学生可以根据自己的学习情况合理地分配和调整学习时间。相对于课堂，作业更具备为学生营造自主学习环境的条件。而且，课堂教学与作业不是同时进行的，这使得以"教"为主的课堂与以"学"为主的作业过程具备了"翻转"的可能。就学习方式而言，作业是课堂之外的学习任务，是学生在脱离教师"控制"的情景下完成的。因此，完成作业的过程更主要的是学生进行自主学习的过程，这与"学习中心教学"理念中的学习需要具有自主性的要求是相一致的。因为没有教师的监管，学生在学习时间的分配、学习内容的选择以及学习策略的调整等方面具有更广阔的空间。这也使得"学"的方式更符合自主性学习的特征。就学习内容而言，作业中的学习内容可以更具有选择性。课堂教学面向的是全体的学生，其学习内容一般是学生所存在的共性的问题，而作业面向的对象是学生个体，其学习内容可以顾及学生个体的学习情况。这使得为每位学生设置个性化的学习内容成为可能。因此，作业使得学习内容可以具有一定的针对性和选择性，也使得"学"的内容更符合自主性学习的特征。

（四）作业可以为"以学论教"提供其所需的评价依据

作业可以评价学生的学与教师的教。❶ 作业可以反映出学生的学习行为，这可以作为教学评价的重要依据。学生的学习效果在很大程度上与其学习行为是密切相关的。教师的教学行为需要通过影响学生的学习行为才能最终作用到学生的学习与发展。因此，"以学论教"主要需要从学生在课堂教学中所表现的行为特征，比如学习行为的针对性、能动性、多样性和选择性等方面来设计指标进行相应的评价❷（表 7-1）。

表 7-1　"以学评教"的特征、内涵及评价指标❸

学习行为特征	学习行为特征的内涵	评价指标
学习行为的针对性	学习行为与教学的目标、内容、条件及学情是匹配的	满足学习目标实现的需要、符合学习内容特征、切合学生的学情、基于教学条件的可能
学习行为的能动性	学生主动参与学习活动并积极进行内部信息加工	参与学习活动的积极性、内部思维过程的能动性、学生的参与度
学习行为的多样性	采用与多种教学目标、内容、条件相适应的多样的行为	符合多种学习目标实现的需要、符合多种学习内容的特性、适应教学条件的可能
学习行为的选择性	学生可根据自己的学情进行学习行为的选择	学习行为切合不同学生的学情

首先，通过作业可以对学生学习行为的针对性进行评价。学生的作业情况可以反映出学生的学习行为与教学目标、内容、条件以及学情等的匹配程度。作业内容的难度与学生完成作业的准确率可以作为其评价标准，在难度适中的前提下，学生作业的准确率越高，说明学生学习的针对性越强，同时以此也可以判断出学生对教学内容的掌握情况。其次，通过作业可以对学生学习行为的能动性进行评价。学生完成作业的投入情况可以反映出学生参与

---

❶ 许晓莲. 高中数学作业有效性问题研究 [D]. 武汉：华中师范大学，2015：67.
❷ 陈佑清，陶涛. "以学评教"的课堂教学评价指标设计 [J]. 课程·教材·教法，2016，36（1）：45-52.
❸ "以学论教"与"以学评教"表述不同，但在内涵、评价维度等方面二者具有内在的一致性。

学习活动的积极性，完成作业的内容可以反映出学生内部思维过程的能动性，学生完成作业的量可以反映出学生的参与度。再次，通过作业可以对学生学习行为的多样性进行评价。对同一学习目标与内容，同一个学生可能会有多种思路与做法。作业结果中，学生是否能用多种方法解决同一问题，可以反映出学生的学习行为是否具有多样性。最后，通过作业可以对学生学习行为的选择性进行评价。作业是教师针对大部分学生的学情而预设的学习任务，未必能适合全部学生。学生在完成作业的过程中是否能够根据自己的情况对作业内容有所取舍、对自己掌握不够熟练的内容自主进行强化，可以反映出学生学习行为的选择性。

四、"作业中心教学"教学模式的设计

"作业中心教学"是指所有的教学活动都围绕作业进行的一种教学模式，其目的是为了以作业为载体践行"学习中心教学"的教学理念。如果说"学习中心教学"是一种教育理念，那么"作业中心教学"可以看作"学习中心教学"的具体化的实施模式。因为理念的认识可能会在实践中出现较大的偏差，但如果从形式上进行改变，则会更大程度地促使教师围绕作业着力，从而更大程度地突出学生在学习过程中的主体地位。"作业中心教学"由于其教学次序的翻转以及教学重心的变化而需要采用新的教学模式。首先，学生需要完成教师设计的作业，这是前提。其次，教师需要对学生的作业进行批改、评价与反馈。这是教师了解学情的重要途径，也是促进学生进行学习反思的重要手段。再次，在课堂中，教师在了解学情的基础上，就作业中出现的问题引导学生展开讨论，并引领学生达到更高层次的学习目标。最后，教师围绕作业就学与教的情况进行反思和评价，优化下一环节的教学活动。可以用"边做边学—了解学情—课堂交流—反思评价"来概述这一流程。这一流程与陈佑清教授提出的"两段三环节"[1]的教学结构是并行不悖的，可以将其看作一种与"作业中心教学"教学模式相契合的教学环节。

---

[1] 陈佑清."学习中心课堂"教学过程组织的逻辑及其实现策略［J］.全球教育展望，2016，45（10）：40-47.

(一) 利用"边学边做"实现"先学后教"

作为"作业中心教学"的教学模式的形式上的第一个环节,"边学边做"是利用作业辅助学生进行课前学习的主要方式,是将"学"放在"教"之前的重要举措。如果说传统的作业是一种"复习案"或"预习案",那么该模式下的作业则是一种"复习案"与"预习案"相融合的"学习案"。为了减轻学生的学习负担,作业设计中同时融入了对旧知识的巩固与深化以及对新知识的预习等多重目标。融入旧知识是为了与上一个学习环节做好衔接,促进新一个学习环节的开始。一方面,旧知识往往是新知识的基础,巩固旧知识有利于在课前帮助学生弥补旧知识掌握的不足,为新知识的学习奠定基础。另一方面,旧知识中涉及的缄默知识更可以为新知识的学习提供能力迁移的可能。因此,作业中融入一定比例的上一个环节遗留或升华的问题,或者与新知识相关性较强的旧知识,既是对以往所学知识的巩固,又为新知识的学习奠定基础,起着重要的承上启下的作用。而作业中作为"预习案"的部分更是作业的重心所在。教师依据课程标准和学生的情况,为学生设计"合适的"任务。学生通过结合以往知识的学习、通过课本学习等方式结合教师通过作业文本进行的引导进行自主学习。从建构主义的视角来看,对于相应的知识,学生首先自主地结合自己的认知与经验进行了建构,教师后续的"教"是建立在此基础上的,是"二次建构"的过程,也是学生固化或者调整自己已经建构好的知识体系的过程。这在一定程度上避免了因教师先入为主的引导而导致学生学习的被动。值得注意的是,教师在作业设计时要注意作业内容的开放性,以免因约束性过强而导致学生进行虚假的自主学习,从而使得"先学后教"失去其应有的作用。

(二) 通过"了解学情"实现"依学定教"

"了解学情"是"作业中心教学"的教学模式的第二个环节,是教师通过作业辅助和作业批阅了解学生学习情况的过程,其目的是为课堂教学提供决策依据,以促使课堂教学更有针对性。作业设计是教师对学生学情的预设,而"了解学情"则是对预设进行验证的过程。作业是由学生自主完成的,而为学生提供适切的辅助也是必要的。学生在完成作业的过程中,如果遇到问题可以向教师请教，教师为学生提供适当的帮助。在此过程中，教师可以深入了解到学生可能遇到的困境或者认识上可能出现了哪些误区。这是教师从细节入手深入了解学生学情的途径。在作业批改和评价的过程中，教师可以采取抽样批改或者全批全改的方式批阅作业。学生对知识掌握的情况、学生的心理变化情况等都会在作业中有所体现。教师深入了解和挖掘这些情况和变化的原因有助于教师深刻了解学情，从而在教学中采取相应的措施优化教学效果，提升学生学习的积极性。通过对大部分的或者不同层次的学生的作业情况的了解，教师可以比较全面地了解学情，了解不同层次学生的学习现状及需求，在教学过程中为不同层次的学生分配不同难度的问题，提升学生参与课堂活动的积极性。此外，教师还可以采取面批面改的方式批阅学生的作业。在这种批阅方式中，教师与学生可以围绕作业进行深层次的对话，教师可以通过语言交流的方式真实和大容量地了解学生的学习情况，同时可以从学生的言语、表情中解读学生的情感现状，这在拉近师生距离的同时可以为教师提供更加翔实的材料，供教师精准地进行学情分析。

（三）结合"课堂交流"实现"多学少教"

"课堂交流"是"作业中心教学"教学模式的第三个环节，是教师显性地实施"教"的时机。然而，教师的"教"需围绕作业也即学生的"学"进行。以"作业为中心"的课堂交流可以将课堂的焦点引导到作业中来，师生交流的对象是作业，而作业正是学生学情的体现，是学生学习中所发现的问题的载体。因此，这是一种强制教师关注学生的手段和凸显学生主体地位的策略。交流是两个主体间相互作用与相互理解的过程，在交流活动中会有一半的机会甚至时间是留给学生的，加上学生的作业时间，可以从时间上实现"多学少教"。交流的主题是围绕作业中呈现的问题进行的，这些问题是基于学生的先前学习而产生的，融合着学生的思想与认识。因此，交流活动实质上是围绕学生的学习进行的，这在内容上也可以促进"多学少教"的实现。在课堂交流的过程中，教师可以将学生在作业中呈现的问题归纳为几个主要的议题，引导学生围绕议题进行讨论和交流。这样可以使课堂的重点聚焦于学生的需求，并且在交流过程中，还可以利用同辈群体的作用即用学生熟悉的、容易接受的方式帮助存在问题的学生实现难点的突破。在课堂交流过程中，教师注重激发学生的表达愿望，鼓励学生用"学科化"的语言和逻辑表达自己的疑问和观点，以此培养学生的学科素养。在交流过程中，教师也可以注重提升学生成果的展示形式的丰富性。丰富的成果承载着更多的方法与思维，可以在课堂交流中增加学生的"输入"和"输出"，拓展学生的思维。

（四）注重"反思评价" 实现"以学论教"

"反思评价"是"作业中心教学"教学模式的最后一个环节，是指教师针对前三个环节的实施进行反思，并通过对学生的评价实现自评的过程。通过反思评价可以帮助教师多回顾、多反思和多关注学生，以促进后续学习活动的顺利进行。教师的理念和能力等信息在一定程度上是可以通过学生的行为展现出来的。学生的行为可以作为外界评价教师的指标，更可以作为教师进行自评的依据。教师是最能观察到学生行为的"记录者"，也是最能感受到学生行为变化特点的"见证者"。通过了解学生的学习行为，可以帮助教师深入了解学情，也可以了解自己在学生学习活动中所起到的作用和影响。在此基础上对自己的教学行为进行的反思才是源于现实的，也才是最能促进教学优化与教师自身发展的。首先，教师应该反思自己所设计的作业是否满足学习目标、是否符合学习内容特征和是否切合学生的学情等，通过分析自己的预设是否能促进学生行为的针对性来对自己的作业设计以及设计的能力进行评价。其次，教师可以反思完成作业和课堂教学的活动中，学生参与学习活动的积极性、学生内部思维的能动性和学生参与学习的程度等学生学习行为能动性的特点实现对自己组织策略的评价。再次，教师可以通过学生在作业和课堂中所表现出的行为丰富性而判断学生进行深度学习的程度以及判断自己引领和启发学生方面的能力。❶ 最后，教师可以通过反思学生作业中和课堂中根据自己的学情进行的学习行为的选择程度来评价自己所设计内容的开放性。

---

❶ 周霞，伍远岳. 深度教学视野下的学习评价 [J]. 教育理论与实践，2020，40（8）：10-13.

"作业中心教学"教学模式是对"以学习为中心"教学理念的具体化的产物，是一种从模式上进行理念实践的尝试。作业设计体现着教师关注学生起点的教学理念，作业过程与作业结果承载着学生的信息，围绕作业进行的课堂交流也是围绕着学生的需求进行的，这些环节都体现着教师对学生的关照。"以作业为中心"的教学模式旨在通过教学模式的变革影响教师的教学行为，引导教师践行"以学习为中心"的教学理念，最终在更大程度上辅助学生实现个性化的和全面的发展。

第八章　中小学生作业设计及监测的数字化转型

教育数字化为基础教育教学变革带来了新的机遇与挑战。在作业设计与作业负担测评方面，也可以结合教育数字化的特点进行作业设计内容、作业设计形式、作业实施、作业评价以及作业负担的测评等方面的转型。

第一节　教育数字化背景下作业设计的转型

作业研究历久弥新。随着信息技术的发展，学者们围绕"在线作业""电子作业""智慧作业"等主题进行了信息化作业方面的相关研究。在早期，学者们主要进行在线作业系统的设计研究（杨秀波，2003；曾杰，2009），近年来，人们开始关注在线作业系统的应用（周刚，2017；胡玉才等，2018）以及电子作业智能信息管理系统的应用（卢鸿等，2010）等研究。也有学者对在线作业的用户体验（曹梅等，2020）、在线作业的设计原则（李娟，2020）以及电子作业的反抄袭策略（付兵等，2013；周小平等，2013）等问题进行了研究。随着信息技术的智能化发展，学者们转向"智能作业"方面的研究。在"智慧作业"的内涵方面，有学者们认为"智能作业"由参与者、支撑平台和实践活动三要素构成，并指出面向教师的作业设计质量提升、面向学生的作业个性化指导、面向课堂精准教学的数据支持和面向区域的作业治理是"智慧作业"的实践方向（柯清超等，2023）。在"智慧作业"的功能及影响方面，有学者指出"智慧作业"在出题、做题、批改与反馈、推送资源和应用场景五个方面对作业活动带来了改变（宋宣，2020）；有学者对作业 AI 自动批改（唐旭等，2023）进行了探究；也有学者对"智慧作业"产生的影响进行了研究，比如智慧作业是否减轻了学生的学习负担（付卫东，2022）、是否减轻了家长焦虑（付卫东，2023）和能否提升学生的幸福感（付卫东，2023）；还有学者对数字化作业的流程再造以及其作用于"双减"的实践与成效进行了探讨（林雷等，2022）。在"智慧作业"的评价和管理方面，学者们对网络校际协作环境下作业互评活动设计（崔向平等，2015）、相关系统的设计研究（柏宏权，2017）以及基于在线作业数据的学习行为投入画像构建（张治等，2021）等方面进行了相关研究；也有学者就数字化驱动作业管理等主题进行了探究（曾素林，2022）。

纵观国内外作业设计相关主题的研究，呈现传统作业设计领域的研究内容较为丰富而信息化作业领域的研究较为薄弱的样态。在信息化作业设计方面，也多以传统的作业理念结合信息技术特点进行系统开发、系统应用、智能推送作业内容和智能评价等方面的研究为主。结合新近数字化手段与人工智能技术进行的相关作业设计研究成果比较有限。特别是在教育数字化背景下，作业的数字化转型是必然趋势。但这方面的相关研究尚处于初始阶段，研究者更多地关注作业内容的数字化呈现和学习资源的智能化推送等应用层面的研究，在作业设计的数字化转型机制等方面，至今未发现公开发表的有价值的相关研究成果。一个可能的原因是，中小学教师更关注作业的实践研究，而理论研究者更关注宏观主题的研究，作业设计往往沦为"熟悉的陌生人"。

党的二十大报告强调要"推进教育数字化，建设全民终身学习的学习型社会、学习型大国"。中小学作业活动是基础教育的重要组成部分，教育数字化背景下中小学作业的数字化转型也已然成为基础教育变革的重要议题。尽管许多学者就信息化作业系统的开发及应用、智能作业的作用机制等进行了相关研究，但与信息化和智能化的特点不同的是，数字化更强调现实世界的"数字孪生"。这赋予了中小学作业以新的价值和功能，也为中小学作业的数字化转型带来了新的挑战。

一、中小学作业数字化转型的价值

（一）作业内容数字化：学习者个性化学习的基础

作业内容数字化是指将作业的文本、图像、声音等内容进行数字化处理，以数字形式进行呈现的过程。当前的作业内容主要是以静态的文本和图像等形式呈现的，纸是主要的内容载体。这既影响了作业内容的丰富性，也限制了作业内容的可选择性。在此条件下，教师难以为学生设计个性化的作业。一方面，教师难以对作业内容进行个性化的选择。尽管当前的作业内容浩如烟海，各种课本资源、教辅内容和网络教学内容等都可以作为作业资源，但在个性化作业的设计中，教师往往需要在资源选择方面耗费较多的精力，甚至需要教师自主开发作业内容。这对教师的工作精力、工作兴趣和工作能力等提出了较高的要求。许多教师往往望而生畏，更情愿直接选取课本所提供的作业内容或者"成题"作为作业内容。另一方面，教师难以进行作业内容的个性化呈现。受作业篇幅和纸质页面的限制，教师为学生提供的作业内容数量和形式都受到了一定的限制。在有限的版面和作业时间内，作业内容的数量过多会造成学生的作业负担，内容过少又难以使作业内容符合不同发展水平的学生。而作业内容的形式受作业内容载体的限制，只能以静态的图文形式呈现，难以更好地激发学生的作业兴趣。

作业内容的数字化有利于从作业属性的表征和作业载体的转化两方面促进作业内容的转型，从而为学习者在作业活动中进行个性化学习提供基本的条件。个性化的学习需要个性化的作业任务和作业内容对学生的学习活动做引导，即在学生的学习过程中要不断为学生推送位于其"最近发展区"的内容和适合学生个性发展的内容。数字化的作业内容在形式方面是多样的，除了传统的静态文本和图像作业，还会有动态的视频、语音等内容。内容的丰富性有利于激发学生的作业兴趣，并通过多通道促进学生对相关知识进行辨识和审视。在作业内容的表征方面，每项作业内容都会被表征属性，为作业内容的知识点、难度、用时和适合情境等方面制作标签，便于教师选用和系统自动推送作业内容。在作业内容的载体方面，数字化的作业内容可以以数字存储设备为载体,通过数字媒介进行传播,这可以极大地为作业内容的选取、传播和使用提供便捷,也为作业内容的个性化推送提供必要条件。多样态的呈现、多维度的表征和便捷性的传输有利于作业设计者对作业内容进行排列组合,以极大地丰富作业内容。

(二)作业实施数字化:学习行为"数字孪生"的过程

作业实施数字化是指将作业的实施过程进行量化处理,以数字形式对作业活动中学生的活动、师生互动、学生与作业任务的互动、学生情绪变化等进行表征的过程。当前学生的作业活动往往可以看作一个"黑箱"。学生完成作业任务和解决作业中遇到的问题的过程是不被记录和呈现的,教师能看到的仅仅是作业的结果。事实上,作业过程才是作业的核心要素所在,它是学生利用习得的知识和形成的经验进行问题解决的过程,除了显性的作业时间、作业任务的选择等信息,此过程还蕴含着学生解决问题时的模型识别过程和图式转化过程,以及学生学习情感的变化过程等。与冰山模型的原理一致,作业实施过程中能捕捉和记录到的显性信息非常有限,更多的隐性信息被深层次地掩盖在学生的作业活动之下,难以被观察和发现。这导致传统的作业实施过程难以被作为了解学生作业情况的有效抓手。教师只能以作业结果对学生的学习进行总结性的评价。同时,由于作业过程的时空与课堂教学不同,教师难以对其进行有效把控。于是作业实施过程往往成为学生自主实施的过程,教师与学生"分裂"地存在着,学生完成作业的过程成为"迷之存在"。这也在一定程度上导致了学生作业信度的缺失。

作业实施过程的数字化有利于从作业任务的适配和学生作业行为的分析两方面促进作业实施的转型,客观地对学生的作业实施情况进行"数字孪生",从而为作业的科学评价提供基础的数据支持。作业数字化转型的一个重要价值就是要促进学生的个性化学习,而个性化学习需要个性化学习资源的支持和个性化数据的收集。个性化学习资源的推送是建立在对学生学习需求和学习兴趣的综合评价的基础之上的。通过对学生作业过程的即时评价,结合先前进行过详细属性标注的作业资源,系统为学生推送难度进一步提升的和更符合学生作业兴趣的作业任务,从而促进作业任务更好地和学生学习阶段、程度、水平、兴趣等相匹配。由于学生的作业行为是通过信息化系统进行的，或者是即时地被系统所记录着的，系统可以通过学生的行为比如学生的作业时间、作业内容的选择、学生对作业任务的关注程度等对学生的作业行为进行分析。每位学生的相关数据是学生个体在作业实施过程中真实"场景"的呈现，可以将学生的作业行为进行细化和分解，也可以通过大数据分析学生的作业行为，从而获得学生学习能力进阶、学习兴趣变化等隐性信息。这有利于破解学生作业过程的"黑箱"，帮助教师直观地了解学习过程中学生心理、兴趣等方面的变化情况，从而对学生的学习情况进行更为准确的了解。

（三）作业评价数字化：为学习者进行多维度"画像"

作业评价数字化是指借助数字化手段，采用多元主体和多元评价方式对学生的作业数据进行多途径的收集和数字化处理，并采用多元评价标准对学生的作业水平、作业表现和学生的学习能力等进行数字化"画像"的过程。传统的作业评价主要是教师对学生的作业结果进行正误判断，偶尔会有教师顺便提出修改意见，也会有教师在作业末尾对学生的作业及学习情况以评语的形式进行评价，以此作为师生交流的一种途径。但大部分时候，教师的作业评价往往停留在正误检查和督促学生完成作业等基本功能的层面，对学生深层次的学习情感、学习态度、学习兴趣、学习水平的变化等情况关注较少。一方面，教师的工作精力限制了教师的作业评价行为。课堂教学需要的备课、讲课等已经耗费了教师的大量时间，这尚且是通过集体教学实施的。而作业评价是针对每个学生的学习情况进行的，即使是简单的进行正误判断也动辄花费教师一到两个小时的时间，如果要对学生的作业过程进行详细的揣摩则需要数倍的时间，这是教师工作所耗费不起的。另一方面，学生作业的评价标准也影响了作业评价的多样化实施。在考试导向的作业设计中，作业评价往往与考试评价相一致，主要以学生对知识掌握的牢靠程度和应用的灵活程度为评价标准，很少涉及学生的学习素养、学习兴趣等方面。于是教师在作业评价中也往往采取单一的评价标准，这导致了作业评价的一元化。

作业评价的数字化转型有利于从多种途径收集学生的学习数据和情感数

据，采用多维评价标准对学生进行评价，并利用数字化手段对学生进行"画像"。这既有利于保证学生"画像"的客观性和真实性，又有利于用更为显性和直观的形式呈现学生的学习样态，从而便于教师对学生实施个性化和科学性的评价。一方面，精准的学生学习"画像"有利于促进教师对自身的教学活动的反思。学生在不同标准下的数字"画像"可以丰富地呈现学生的学习结果和发展样态，甚至动态的"画像"还可以体现学生的变化过程和趋势。这有利于教师通过大数据的视角从多个维度分析自己的教学活动，探究自己的教学活动对学生各方面发展水平的影响机制，从而不断优化自己的教学活动。另一方面，精准的学生学习"画像"有利于为学生提出更适切的学习建议。作业评价的一个重要功能便是对学生的学习行为进行诊断并提出相关学习建议。学生根据智能系统对自己的"画像"分析自己的学习现状，明确自己的优势与不足，从而有意识地优化自己的学习行为。同时，系统也可以结合学生特点，为学生推送适合其进一步发展的学习资源和为学生提出相应的学习策略。

二、中小学作业数字化转型的困境

（一）作业内容"文本化"：作业内容数字转化工作量大

传统的作业内容多以静态的图文形式呈现，尽管许多作业内容已经初步转化为电子文档，但其距离作业内容"数字化"还存在着较大的差距。载体和呈现形式的转变只是数字化的初始阶段和初步的表征，对作业内容的属性进行数字化表征才是作业内容数字化的关键。机器正是通过作业内容的"属性标签"识别作业内容的，因此作业内容"属性标签"的丰富性和精准性在很大程度上会影响到系统对作业内容的识别和判断，从而影响到数字化作业的智能化和个性化的实施。当前"文本化"的作业内容并不具备"属性标签"，这需要在作业内容"文本化"转向"数字化"的过程中投入更多的精力。在此过程中，还应保证作业内容"属性标签"的准确性。

一方面，作业内容杂、数量大，这极大地增加了作业内容数字化的工作量。中小学作业涉及科目多，而且每小节甚至每个知识点都有对应的作业内容。尽管随着信息技术的发展，当前的许多作业内容已经以电子版的形式出现，但出版社基于知识产权的保护，往往仍然只是提供纸质版或者是提供采取保护措施以后的电子版作业资源，而教师自己开发的电子版作业资源也由于教师不愿意将花费精力制作的电子版作业拱手共享。而且作业内容数字化对适合不同学习水平和学习兴趣的作业内容提出了更高要求，这也加剧了对层次性作业和情境化作业等作业的需求。教师和学者等作业内容开发者要围绕相同的知识点进行不同要求和不同应用情境的作业内容开发。

另一方面，如何精准地为作业内容标注难度、特点等表征信息也是作业内容数字化所面临的挑战。当前的作业任务多以静态的文本形式呈现，其属性是隐性的甚至是变化着的。因此需要在作业内容转化成数字形式的基础上，进一步为作业内容标注相应的"属性标签"。这需要相关教师和工作者既要了解该作业任务的知识点归属、难度、学生预计用时等信息，还要初步标注该作业任务的背景特征、形式特征和可能的兴趣匹配特征等。这项工作的工作量是巨大的，而且对相关工作人员对知识的把握能力、教学经验以及学生学习兴趣的预测能力等都有更高的要求。

（二）作业实施"机械化"：作业过程数据不易获取

传统的作业实施多以机械地"完成任务"的样态呈现，这在很大程度上影响了作业活动的丰富性，进而导致学生作业活动的相关数据难以进行全面收集。当前的作业活动往往奉行为主义为圭臬，作业实施往往机械化地采用"刺激—反应"的循环模式，意图通过"练习律"的强化提升学生对知识的掌握程度。在此理念的作用下，学生学习资源的适配性和对学生个性化学习过程的关注往往被掩盖在学生的机械作业活动中。而这两方面也正是作业实施数字化的重要组成部分，同时其也是作业实施数字化的难点。

作业实施理念的"机械化"导致作业设计者和作业管理者无需记录和分析作业内容与学生学习需求的适配性。在"机械化"的作业实施过程中，作业设计者意图让学习者去"适应"自己的作业，如果学习者不能完成相应的任务则说明其没有掌握相应的知识，需要进行新一轮的"学习—理解—应用—评价"。作业实施的流程中只有"达标"和"未达标"两条程序执行的路径，作业设计者不需了解作业内容和学习者需求的契合性，只需关注学习者完成作业任务的结果即可。因此，作业设计者和作业管理者只需关注作业实施的"两端"即作业内容的设计和作业结果的评价，即可以此为依据不断促进作业活动形成"闭环"，从而"高效"地运行起来。于是作业实施过程成为了不断使学生发展最终实现"达标"的过程。

作业实施手段的"机械化"也导致了作业实施过程中作业设计者和作业管理者难以进行学习者学习行为的记录和分析。获取数据手段的多样性有利于为学情分析提供丰富的数据支持，从而促进作业管理者对学生进行更为客观和全面的了解。然而，受工业时代"效率主义"的影响，作业实施摒弃了面对面的交流、通过观察获取信息等途径，而"简化"以纸为媒介以静态的图文为形式，教师和学生在不同空间进行着延时互动。这导致教师难以获取更为丰富、更为真实和更为即时的数据，从而失去了记录和分析学习者行为的载体。同时，师生交流的途径和载体也受到了较大的限制，也即在作业实施过程中，语言和行为等其他感官的交流和表现形式不被广泛使用，学生主要通过文字和符号来进行问题解决过程的呈现，而教师则从这种呈现结果中"揣摩"学生的学习过程，而非通过数据去进行精准的分析。

（三）作业评价"单一化"：学习者画像不够真实

传统的作业评价往往采用单一化的评价标准和评价方式，这影响着作业评价的全面性、客观性和科学性，极大地影响着对学生学习情况进行数字画像的精准性。作业实施的数字化转型为作业评价提供了丰富的数据资源，然而如何使用这些数据则需要科学的评价体系作支持。评价的理念影响着评价的目的和功能，评价的方法影响着评价的科学性，评价数据的收集过程影响着评价的信效度，评价要素的选择影响着评价的取向。这需要作业评价突破当前"单一化"评价的样态，采用多元的评价主体、多样的评价方法、多通道的数据收集途径、多维度的评价标准来保证作业评价数字化转型的顺利实施和保证作业评价数字化的效能。

作业评价数据收集的"单一化"影响着评价数据的真实性。受作业实施的影响，教师对学生作业进行评价的载体比较单一，即教师主要以学生上交的文本作业为对象对学生的学习情况进行评价，而所能获得的也只是通过作业结果所呈现的相关数据。比如教师只能根据选择题的结果判断学生对相关知识点的掌握情况，而该选择题是学生根据自身能力获得的或者是通过排除错误答案获得的，甚至是学生随意填写的，教师无从进行判断。这在很大程度上影响了评价的真实性。同时，学生作业的评价主体也以教师为主，这种"单一化"的评价主体也可能导致作业评价受单一评价主体价值取向或个体评价素养的影响，导致作业评价带有个人主义色彩，最终影响了作业评价的"信度"。

作业评价标准的"单一化"影响着作业评价的全面性。作业活动是促进学生全面发展的过程，作业评价也应该是对学生学习的整体情况进行的综合评价。但传统的作业评价往往只以学生完成任务的数量和正误等评价学生对相关知识的掌握情况，以此评价学生学习水平的高低，甚至评价者会主观地认为学习兴趣、学习态度与此是呈正相关的。因此在作业评价中，评价者主要以学生知识的理解和技能的应用为评价标准，意图以"单一"评价标准实现对学生的"全面"评价。但显而易见，"单一化"的评价标准只可能对学生的一个侧面进行评价，所得到的学习者"画像"也仅能呈现学生学习情况的一个侧面或横断面，并不能立体、全面和动态地呈现学生学习的真实情况。

三、中小学作业数字化转型的破解路径

（一）建构共建共享的作业内容开发机制

作业内容的数字化需要在作业内容转化、作业"属性标签"制作以及适合不同层次、不同兴趣和不同需求的多样化作业内容开发等方面投入大量的工作，这需要结合数字化特点进行不同作业内容开发主体间的协同开发。

首先，可以通过建构教师与教研组之间的协同开发机制提升作业内容的适切性。学校层面的作业开发主体是教师个体和教研组共同体。以往作业设计往往被认为是教师个体的行为，所以作业内容的选择与开发、作业形式的设计等都由教师个体完成。在作业功能不断被挖掘和作业负担不断被重视的背景下，作业管理过程中也在不断强化作业内容的管理，于是通过教研组共

同体进行作业内容的集体开发模式被重视起来。教研组基于年级的教学进度、全体学生的学习水平等，集合教研组成员的经验和智慧开发作业内容。这有利于突破教师个体的作业观而为学生提供更适合大部分学生发展水平的作业内容。值得注意的是，在教师与教研组协同开发作业的机制中既要注重教师个体进行作业内容设计与集体进行作业内容设计的协同性，又要保持二者的独立性，即在内容的特点方面要注意二者在作业内容的一致性、相关性和共时性等方面的协同，但在作业内容设计的自由度方面要注重为二者提供独立的作业设计空间，以此保证二者能基于自身视角开发作业内容从而避免作业内容"过窄"或"过泛"。

其次，可以通过建构学校与教辅机构之间的协同开发机制提升作业内容的丰富性。一般学校的作业内容开发与教辅机构的内容开发是在不同时空进行的。学校的内容开发主要以学生的学情为依据，在课堂教学前后根据学生的学习进度、学习水平发展等情况进行作业设计。而教辅机构的作业内容开发主要以知识内容的特点为依据，在学期之前就已经按照学科逻辑和知识特点将作业内容提前设计好。而且由于作业内容设计的目的不同，二者的这种作业内容是不被广泛共享的。学校往往不愿意向教辅机构分享自己的作业内容，而教辅机构也往往不愿意完全开放自己的作业内容。可以通过目标共建、利益共享等方式促进二者形成协同开发作业内容的机制。学校发挥自身在作业内容设计方面的主体优势，负责作业设计的计划制订、内容开发和作业内容的检验，并为教辅机构提供相应的数据。而教辅机构则可以发挥自身辅助教学的优势，深入学校了解学生的作业特点及效果等情况，进一步提升作业内容的丰富性、适切性和开放性。

最后，可以通过建构学校与科研机构的协同开发机制提升作业形式的多样性。为了提升作业形式的多样性，学校可以和两类科研机构合作。一类是作业理论研究的相关科研机构。这类科研机构在作业功能和作业形式等方面进行了长期的探究，可以在理论方面为作业设计提供指导。比如上海市教研室多年以来持续关注作业的优化设计，形成了较为丰富的作业设计模式和内容。学校可以和这类型的教育科研机构合作，提出自己的诉求，通过邀请专家和选用资源等方式进行作业内容设计的指导与优化。特别是注重学习作业设计的模式，提升教师作业开发的视野和能力，为学校作业内容的开发提供"源动力"。另一类是教育信息化科研机构。这类科研机构在作业系统的开发和实施等方面有着丰富的经验，可以结合作业内容的特点进行作业形式的多样化设计。学校可以请科研机构的工程师深入学校，了解学校的作业设计需求和学生的学习需求，采用信息化手段不断优化作业内容的形式，使之能更好地激发学生的学习兴趣。

（二）开发智能的作业实施平台

作业实施数字化的核心是促进学生的个性化学习和为作业评价提供可靠的数据。鉴于教师工作精力的有限性和学生作业实施时空的独立性，靠人力难以实现作业实施过程的"数字孪生"。这需要以智能算法为核心的信息化作业平台为载体，记录教师与学生、学生与作业内容的互动信息，最终形成反应学生作业过程的数据。

一方面，可以通过数字化手段为学习者推送适切的学习内容，同时对学习内容和学习者的学习需求进行精准地表征。然而，作业内容的表征的精准性是相对的，而学习者学习需求的表征也是不断变化着的。这需要结合信息化手段，开发数字化的智能作业实施平台。这有利于在优化学生作业方式的同时，可以不断通过智能算法优化作业内容的"属性标签"和为学生精准推送学习内容。作业内容数字化阶段的作业内容"属性标签"的标注只是从作业设计者的视角和经验出发对作业内容所做的初始标注过程，在实施阶段作业内容的"属性标签"需要根据作业内容与不同学习者的多次匹配进行重新标注。可以建构人机协同机制提升作业内容"属性标签"标注的智能化。作业系统真实地对学生的作业行为进行记录，以使其在实践中完成"属性标签"的智能转化和更多属性的智能生成。同时为了提升作业内容和学生学习需求的契合性，还需要在作业实施过程中对学习者的学习需求、学习水平、学习惯、学习兴趣和学习素养等不断进行记录和数字化表征，以便于通过数字化的手段将作业内容属性与学习者学习属性进行比对，从而保证在作业活动中能不断为学习者推送其切实需要的和能更大程度上促进其发展的作业内容。

另一方面，可以通过数字化手段对学习者的学习行为进行详细的记录和精准的分析。学生的作业实施过程需要以智能化作业平台为载体，并且辅助智能终端对学生的作业内容进行录入和对学生的作业行为进行识别。数字化是将现实世界进行数字转化的过程，而在作业实施数字化的过程中，为了能更好地对学生的作业行为进行识别和转化，需要借助信息化手段进行数字化的辅助。学生完成作业内容的方式往往还是借助纸笔进行，要将其进行数字化则需要借助点阵扫描工具进行相关内容的录入和识别。这可以将学生作业的图文内容进行数字化转化，供系统进行识别、记录和分析。与传统作业不同的是，数字化转型下的作业实施过程不仅要收集学生的作业结果，更需要记录学生的作业过程。这需要借助生物识别工具，对学生的作业行为甚至学生的脑电波等进行实时的记录，并利用大数据进行分析，以此更精准地识别学生的作业行为和在作业实施过程中的学习心理的变化。这有利于将学生的作业过程中隐藏在作业结果和作业表象下的作业过程进行数字化转化和分析，以此将学生的作业过程显性化，从而为教师对学生的作业进行更加精准的评价提供依据。

（三）设计科学的作业评价体系

作业评价数字化的目的是为了更全面、客观和科学地对学习者进行评价与指导，这需要科学的作业评价体系作支持，即需要在作业评价主体的协同、作业评价方法综合使用、作业评价标准多重选择和作业评价结果的科学使用等方面进行作业评价的科学设计。

第一，需要进行多元作业评价主体协同评价机制的科学设计。数字化作业的评价主体除传统的教师、学生和家长之外，智能化的作业系统也是作业评价的重要主体。各个评价主体的侧重点不同。作业系统主要对学生的作业结果进行客观评价，并利用作业实施过程中收集的数据分析学生学习能力、学习兴趣等方面的数据进行学生学习素养等隐性能力的评价。教师则是根据系统的评价结果结合学生的课堂学习情况进行学生学情的诊断和学习建议的提出。家长主要根据自己对学生作业过程的观察和基于与学生的交流在系统中对学生的作业态度、作业感知、作业行为等进行评价，这可以弥补机器评价的不足。学生评价则是学生在系统中对同伴和自己的作业进行评价的过程，这有利于从作业实施主体的视角审视和分析作业，完善作业评价的相关数据。

第二，需要进行多种作业评价方法协同使用的科学设计。作业评价的丰富性实施需要丰富的作业评价方法做支持，但多种评价方法的协同使用可能会导致数据过多、过杂，甚至可能会导致评价者"迷失"在数据中。这需要科学地对多种作业评价方法的使用进行设计，使其相互补充，形成客观、全面的数据网络。一方面，要注重质性评价和量化评价的协同使用。在作业评价中既要注重采用量化评价的方法，对作业结果、学生作业过程中能力的发展情况、情绪的变化情况等进行量化分析，又要注重采取质性评价的方法，用观察法和访谈法等对学生作业过程进行深度的了解和用民族志等研究方法对学生作业过程中的行为进行深度阐释，以更好地帮助评价者理解学生的作业行为。另一方面，要注重人工评价和机器评价的协同实施。尽管机器评价是数字化作业评价的主要方式，但人工评价仍需要作为作业评价的重要手段，以弥补机器评价中情感投入的不足和大数据评价中对个体学生作业行为所产生的忽略或误判。

第三，需要进行作业评价结果使用的科学设计。一方面，作业评价结果使用的科学性是建立在评价标准的科学性之上的。作业的数字化转型给作业的多标准评价提供了可能，但相关评价标准必须保证其科学性。基于作业过程中的相关数据，作业评价可以从学生对知识掌握的牢靠程度、知识应用的灵活性、学生学习水平的发展情况、学生学习兴趣的变化情况等维度展开。这有利于作业系统基于系统分析和人工分析的数据，对学习者进行精准的"画像"，直观地呈现学习者的发展现状和呈现其优势与不足。另一方面，作业评价结果使用的科学性需要评价者对相关评价数据进行多元化的应用。作业评价结果既可以应用于教师，使教师基于作业情况了解学情和反思自己的教学活动，又可以作用于学生，使其了解自己在学习活动中的优势与不足。同时，作业评价结果也可以为学生提出适切的学习建议，供学生在后续的学习中参考借鉴。

第二节 教育数字化背景下作业评价的转型[1]

2020年11月，网络上一则"家长退群"事件的话题被炒得沸沸扬扬。内容是一名小学生家长不满教师让家长帮忙批改作业的安排而退出了班级家长群，并称"你们上课不用心教，下课叫我们帮忙批改作业，那我要你们干什么"。部分省市的教育行政部门随即发声，严禁教师要求家长帮忙批改作业。这引发了人们对作业评价主体的热议。有人认为家长太累，也不懂作业评价，作业评价本应该是老师的职责。也有人认为，教师也不容易，家长分担作业评价任务可以帮教师减负，而且可以促进家校共育。那么谁可以成为作业评价的主体呢？这需要回溯到作业评价的功能进行探讨。一方面，这可以从功能论的角度审视作业评价的主体，为当前的作业评价实施提供参考；另一方面，这也有利于结合人工智能技术，丰富作业评价的内涵与功能，为作业活动的信息化实施提供借鉴。

一、作业评价的功能

教育评价一般具有鉴定、导向、激励、诊断、调节、监督、管理和教育等功能。作业评价是教育教学评价的一种具体实施方式，具备评价的基本功能。结合作业评价的特点，作业评价的功能一般表现在督管、反馈和指导三方面。其中，督管功能是导向、监督和管理功能的体现，反馈功能是鉴定、诊断和激励功能的体现，指导功能则是导向、诊断、调节和教育功能的体现。

（一）督管功能

督管功能是指作业评价可以对学生的作业活动起到一定的督管作用。既包括对作业过程直接进行监管的监督功能和管理功能，也包括通过作业结果的督管对作业过程产生影响的导向功能。相对于课堂教学，作业活动是一种学生自主性比较强的学习活动，其活动场域一般在课外，少有甚至没有教师

---

[1] 本部分内容已发表，刘辉，李德显. 谁可以是作业评价的主体——兼论人工智能时代作业评价之变革路径［J］. 当代教育科学，2021（9）：74-79.

和家长的监管。对于自主学习能力较强的学生，其可能会很好地利用这个机会完成作业。而对于大部分学生而言，由于其未形成良好的自主学习能力，在作业活动过程中，可能会出现应付等现象，这会导致作业活动的低效甚至无效。作业评价可以作为一种在缺乏成人监管的情境下保证学生的作业活动质量的途径。学生完成作业后由作业评价主体进行检查，就学生完成作业的数量与质量评判学生是否在完成作业的过程中投入了足够的精力。这是一种结果性的评价，但受评价主体权威的影响，其影响力会渗透到作业活动的过程中。学生的作业过程会反馈在作业结果中，同时，作业结果也可以在一定程度上映射出学生作业活动的过程。比如，通过作业完成的数量可以判断学生是否投入了足够的时间完成作业，而从学生作业书写的认真程度等来看，可以在很大程度上评判出该学生的学习态度。这使得学生在作业活动中，既要从内容上保质保量地完成作业，又要注重作业的形式与细节，以图在作业评价中获得评价主体的好评。

（二）反馈功能

反馈功能是指作业评价可以为评价主体反馈学生的学习信息。一方面，评价主体可以通过作业内容获得学生的学习信息，并对学生进行鉴定和激励；另一方面，学生的学习信息也可以作为评价主体进行相应调节的依据。教师作为作业的评价主体，可以对学生的作业情况进行横向与纵向相结合的评价，通过对比班级学生整体的作业情况和对比学生学习的发展情况对学生做出综合性的评价。这种评价更多地是对学生的学习结果进行的评价，主要以精神激励为主。同时，教师也可以根据学生的作业情况诊断自己的课堂教学效果，并依作业评价情况做出适当的调整。家长作为作业的评价主体，主要可以对学生的学习情况进行纵向的评价。相对教师而言，家长可以较为方便与真实地对学生的学习习惯、态度等进行观察与评价。家长的评价主要是对学生的学习情感进行评价的，是以精神激励为主的，也可以适当辅以物质性的激励。在评价的同时，家长也可以根据反馈信息诊断自己对学生学习干预的效果，并进行相应的调整。学生作为评价的主体，既可以在互评中横向地对比自己与同伴的差距，也可以纵向地评价自己的进步情况。通过自评获得的对自我的认识情况可以作为学生进行自我定位与诊断的重要依据。

(三) 指导功能

指导功能是指以作业评价作为参考依据和手段为学生提供学习的指导。一方面，评价主体以作业评价为依据，对学生的学习进行诊断。另一方面，评价主体也可以就发现的学生问题以作业评价为载体为学生提供学习指导。如果将作业活动看作一种学生用所学知识进行问题的解决或者创作的过程，那么作业的过程与结果中所蕴含着的学生的学习情感、学习方法以及学习结果等信息就可以作为对学生的学习活动进行诊断的依据。教师可以从学生的作业结果中发现学生学业水平及学习能力的发展情况，家长则可以从学生的作业过程中发现学生学习情感的变化，学生也可以通过对比等方式反思自己的学习情况，这是对学生进行诊断的过程。在此基础上，作业评价主体可以对学习者做出指导性和调节性的帮助。比如可以就认知方面的不足、元认知方面的应用以及学习情感的调整等方面为学生提供相关的建议或对学习者的学习环境进行相关的优化。教师、家长与同伴的评价是外部评价，而学生的自评则是内部评价。外部评价往往是基于理论的和经验的，其主要作用于认知与情感两方面，而内部评价则往往是基于学习者个体经验的，其主要作用于学习者自身的元认知方面。

二、谁可以是作业评价的主体

作业活动涉及教师、家长与学生三个群体，他们都可以作为作业评价的主体。其中，教师、家长和同伴对作业的评价是他人评价，而学生对自己作业的评价是自我评价。三个群体在作业活动中各自扮演的角色不同，各自起到的作用也不同。

(一) 教师必须是作业评价的主体吗

教师似乎是最为"合法化"的作业评价的主体。作业是教师设计的，教师最清楚作业设计的意图，在作业评价中也最有能力从作业中获取学生知识掌握等方面的信息。教师可以将作业情况与教学目标进行比对，从中发现教学过程中存在的问题，并借助作业评价过程或课堂教学进行及时的纠偏。相比家长和学生，教师是专业的"施教者"，具备专业的教学知识，因此，其在作业评价中更具专业性和权威性。同时，教师与学生在教学方面的沟通较多，二者之间形成了一种教学活动中特有的话语体系，这有利于二者之间的交流与理解。可见，教师作为作业评价的主体，具备较强的专业优势，其评价的结果也更科学和权威。但在当前大班制教学为主的教学模式中，教师进行作业评价的工作量非常大。以高中数学为例，一个老师代两个班，近百名同学几乎每天都有作业。即使是只对答题的对错进行评价，每天也需要占用教师将近两个小时的时间。这导致教师不可能深入了解每位学生的作业情况，而往往通过部分学生的作业去发现"典型问题"。总的来说，教师作为评价主体可以保证教学评的一体化实施，也有利于通过作业情况调整自己的教学活动，但受教师个人精力等方面的限制，不能在作业评价中进行更为深入和全面的评价，尤其是学生学习情感方面的评价会有所欠缺。

(二) 家长不可以成为作业评价的主体吗

家长是否可以成为作业评价的主体无论是在理论探讨还是社会争论中，都是一个有争议的话题。支持者认为家长可以在作业评价中了解孩子在学校所学的内容、了解学校教学的要求、了解孩子对知识的掌握情况和从作业活动中观察孩子学习情感的样态。这有利于将作业作为家校合作与亲子交流的载体，促进家庭教育与学校教育的融合，促进家长与孩子之间的交流。反对者认为家长大多不具备专业的教育教学知识，在作业评价中会表现出能力不足的情况，而且这会占用家长较多的休闲时间，引起家长的不满。[1] 更主要的是，有研究者基于教育公平的视角审视家长在作业活动中的辅助行为，发现家庭文化资本会影响学生的学业水平，从而引发学生学业差距的加大。中小学生的作业特别是低学段学生的作业基本都是在家完成的，该学生群体在认知与自主学习的能力方面尚处于不完善阶段，因此作业活动需要家长的辅助与指导。而且，家长与学生存在更多的默契，家长作为作业评价的主体，在深入了解学生的学情特别是学习情感方面更具优势。如果因噎废食取消家

---

[1] Aichler, Megan. A Phenomenological Study on the Experiences of Middle-Class Parents Facilitating Homework [D]. Oregon: Concordia University, 2017.

长在作业评价中的主体地位，那么家长将可能将孩子的教育责任全部推卸给学校，这不利于教育合力的形成和家校关系的优化。

（三）学生能否成为作业评价的主体

当前教育教学活动中的学生互评与自评等都是将学生作为评价的主体，作业评价也有自评与互评的方式，可见在作业评价中，学生作为作业评价主体是受到一定程度的认可的。首先，学生可以通过自评纵向地评价自己并通过作业评价更为详细地剖析自己。学生自身最了解自身的学习状态以及自己的作业过程。在作业评价过程中，他可以最为直观地感受到自己作业时间、作业压力以及学习情感的变化，并感知自己对知识的掌握情况。其次，学生可以通过互评进行横向的比较与学习。同伴学习是一种比较有效的学习方式，同辈人群体间存在更多的认同，在学习中学生也更愿意接受同伴的批评并向同伴学习。互评中学生可以通过相同的和自己熟悉的任务观察同学们的学习情况，从而判断自己学习的相对水平，并从同学们的作业中学习到一些好的习惯与思维方法。最后，自评与互评有利于促进学生对学习进行反思和调整。无论是自评还是互评，学生都需要重新回到作业中，反思自己完成作业的过程与推测同学的作业过程，以参考答案和评价标准为依据，发现自己的问题与不足。即使是在互评中，学生也更多地会将同学的作业与自己的作业相对比，从中发现自己的优点与不足。总的说来，学生作为作业评价的主体有利于促进学生作业活动的主体性与互动性，能促进学生的反思性学习，也有利于将作业评价作为一个知识生成的过程，即由学生被动"接受知识"转向主动"创生知识"，[1] 这是家长评价和教师评价所无法取代的。

三、当前作业评价的困境

无论评价主体是教师、家长还是学生，其目的都是促进评价功能最大化的实现。但在当前作业评价的实施中，却存在着现实的困境。主要体现为评价主体自身的局限性、评价向度的浅表化以及评价功能的单一化三方面。

---

[1] 李学书. 从认识论到生存论：中小学作业改革的新取向 [J]. 课程·教材·教法，2013，33（7）：31-36.

（一）评价主体的局限性

作为评价主体的教师、家长以及学生，其本质是人，既具备自然属性又具备社会属性。受工作性质、个人能力等方面的影响，这些评价主体在进行作业评价的活动中，会受到个体时间的有限性、自身能力的制约性和评判标准的主观性等因素的制约，这些都影响着其作业评价的有效实施。首先，评价主体的时间是有限的。作为社会人，其活动的时间是受到严格限制的。教师在工作时间需要安排好自己的备课、批改作业、教研活动以及完成其他事务的时间，否则就可能会影响其正常的教学秩序和家庭生活。家长也有自己的工作时间和休闲时间，作业评价需要其抽取一定比例的休闲时间。学生则需要花费自己的学习时间来进行作业评价活动，这可能导致其学习强度的增加。其次，作业评价受到评价主体能力的制约。受人的个体认知以及教育经历等因素的影响，人与人之间的能力是存在差距的，这会体现在作业评价中。教师进行作业评价的能力较强，但教师间也存在能力的差异。家长间存在的差异较为明显，特别是受家长受教育程度的影响，家长对学生作业的认识与评价会有比较显著的差异。[1] 学生间的差异对作业评价的影响较小，但学业水平与学习能力的差异也会影响到作业评价。最后，作业评价可能受到评判标准的客观性的制约。不同评价主体在评价过程中，难免会受个体主观因素的影响，对评价标准和评价对象产生不同的认识。比如，教师在作业评价中会关注学生的作业过程，从中发现问题，而家长和学生则可能更关注结果。教师在作业评价中对每位学生的态度往往比较客观，而家长和学生在作业的评价中则可能掺杂一定的情感因素。

（二）评价向度的浅表化

受评价主体的能力、评价的导向等因素的影响，当前作业评价的向度呈现浅表化的样态。作业评价主要以正确率、作业速度和作业的认真程度等为主要评价指标，旨在通过作业了解学习者对知识的掌握程度，而缺乏对其认知策略、学习情感以及元认知水平等学习素养方面的评价。有研究者在 16 所

---

[1] Walberg H J, Paschal R A, Western T. Homework's powerful effects on learning [J]. Educational Leadership, 1985, 42 (1): 76-89.

高中调查学生的作业情况，发现教师批改作业一般是为了检查学生对知识的掌握情况，评价标准以答案的对错为标准，没有针对性，也很少涉及学生的情感和态度问题。❶ 这与教师的工作压力、教学观和作业观以及教学评价的导向不无关系。一方面，教师的工作时间有限，不可能通过作业深入地去探究学生的缄默化的学习信息。另一方面，受以考试为主的教学评价的导向，教师更愿意将作业活动看作一次小型的考试，以答案的对错去评价学生。而在家长和学生为主体的作业评价中，受其能力的限制，他们更愿意将答案的正确与否作为作业评价的标准。这导致了作业评价的浅表化。董君（2002）在对作业批改方式的研究中指出，在作业评价的标准方面，美国教师并非按照"标准答案"来统一评判，而主要以学生在完成作业时做出的个人思考和搜集资料所做的努力为主要参考，其中主要看重学生是否能提出独特新颖的观点和是否具有创造性思维。❷ 这对我们进行作业评价有一定的启示。如果将作业看作学生的作品，评价主体除了可以从作品中发现创作者的水平，还可以发现创作者的努力程度和创新程度，❸ 而后者正是当前以素养为导向的教育教学改革中，评价学生学科素养和学习素养的重要依据。

（三）评价功能的单一化

评价具有监管、反馈和指导等多种功能。当前作业评价往往是以分数和等级等为评价形式的终结性评价为主，其主要凸显了作业评价中的监管功能，而在反馈与指导等方面的作用非常有限。这在很大程度上是受教师的工作环境、文化氛围以及教师作业观的影响。一方面，教师要应付学校以及教育行政部门的作业管理。作业由于其经常被当作课堂教学的延伸，因此，学校以及教育行政部门往往重视课堂而轻视作业。作业管理也往往停留在作业批改次数等方面的浅层次的管理层面。❹ 教师受其工作时间与压力的影响，也更愿意"遵循"检查标准，以对错、分数和等级、日期等符号作为自己进行作

---

❶ 许晓莲. 高中数学作业有效性问题研究 [D]. 武汉：华中师范大学，2015：59.
❷ 董君. 论教师的作业批改方式对教学质量的影响 [J]. 化学教学，2002（1）：22-24.
❸ 王瑞霖，綦春霞，田世伟. 以几何画板为作业评价学生数学理解的研究与实践 [J]. 中国电化教育，2012（5）：113-117.
❹ 张丰. 学习设计与作业设计：融汇"教""学"全过程 [J]. 人民教育，2019（23）：47-51.

业评价的痕迹。这在一定程度上可以督促学生完成作业，但却难以对作业进行深层次的挖掘。另一方面，教师在教学中更愿意遵循"经验式"教学模式。所谓"经验式"教学模式是指教师在教学中，相比量化统计和基于证据的教学等教学反馈模式，教师更愿意根据自己的经验对教学结果进行理解、评价与做出决策。这导致教师面对学生的作业情况，往往会对照自己的经验去推测学生做错或不会做的原因，而不是用个案法进行深入探究或利用统计知识进行分析。"没时间"和"没必要"的理由影响着教师的作业评价观，从而也会将其传输给家长和学生，这便导致了作业评价中评价主体往往将作业看作学生学习结果的展示，只需从作业的按时和足额完成中保证学生作业完成的"量"以及从知识层面的对错中评价学生作业完成的"质"。这些都是围绕评价最基本的监管功能进行的，更能促进学生发展的反馈与指导功能却没有得到足够的重视。

四、人工智能时代作业评价变革的路径

无论是作业评价的监管、反馈还是指导功能，其目的都是促进学生的身心发展。虽然教师、家长和学生各自作为作业的评价主体均存在一定的局限性，但是在人工智能时代，教学活动的时间、空间以及师生关系等都发生着相应的革新。[1] 在此情境下，可以综合各评价主体的优势，突破当前作业评价的困境。具体而言，在人工智能情境下，作业评价可以从以下几方面进行变革。

（一）评价主体由简单协作转向深度融合

从他人评价与自我评价，或者自评与互评等提法中可以发现当前的作业评价中，教师、家长与学生都在不同程度地作为作业评价的主体，但评价主体往往是单一的或者是简单协作式的。这表现在一个评价主体对作业进行评价后其他评价主体不再进行评价或只是在前者的基础上进行简单的汇总与分析等方面。这种割裂的或者简单协作式的评价方式容易造成评价主体间责任

---

[1] 肖启荣. 人工智能时代教学变革的"三维一体"[J]. 教育理论与实践, 2020, 40 (13): 61-64.

的相互推诿和评价深度的不足，难以对学生的身心发展进行全面和深入的评价与反馈。多元化的评价主体与评价方式才能促进作业评价的有效性。[1] 借助人工智能，教师、家长和学生将同时作为作业评价的主体，人工智能也可以融入评价主体中，主要可以对学生作业的用时和客观性答案的正确程度进行初步的评判。教师主要从知识的掌握和学生在校的学习情感方面进行评价，家长主要从学生在家学习的有效时间、态度与学习结果等方面进行评价，而学生则主要对照参考答案，对同伴和自己的作业进行评价，同时对自己的作业过程和结果进行反思。这三方面的评价是针对相同的作业而几乎同时地进行的，系统可以对这三方面的评价进行整合，形成对学生的学习和情感等方面的综合性的评价。这种借助人工智能把教师、家长与学生等评价主体进行深度融合的做法有利于减少评价主体花费在客观性知识上的时间，可以在人工智能系统的引导下，将评价主体的评价重心放在能发挥其评价优势的方面，并进行智能化的统计与分析，以更大程度地保证评价主体的评价形成合力，保证评价的客观性，促进学生的发展。

（二）评价向度由知识评价转向素养评价

中小学作业观正从单纯强调发展学生的理性能力、掌握抽象知识，转向重视学生的情感、兴趣和需要等因素在教学过程中的积极作用。[2] 相应地，作业评价也应由知识评价转向素养评价。知识评价即对学生知识掌握的熟练程度进行评价，这是作业评价的基本任务。知识是能力与素养的载体，学生应用知识解决问题的过程可以体现出学生的能力与素养。一方面，从知识的应用中可以评价学生知识应用的能力和学科核心素养的发展情况；另一方面，作业活动是一种学习活动，从学生的作业活动中还可以评价学生的学习素养。素养不是割裂的，无论是学科核心素养还是学习素养，虽然为了研究方便，可能将其分为几个维度，但其本质是一体的。在人工智能学习情境下，系统可以记录学习者的学习行为，通过与大数据和人们根据长期积累的经验进行

---

[1] 田堃. 作业评价如何更有效？[J]. 上海教育科研，2011（7）：85-86.
[2] 卢光辉. 试论中小学作业问题的可能解决之道[J]. 课程·教材·教法，2017，37（8）：116-121.

比对，对学生的学习过程与学习结果进行评价。比如在数学学科的核心素养评价中，系统可以根据答题速度评价学生的数学运算能力，根据解题步骤评价学生的逻辑思维能力和根据解题方法评价学生的直观想象能力。这些信息往往会出现在学生解答同一个问题的过程中，通过对这些信息的累积汇总，则可以比较客观地对学生的学科核心素养进行评价。而在学习素养的评价方面，系统则可以根据教师、家长和学生自己对学生作业过程的描述与评价，从中提炼出学生的认知过程、学习情感以及自身对学习的调节（元认知）等信息，然后通过系统大数据的分析与教师和学习设计师等专业人士的分析，对学生的学习素养进行较为全面和科学的评价。这些信息虽然记录的是学生作业过程的点滴，所分析的也是某一次作业或一段时间作业的情况，但结合区块链和大数据的技术，这些信息将会作为学生学习过程的档案性数据进行留存。这可以实现边记录边评价，并可以作为选拔性考试的重要参考，以此可以真正实现对学生能力和素养的稳定的、科学的和客观的评价。

（三）评价目的由终结性评价转向诊断性评价

虽然终结性评价可以起到一定的导向与反馈作用，但是这种偏向于静态的评价却忽略了学生作为人的主体性。学习者和评价者以评价标准为参照，学习者努力使之成为符合评价标准的"产品"，而评价者利用评价标准选择或淘汰学习者。学习者未能从评价中获得足够的支持，而评价者也未能向学习者提供及时的指导。作业评价的最终目的是为了诊断学习者，一般可以从作业表达、作业过程和学习策略等方面进行分析，从而对学习者的学习进行诊断。❶ 人工智能学习环境可以克服教师等学习指导者的时间与精力等方面的不足，利用信息系统对每位学习者的学习情况进行分析，对学习者的学习细节进行评价并及时为学习者推送相关的辅助学习内容。❷ 比如一个题可能涉及多个知识点，系统可以通过分析学习者的答题思路和过程，将答题过程分解为若干部分。通过分析学习者在该部分的表现、对相关内容的掌握情况

---

❶ 刘辉，李德显. 理解作业：知识分类视角下作业的审思与启示 [J]. 当代教育科学，2020（5）：25-29.

❷ 宋宣，陈俊鹏. 核心素养导向下的"智慧作业" [J]. 人民教育，2020（Z2）：109-110.

和能力发展情况，以此为依据为学习者提供适切的帮助并分析学习者在能力与素养方面的发展特点，为学习者提供下一步学习的建议。这与布卢姆所提出的掌握学习法是相一致的，但与之相比，应用人工智能系统分解问题的目的是为了对学生的学习细节进行分析，从微观的角度分析学生的认知与元认知等方面的发展情况，结合学习者的历史记录，为学习者更为精准地提供帮助与建议。丰富的人机互动将是未来教育的应然样态。❶ 与单纯的人工评价相比，人工智能可以记录学习者的大量学习活动的信息，这可以生成学习者的学习地图，既可以直观地为学习者提供其学习进度等方面的信息，又可以直观地对其能力与素养的发展与现状进行图形化的展示，甚至可以预测其发展趋势。这些都可以为学生未来的学习提供参考，可以为学生下一步的学习指明方向，从而充分发挥评价的反馈与指导功能，促进发展性评价的实现。

第三节　教育数字化背景下作业负担监测的转型

一、中小学生作业负担监测的意蕴

（一）作业负担监测研究是学术发展所需

在"减负"的背景下，作业一直处于"减负"的风口浪尖，人们认为作业是学生学习负担的主要来源之一。许多学者对作为"负担"的作业做了测评以及原因分析。在测评工具的开发与应用方面，陈国明（2017）从作业时间、作业类型、作业难度感受和作业焦虑四个维度构建了作业负担测评指标，调查发现"我国初中生的作业负担总体状况较为合理但存在地区差异，学生的学业成绩显著影响着其作业时间、作业难度感受和作业焦虑"。郭丽萍等（2018）认为，家庭作业是否有益的争论根源是测量工具的选择，单一指标型测量工具的问题是相关变量难以量化，而多维指标型测量工具则纳入了无

---

❶ 陈理宣，刘炎欣，李学丽．人工智能背景下教学形态的嬗变：特点、挑战与应对［J］．当代教育科学，2021（1）：35-42．

关维度，指出未来作业测量工具可以综合已有的测量指标，并融入作业的社会性与创造性等新的测评指标。在作业"负担"的调研方面，许多学者探究了作业成为"负担"的影响因素。郑东辉（2016）通过对 16141 名中小学生的调查发现，"课堂评价较大程度地影响着学生的作业负担，特别体现在作业时间和作业劳累程度两方面"，同时发现，"相比作业难度和结果，作业类型和量对学生的心理负担影响更大，而且学生的作业心理负担随年级的增高而加重"。刘影等（2016）通过对 463 名初中生调查发现，初中生感知到的数学作业质量、控制感和作业情绪均对其作业努力起着重要的影响。作业的影响与作业的功能及本质相关。作业的帮助学生进行知识训练等方面的基本功能使得作业产生正面的影响，而作业是一种需要占用学生时间特别是学生自主活动和家庭生活时间的活动，这使得作业可能对学生个体及所在的家庭产生负面的影响。而作业的内容、类型和难度等也都影响着学生的学习负担。所以，在作业负担的测评中，要同时考虑作业的正向和负向的影响。

在理论方面，中小学作业负担的监测研究有利于促进对作业负担测评的相关研究成果进行梳理、总结与提炼，有助于加深对作业负担相关内涵的认识，在一定程度上缩小各级行政部门、学校与社会人员对作业负担的认知差。同时，在中小学作业负担中着重探究中小学生作业负担的隐性影响因素，引入作业负担的感知、作业兴趣、作业辅助和作业控制等因素，在一定程度上可以为作业负担的研究提供新的视角，并为其引入新的评价维度。

在实践方面，中小学作业负担的监测研究有利于发现"双减"政策在落实过程中遇到的实际问题，特别是作业管理方面存在的问题。同时，中小学作业负担的监测研究所提出的中小学作业优化设计的策略与建议，可以为政府及教育行政部门的作业管理及中小学的作业设计提供参考和借鉴。

（二）作业负担监测研究是"双减"政策的落实所需

1. 教育评价制度变革较缓，引领功能不足

一方面，当前的评价制度变革较缓。我们可以看到，当前教育评价制度中存在一些问题，如评价标准不规范、评价结果过于单一、评价方式较为单一等。众所周知，教育评价是一项高度复杂的工作，其涉及诸多因素，因而需要不断地进行探索和改进。但是，在现实中，评价制度的变革不够及时，改进举措和政策也需要进一步完善和落实。另一方面，教育评价的引领功能有限。教育评价应该在引导教育教学改革和教育发展方向上发挥重要的作用。而在目前的现实中，评价制度并未真正起到引领作用。一方面，评价结果被过度强调，过于注重学生的考试成绩，而忽视教育的全面和综合发展；另一方面，评价的多元性和灵活性不足，无法全面反映学生的特长和潜力。可见，教育评价制度变革需要更多的思考和行动，评价制度和政策需要更加贴近教育实际，促进教育质量的全面提升。同时，在评价过程中，需要注重学生的全面发展，改变过度依赖考试成绩的现状，强化评价的多元性和灵活性。

2. 政策实施力度逐层弱化，影响实施效果

教育政策实施力度逐层弱化，可能会导致诸多不良影响。第一，政策执行效果下降。政策实施需要各级政府部门和教育机构的共同参与和合作，政策执行力度减弱可能会导致相关人员执行力度不足，影响政策的执行效果。第二，政策推动力度不足。教育政策的实施需要全社会的支持和合作，如果教育政策实施力度逐渐减弱，政策的推动力度也会减弱，缺乏必要的社会动力和支持。第三，教育质量下降。政策实施力度减弱可能会导致教育资源匮乏，教育投入减少等问题，进而影响学生的学习和教育质量。第四，教育公平问题突出。政策的实施力度不够会导致教育资源的分配不公，尤其是针对一些弱势群体的教育支持不足，增加教育公平面临的挑战。

3. 政策实施反馈机制不畅，反思功能不足

教育政策实施反馈机制不畅，反思功能不足的表现有以下几个方面。第一是学校反馈不及时。学校作为政策的执行者，应该对政策的实施效果进行监测和反馈。但是由于反馈机制不畅，很多学校的反馈信息存在滞后的情况，影响了政策调整和改进。第二是反馈意见不具体。有些学校对政策实施的反馈意见比较抽象，缺乏具体的数据和案例支撑，对政策制定部门的决策带来困难和不确定性。第三是部门之间沟通不畅。教育政策的实施需要各部门之间协同配合，但是在反馈机制不畅的情况下，部门之间的沟通往往也会受到影响，导致政策实施存在漏洞和问题。

（三）作业负担监测研究是教育发展所需

第一，作业负担监测有利于保障学生身心健康。作业负担过重会影响学生的身心健康，监测作业负担有利于帮助教育管理部门及学校及时发现问题，也有利于帮助教师及时调整作业设计并及时采取措施保障学生身心健康。第二，作业负担监测有利于确保教学质量。合理的作业量可以巩固学生的知识，提高学生的学习效率，监测作业负担可以确保教师及时了解作业中存在的问题及在教学中的问题，以此为依据改进教学方式，提升教学质量。第三，作业负担监测有利于提高教育公平。作业负担过重会给一些学生增加不必要的负担，甚至引发微观层面的教育公平的落实。通过作业负担监测有利于帮助教育管理部门及时发现教育均衡发展方面可能存在的问题，及时提出相关建议，促进教育公平并保障不同学生的学习权益。第四，作业负担监测有利于优化教育教学资源。监测作业负担可以发现教育教学资源的不足或浪费情况，从而优化教育教学资源的分配和利用。第五，作业负担监测有利于促进家校合作。作业负担过重会给家长带来不必要的焦虑和负担，监测作业负担可以促进家校合作，增强家长对学生作业和学习的支持和理解。第六，作业负担监测有利于提高学生学习动力。过多的作业会降低学生的学习动力，监测作业负担可以减轻学生的学业负担，提高学生的学习动力。

二、中小学生作业负担监测的主体

作业负担的监测主体包括学校和教育行政部门、教师、家长、学生等。

（一）学校和教育行政管理部门

学校和教育行政管理部门是作业负担监测的主要责任机构，负责对学生作业负担情况进行监测、评估和管理。相比而言，二者的管理范围和管理的精细程度不同。教育行政管理部门主要负责其教育管理范围内的中小学校的整体的作业情况，比较宏观。而学校则主要关注自己内部各个班级的作业情况，相对微观。但相比学校的作业管理，教育行政部门的作业管理更具有导向作用。比如教育部发布的"减负"通知、提升基础教育教学质量的通知等对作业设计提出了相关建议,这类建议比较抽象,但对不同学段、不同学科的作业都有积极的指导意义。同时,这也是地方教育行政部门和学校制定作业管理制度的重要参考依据。而学校对作业的管理更为微观和具体一些。

(二)教师

教师是作业负担监测的主要执行者,负责监测学生作业负担情况,并根据情况进行调整和改进。教师是作业的设计者和评价者,也是作业负担监测的主要责任人,因为从教师层面才能更好地感受到作业的数量以及难度对学生造成的影响,也才能从更专业的角度反馈作业负担的情况。

(三)家长

家长是作业负担监测的重要参与者,可以向学校和教师反映学生作业负担情况,并提供家庭环境等方面的信息。家长是学生校外作业的监管主体,从家长的视角可以比较客观地反映学生用于作业活动的时间、学生作业中的状态变化和更好地倾听学生对作业的感受。家长作为成人,可以帮助学生更好地进行作业负担的反映。

(四)学生

学生是作业负担监测的重要参与者,可以通过自我评估、反馈意见等方式参与作业负担监测。"春江水暖鸭先知",学生是作业实施的主体,也是作业负担的承受者。学生所能表达和表现出的样态才能更客观和直接地反映作业负担。一方面,可以通过学生自身反馈从中了解学生的作业负担;另一方面,可以通过观察学生作业中的样态从层面了解作业负担。

以上主体应当协同合作,共同监测、调整和改进学生作业负担,以保障学生身心健康和保证教学质量的提高。

三、中小学生作业负担监测的指标

学生作业负担监测的指标有很多,结合学者们的研究和学业负担的评价指标，一般可以包含以下内容。第一是作业量和难度。即监测学生每天、每周的作业量和难度，包括上课笔记、课后作业、考试复习等。第二是作业完成质量，即监测学生作业的完成质量，包括作业的正确率、准确度、全面性等。第三是作业效率。即监测学生完成作业的时间和效率，包括作业完成时间的长短、作业完成速度等。第四是学生作业活动中的身心状态。即监测学生的身心状态，包括精神状况、生理状况、情绪状态等。第五是家庭环境，即监测学生的家庭环境，包括家庭成员、家庭经济状况、家庭文化氛围等。第六是教师教育水平。即监测教师教育水平，包括教师教学质量、授课方式、教学内容等。第七是学校作业管理。即监测学校的作业管理情况，包括学校对作业质量、作业设置、作业资源的管理等。第八是学生作业心理状况。即监测学生作业活动中的心理状况，包括学习压力、学习动力、自信心等。以上指标可以通过教师观察、家长反馈、学生自评、问卷调查等方式进行监测和评估，帮助学校和家长及时发现学生作业负担过重的问题，采取相应的措施加以改善。

四、中小学生作业负担的预警机制

作业负担的预警机制旨在监测、分析和评估学生的作业负担情况，及时发现并解决可能出现的问题，以确保学生的身心健康和学业发展。一般通过指标建立、平台建设、机制建构、实施和反馈等流程建构。

（一）确定作业负担的标准与指标

可以参考已有的相关文献和政策规定，如教育部颁布的《中小学生课业负担减轻措施实施方案》，明确作业数量、难度、时长等方面的具体要求。

作业时间可以作为一个重要指标被监控。因为作业数量过多往往会增加学生的作业时间，而作业难度过大同样也会增加学生的作业时间。而相比作业数量和作业难度，作业时间更为显性，也更容易获取相关数据。因此，可以以"小学生每天的作业时间不超过60分钟，初中生不超过90分钟，高中生不超过120分钟"为标准，也可以以Cooper提出的"十分钟规则"为标准。❶ 当然，作业时间不能作为作业负担的唯一变量。作业数量和作业难度也需要作为独立的变量存在。这可以避免因学生发展水平影响作业时间而造成的误判。可以结合学生发展的整体水平设定一个作业数量和作业难度的区间阈值。在学生作业情感方面，也要设定相关指标，比如学生在作业活动中的兴趣发展情况、学习意志方面的表现等。这有助于从学习者个体的主观心理感受方面进行测评，以实现作业负担的全面性。而随着信息技术的发展，捕捉学习者学习行为的设备也将普及，这也为作业负担测评指标的丰富提供了极大的拓展空间。

（二）建立作业负担监测平台

可以利用学校信息化建设的资源，开发相应的软件或应用程序，实时监测学生的作业情况，也可以通过问卷调查、课堂观察等方式收集数据。

平台主要进行下列数据监测。第一是进行作业量统计。系统每周、每月统计学生的作业量和完成情况，通过数据分析找出作业负担较重、完成率低的学生和班级。第二是了解学生的家庭背景。学校可以通过家校联系、问卷调查等方式了解学生的家庭背景，了解学生家庭中是否有其他时间和精力占用的事情，从而调整作业量和作业内容。第三是结合教师日常记录分析学生的学习行为。教师可以在日常教学中观察学生的表现、情绪和身体状况，及时发现学生是否存在作业负担过重的情况。第四是建立学生心理健康档案。系统可以建立学生心理健康档案，及时记录学生心理状况变化，为学生提供心理咨询和支持。第五是建立师生互动平台。学校可以建立师生互动平台，让学生能够随时向老师反映自己的状况和困难，老师也能够及时回应和解决问题。第六是加强家长参与。学校应该加强与家长的联系和沟通，让家长了解学生的学习和生活状况，及时发现学生可能存在的问题和困难。第七是建立学生作息规律档案。学校可以建立学生作息规律档案，记录学生的作息时间和习惯，为学生提供相应的指导和帮助。

---

❶ Cooper（2001）提出了一个"十分钟规则"的标准，即在低年级规定一个作业时间量的基础上，每升高一个年级，学生完成作业的时间增加10分钟。比如一年级学生完成作业的时间是10分钟，那么二年级的学生的作业时间便为20分钟，以此类推。这个规则在美国已被许多学区和学校采用，作为作业管理的标准之一。

（三）制定作业负担预警机制及实施

收集数据的目的在于分析和提出预警。可以根据监测数据，制定相应的预警指标和标准，建立预警机制，及时发现学生的作业负担问题，并针对性地制订措施和计划，优化作业安排和计划，减轻学生作业负担，提升学生的学习效能。

无论是作业时间、作业难度等客观因素，还是作业兴趣、作业意志等主观因素，都需要构建一个阈值，以方便系统进行分析和提出预警。尽管作业负担监测系统具有智能化的特点，但作业负担的预警阈值仍然需要人工设定。特别是在系统运行的初期，这个值只能由人工进行预设置。因此，在预设置前可以结合先前学者们的研究以及实地调研进行该值的确定，而在系统的算法设计中，也应该加入结合学生学习数据进行该值的动态调整的功能。在此基础上，系统对每个学生的作业情况进行分析，对超出学生个体可承受的作业负担的作业行为提出预警，供学生自查以了解和反思自己的作业情况和学习情况，同时向教师提出相关预警信息，供教师对作业情况和教学情况进行反思。当然，作为作业管理者的学校和教育行政部门也会从系统中得到预警信息的反馈，特别是以班级或学校为单位获得整体性的信息，以此在教育管理层面为教师作业设计提供指导和实施督管的依据。

（四）评估和反馈

评估和反馈是不断在实践中优化和完善作业负担评价机制的重要手段。定期对作业负担预警机制进行评估和反馈，收集学生和家长的意见和建议，不断完善和优化机制和措施，可以保证其有效性和可持续性。

学生的作业负担是动态变化着的，作业活动本身也受教育教学变革、教育群体的情感变化等因素而在不断地变化着，这导致学生的作业负担在不同时期会呈现较大的差异性。此外，随着信息技术的发展、教育行政部门和政府对作业认识的变化，作业负担的测评内容、测评标准以及负担的阈值等都可能会发生较大的变化。这就要求我们不断地对测评机制进行更新和完善，做到"与时俱进"。当然，预警机制在设计方面也可能会出现一定的缺陷，这需要在不断的应用中，收集学生、家长和教师等方面的反馈信息，对学生负担的系统分析结果进行检验，以不断提升系统测评结果的信度和效度。同时，可以结合相关反馈信息为作业负担的优化提出相关的建议。反馈信息中除部分信效度的检验信息和使用满意度等信息之外，更多的是不同群体对作业本身所产生的反应。可以结合不同主体的需求和建议为作业的优化设计、优化管理等提出相关参考意见，供教师和学校等主体参考和借鉴。

参考文献

[1] 艾兴，王磊．中小学生学业负担：水平、特征及启示［J］．教育研究，2016，37（8）：77-84．

[2] 艾兴．中小学生学业负担：概念、归因与对策——基于当前基础教育课程改革的背景［J］．西南大学学报（社会科学版），2015，41（4）：93-97．

[3] 蔡连玉，金明飞，周跃良．教育数字化转型的本质：从技术整合到人机融合［J］．华东师范大学学报（教育科学版），2023，41（3）：36-44．

[4] 蔡紫媛．CTCL范式下小学数学个性化作业设计的实验研究［D］．上海：上海师范大学，2023．

[5] 陈罡．作业研究：从教学内容到学习经历——基于作业负担为中心的视角［J］．教育理论与实践，2019，39（14）：50-52．

[6] 陈国明．三省市初中生家庭作业负担研究［J］．全球教育展望，2017，46（6）：100-115．

[7] 陈丽华．教育质量监测中的学业负担概念厘清与指标建构［J］．当代教育科学，2017（8）：62-65．

[8] 陈丽华．中小学生作业负担监测机制思考［J］．人民教育，2021（Z1）：19-21．

[9] 陈琼．寄宿制学校初中生数学课外作业负担研究［D］．长沙：湖南大学，2017．

[10] 陈廷柱，管辉．教育数字化：转型还是赋能［J］．中国远程教育，2023，43（6）：11-18．

[11] 陈向东，褚乐阳，王浩，等．教育数字化转型的技术预见：基于AIGC的行动框架［J］．远程教育杂志，2023，41（2）：13-24．

[12] 陈小川. 初中数学课外作业负担状况调查研究 [D]. 成都：四川师范大学，2015.

[13] 陈云龙，翟晓磊. 教育数字化转型的构想与策略 [J]. 中国电化教育，2022（12）：101-106.

[14] 程莉莉. 教育数字化转型的内涵特征、基本原理和政策要素 [J]. 电化教育研究，2023，44（4）：53-56，71.

[15] 邓成琼. 中学生学业负担态度量表的编制及其相关问题的研究 [D]. 昆明：云南师范大学，2001.

[16] 方圆媛，黄旭光. 我国基础教育数字化资源的研究现状 [J]. 中国远程教育，2012（1）：32-37.

[17] 高超. 小学教师作业观对学生作业负担的影响机制研究 [D]. 宁波：宁波大学，2014.

[18] 顾跃平. 基于标准的作业设计改进 [J]. 人民教育，2016（6）：40-45.

[19] 郭慧. 小学数学家庭作业多元化设计研究 [D]. 济南：山东师范大学，2015.

[20] 郭文革，黄荣怀，王宏宇，等. 教育数字化战略行动枢纽工程：基于知识图谱的新型教材建设 [J]. 中国远程教育，2022（4）：1-9，76.

[21] 韩映雄. 学生学业负担指数模型构建与应用 [J]. 教育发展研究，2018，38（10）：20-26.

[22] 胡姣，彭红超，祝智庭. 教育数字化转型的现实困境与突破路径 [J]. 现代远程教育研究，2022，34（5）：72-81.

[23] 胡咏梅. 教育要关涉学生的幸福——对减轻中小学生家庭作业负担的思考 [J]. 中国教育学刊，2010（12）：11-13.

[24] 江波，丁莹雯，魏雨昂. 教育数字化转型的核心技术引擎：可信教育人工智能 [J]. 华东师范大学学报（教育科学版），2023，41（3）：52-61.

[25] 解海莲. 关于高中生作业负担问题的教师文化分析 [D]. 重庆：西南大学，2008.

[26] 靳玉乐，张铭凯. 学业负担探究的新思路 [J]. 教育研究，2016，37

（8）：70-76.

[27] 靳玉乐，赵瑞雪．学业负担综合治理的基本理路［J］．内蒙古社会科学，2023，44（1）：186-192，213.

[28] 靳玉乐．学业负担政策的价值重建［J］．西南大学学报（社会科学版），2015，41（4）：81-86，190.

[29] 科恩．家庭作业的迷思［M］．北京：首都师范大学出版社，2010.

[30] 李宝庆，何小妤．义务教育学业负担政府治理的伦理审视［J］．中国电化教育，2023（6）：43-50.

[31] 李臣之，张潇云．论"双减"背景下高质量作业设计［J］．教育科学研究，2023（3）：55-61.

[32] 李锋，顾小清，程亮，等．教育数字化转型的政策逻辑、内驱动力与推进路径［J］．开放教育研究，2022，28（4）：93-101.

[33] 李锋，盛洁，黄炜．教育数字化转型的突破点：智能教材的设计与实现［J］．华东师范大学学报（教育科学版），2023，41（3）：101-109.

[34] 李昊，宋佳．国际视野下教育数字化转型的实践与启示［J］．人民教育，2022（19）：71-74.

[35] 李海峰，王炜．生成式人工智能时代的学生作业设计与评价［J］．开放教育研究，2023，29（3）：31-39.

[36] 李红梅，罗生全．学业负担问题解决的教学效能逻辑［J］．教育发展研究，2014，33（10）：69-74.

[37] 李建伟．家长期望对小学生学业负担的影响［D］．淮北：淮北师范大学，2018.

[38] 李涛．教育数字化转型与智慧教育公共服务体系建设［J］．杭州师范大学学报（社会科学版），2023，45（3）：66-73.

[39] 李祥竹，李刚．"双减"背景下我国义务教育阶段作业设计优化路径研究［J］．教育理论与实践，2022，42（20）：3-7.

[40] 李晓红．小学作业设计的伦理失衡与纠偏［J］．中国教育学刊，2016，278（6）：69-73.

［41］李昕. 韩国：减轻课后作业负担［J］. 人民教育，2016（17）：11.

［42］李永智. 教育数字化转型的构想与实践探索［J］. 人民教育，2022（7）：13-21.

［43］廖北怀，凌杰. 基于学生核心素养的初中数学作业设计策略［J］. 中国教育学刊，2023（S2）：58-60.

［44］林小英. 从学习时空分布的自由闲暇区间寻找减轻学业负担的可能性［J］. 教育研究，2023，44（5）：58-70.

［45］刘丹. 高中生学业负担态度、心理韧性与学习投入的关系研究［D］. 石家庄：河北师范大学，2011.

［46］刘合荣. 学业负担问题缓解：课堂内外的探索与行动［M］. 武汉：华中科技大学出版社，2010.

［47］刘合荣. 学业负担问题研究：从事实到价值的判断与反思［M］. 武汉：华中师范大学出版社，2008.

［48］刘辉，康文彦. 国内深度学习研究的知识图谱——基于381篇中文核心期刊论文的可视化分析［J］. 教育理论与实践，2020，40（1）：50-55.

［49］刘辉，李德显. 初高中学段衔接问题的破解路径［J］. 教学与管理，2020（7）：8-10.

［50］刘辉，李德显. 理解作业：知识分类视角下作业的审思与启示［J］. 当代教育科学，2020（5）：25-29.

［51］刘辉，李德显. 谁可以是作业评价的主体——兼论人工智能时代作业评价之变革路径［J］. 当代教育科学，2021（9）：74-79.

［52］刘辉，李德显. 指向学会学习素养的中小学作业如何设计［J］. 天津师范大学学报（基础教育版），2022，23（5）：18-23.

［53］刘辉，李德显. 中小学教师课程能力缺失的表征、归因与救赎［J］. 当代教育科学，2019（11）：47-51.

［54］刘辉，李德显. 中小学作业的异化及回归［J］. 天津师范大学学报（基础教育版），2021，22（4）：1-8.

［55］刘辉，李德显. 中小学作业设计变革：目标确认、理念建构及实践路

径［J］．当代教育论坛，2022（1）：97-108．

[56] 刘姣，朱娅梅．教学效能对学业负担影响的元分析［J］．教育发展研究，2018，38（10）：27-31，59．

[57] 刘三女牙，郝晓晗，李卿．教育数字化转型的中国道路［J］．中国电化教育，2023（1）：52-61．

[58] 龙宝新．中小学学业负担的增生机理与根治之道——兼论"双减"政策的限度与增能［J］．南京社会科学，2021（10）：146-155．

[59] 娄立志．关于学生学业负担：20世纪世界教育改革的启示［J］．教育理论与实践，1999（5）：28-31．

[60] 娄立志．关于学生学业负担的理性思考［J］．教育理论与实践，1999（9）：21-26．

[61] 罗建河，谌舒山．"双减"背景下作业设计：理据与路径［J］．当代教育科学，2022（4）：52-60．

[62] 罗生全，李红梅．学业负担的社会机制［J］．教育发展研究，2014，33（24）：45-50．

[63] 罗生全，孟宪云．学业负担与教学效能的关系——数理分析与学理确证［J］．教育研究，2016，37（8）：85-91．

[64] 罗生全，赵佳丽．学业负担调查：问题表征与消解策略［J］．课程·教材·教法，2018，38（8）：62-67．

[65] 罗生全．着眼于教学效能与学习效能提升的学业负担问题解决［J］．教育发展研究，2018，38（10）：3．

[66] 马健生，吴佳妮．为什么学生减负政策难以见成效？——论学业负担的时间分配本质与机制［J］．北京师范大学学报（社会科学版），2014（2）：5-14．

[67] 马陆亭．系统解决中小学生学业负担过重问题［J］．现代教育管理，2019（5）：1-5．

[68] 马志颖，阚兵．教育数字化转型下的教学时空：价值、博弈与重构［J］．当代教育科学，2023（4）：63-71．

［69］梅俊生．中小学生学业负担过重问题的经济学思考［J］．教育与经济，1997（3）：43-46．

［70］孟宪云，刘馥达．走向具身教学：学业负担问题消解的逻辑与路径［J］．课程·教材·教法，2022，42（2）：73-79．

［71］孟宪云，罗生全．改革开放以来学业负担政策文本的定量分析［J］．上海教育科研，2014（5）：9-13．

［72］钱士宽，郭斌．作业设计应把握好四个"度"［J］．中国教育学刊，2011（4）：85-86．

［73］全晓洁．教师认知学业负担的逻辑理路及优化策略［J］．教育理论与实践，2017，37（20）：49-52．

［74］任升录．数学作业设计与评价［M］．上海：华东师范大学出版社，2009．

［75］尚春香，满忠坤．基础教育学生学业负担过重若干前提问题的辨明［J］．当代教育科学，2019（10）：53-57．

［76］尚俊杰，李秀晗．教育数字化转型的困难和应对策略［J］．华东师范大学学报（教育科学版），2023，41（3）：72-81．

［77］舒杭，顾小清．教育数字化转型的现实基础与行动框架［J］．现代教育技术，2022，32（11）：24-33．

［78］孙闯．减轻作业负担的探究［J］．辽宁教育研究，2000（10）：47-48．

［79］孙涛．减轻初中语文作业负担过重问题的策略研究［D］．石家庄：河北师范大学，2020．

［80］孙颖．以系统思维开展作业设计的研究与实践［J］．中小学管理，2021（10）：31-34．

［81］田爱丽．从文凭获取到职级认证：从社会流动视角看减轻学生过重学业负担［J］．教育发展研究，2018，38（10）：39-43．

［82］田永健，付涛，刘玉武，等．基础教育数字化转型的实践探索［J］．中国电化教育，2022（8）：106-132．

［83］童星．不同家庭背景初中生学业负担的差异分析——基于南京市479名初中生的问卷调查［J］．上海教育科研，2016（9）：32-35，45．

[84] 童星. 多学科视野下学业负担过重的成因及对策研究［J］. 中国教育学刊, 2015（10）: 22-26, 98.

[85] 万力勇, 范福兰. 教育数字化转型成熟度模型的构建与应用［J］. 远程教育杂志, 2023, 41（2）: 3-12.

[86] 王宝剑, 熊莹莹. 国外作业研究及其对我国作业设计的启示［J］. 教学与管理, 2010（19）: 78-80.

[87] 王博. 减轻学生学业负担的政策工具选择与体系设计［J］. 中国教育学刊, 2014（4）: 38-42.

[88] 王绯烨, 刘方. 从课外时间分配看学生学业负担——我国初中学生学业负担的实证研究［J］. 教育发展研究, 2018, 38（10）: 32-38.

[89] 王福强, 解素女. 新课程理念下的作业设计、试卷命制与评阅［M］. 天津: 天津教育出版社, 2010.

[90] 王录录. 保定市区四到六年级小学生学业负担现状、问题及对策研究［D］. 石家庄: 河北师范大学, 2016.

[91] 王梦倩, 王陆. 教师作业设计改进: 应然性与实然性互动的视角［J］. 中国电化教育, 2023（4）: 91-98.

[92] 王萍, 丁燕. 教育数字化转型的发展趋势与创新策略［J］. 人民论坛·学术前沿, 2023（7）: 109-111.

[93] 王素, 袁野. 国际教育数字化转型经验与策略分析［J］. 人民教育, 2022（Z3）: 50-53.

[94] 王天平. 学业负担的教师认知逻辑［J］. 教育研究, 2016, 37（8）: 92-98.

[95] 王贤文, 周险峰. 学业负担治理研究十年: 回顾与展望［J］. 河北师范大学学报（教育科学版）, 2021, 23（3）: 121-127.

[96] 王月芬, 张新宇. 透析作业: 基于30000份数据的研究［M］. 上海: 华东师范大学出版社, 2014.

[97] 王月芬. 课程视域下的作业设计研究［D］. 上海: 华东师范大学, 2015.

[98] 王月芬. 作业设计能力——未被重视的质量提升途径［J］. 人民教育,

2018（Z2）：58-62.

[99] 毋丹丹，黄爱华．"双减"背景下义务教育阶段学科作业设计的五个关键［J］．课程·教材·教法，2022，42（6）：98-103.

[100] 吴砥，李环，尉小荣．教育数字化转型：国际背景、发展需求与推进路径［J］．中国远程教育，2022，570（7）：21-27，58，79.

[101] 吴永和，许秋璇，王珠珠．教育数字化转型成熟度模型研究［J］．华东师范大学学报（教育科学版），2023，41（3）：25-35.

[102] 夏心军．指向作业设计的教研支持：挑战与应对——兼论落实"双减"政策的教研变革［J］．中国教育学刊，2022（11）：38-42.

[103] 夏雪梅，方臻．作业设计：基于学生心理机制的学习反馈［M］．北京：教育科学出版社，2014.

[104] 谢显东，徐龙海．"双减"政策下小学语文作业设计讲究"四化"［J］．中国教育学刊，2022（2）：106.

[105] 徐碧波，裴沁雪，陈卓，等．国家中小学智慧教育平台推进基础教育数字化转型的现实意义与优化方向［J］．中国电化教育，2023（2）：74-80.

[106] 徐帆，孟宪云．改革开放以来学业负担政策变迁研究——基于支持联盟框架的分析［J］．当代教育科学，2017（10）：68-72.

[107] 徐媛华．关于分层作业设计的思考［J］．教育理论与实践，2008，28（15）：42.

[108] 许晓莲．高中数学作业有效性问题研究［D］．武汉：华中师范大学，2015.

[109] 许晓芸．试论作业设计的评价［J］．上海教育科研，2002（5）：18-19.

[110] 杨现民，吴贵芬，李新．教育数字化转型中数据要素的价值发挥与管理［J］．现代教育技术，2022，32（8）：5-13.

[111] 杨晓哲，王若昕．困局与破局：教育数字化转型的下一步［J］．华东师范大学学报（教育科学版），2023，41（3）：82-90.

[112] 杨伊，夏惠贤，王晶莹．我国学生作业设计研究70年：回顾与展望

[J]．教育科学研究，2020（1）：25-30，54.

[113] 姚便芳，袁小平，陈光珍．有效评价：作业设计与测试命题［M］．天津：天津教育出版社，2011.

[114] 叶蓓蓓，覃颖，滕洁梅，等．教育数字化转型下的基础教育生态系统建构研究［J］．现代远距离教育，2022（06）：3-10.

[115] 殷玉新，郝健健．新中国成立70年来我国学业负担政策的演进历程与未来展望［J］．首都师范大学学报（社会科学版），2019（06）：172-179.

[116] 余昆仑．基于标准的作业设计及有效路径初探［J］．基础教育课程，2018（12）：72-76.

[117] 余昆仑．中小学作业设计与管理如何有效落实［J］．人民教育，2021（Z1）：34-36.

[118] 余胜泉．教育数字化转型的层次［J］．中国电化教育，2023（02）：55-59，66.

[119] 余胜泉．教育数字化转型的关键路径［J］．华东师范大学学报（教育科学版），2023，41（3）：62-71.

[120] 喻平．核心素养指向的数学作业设计［J］．数学通报，2022，61（5）：1-7，12.

[121] 袁文秋．初中语文课外作业负担调查研究［D］．南京：西华师范大学，2020.

[122] 袁振国．教育数字化转型：转什么，怎么转［J］．华东师范大学学报（教育科学版），2023，41（3）：1-11.

[123] 张地珂，车伟民．欧盟教育数字化转型：政策演进、关键举措及启示研究［J］．国家教育行政学院学报，2022（12）：64-71.

[124] 张迪，聂竹明．学校教育数字化转型：驱动要素与推进路径［J］．当代教育科学，2023（4）：54-62.

[125] 张丰．学业负担的实质：学生消极的学习体验［J］．基础教育课程，2020（9）：78-80.

[126] 张锋, 邓成琼, 沈模卫. 中学生学业负担态度量表的编制 [J]. 心理科学, 2004 (2): 449-452.

[127] 张桂春. 关于我国小学生学业负担过重问题的独特审视 [J]. 教育科学, 2000 (3): 13-16.

[128] 张菁, 刘佳悦. 指向教学性的语文教科书作业系统比较研究——兼论统编本作业设计 [J]. 教育学报, 2020, 16 (4): 38-45.

[129] 张民选, 薛淑敏. 共同趋势与建设重点: 教育数字化转型的全球观察 [J]. 中国远程教育, 2023, 43 (7): 21-29.

[130] 张铭凯, 罗生全. 学业负担的政策治理机制 [J]. 全球教育展望, 2015, 44 (12): 70-80.

[131] 张铭凯. 文化治理: 学业负担治理的理念转换与实践路向 [J]. 中国电化教育, 2023 (2): 47-54.

[132] 张铭凯. 学业负担的技术治理: 价值审视、向度剖析与限度澄明 [J]. 电化教育研究, 2023, 44 (4): 26-32.

[133] 张新宇. 作业设计质量要求: 导向性与操作性的整合 [J]. 化学教学, 2016 (1): 13-18.

[134] 张亚飞. 京沪中小学家长的教育参与行为研究 [D]. 上海: 华东师范大学, 2022.

[135] 赵德成. 什么样的作业是好作业: 作业设计新理念 [J]. 课程·教材·教法, 2023, 43 (6): 45-53.

[136] 赵健. 技术时代的教师负担: 理解教育数字化转型的一个新视角 [J]. 教育研究, 2021, 42 (11): 151-159.

[137] 赵俊峰. 解密学业负担: 学习过程中的认知负荷研究 [M]. 北京: 科学出版社, 2011.

[138] 赵云翔. 高中数学作业设计的实践研究 [D]. 长春: 东北师范大学, 2008.

[139] 郑东辉, 叶盛楠. 课堂评价对作业负担的影响有多深: 基于 16141 份数据 [J]. 教育发展研究, 2016, 36 (18): 39-45.

[140] 郑东辉．中小学生作业负担之轻与重：课堂评价的解读［M］．上海：华东师范大学出版社，2017．

[141] 中国农工民主党上海市委员会课题组．中小学生过重学业负担的综合分析与研究［J］．教育发展研究，2006（2）：47-52．

[142] 钟志贤，卢洪艳，张义，等．教育数字化转型成熟度模型研究——基于国内外文献的系统性分析［J］．电化教育研究，2023，44（6）：29-37．

[143] 周序，郭羽菲．减轻课后作业负担的关键在于提升课堂教学的有效性——"双减"政策引发的思考［J］．四川师范大学学报（社会科学版），2022，49（1）：110-116．

[144] 朱文辉，石建欣，冀蒙．"双减"政策下作业设计的困境审视与思路转向［J］．教育学术月刊，2022（12）：74-80．

[145] 朱亚平．引导学生自主学习物理教材的作业设计：价值、内容与策略［J］．中国教育学刊，2023（S2）：119-122．

[146] 朱永新，杨帆．我国教育数字化转型的现实逻辑、应用场景与治理路径［J］．中国电化教育，2023（1）：1-7，24．

[147] 竺鸿道．智能题库系统的设计与实践［D］．上海：华东师范大学，2020．

[148] 祝智庭，胡姣．教育数字化转型：面向未来的教育"转基因"工程［J］．开放教育研究，2022，28（5）：12-19．

[149] 祝智庭，胡姣．教育数字化转型的本质探析与研究展望［J］．中国电化教育，2022（4）：1-8，25．

[150] 祝智庭，胡姣．教育数字化转型的理论框架［J］．中国教育学刊，2022（4）：41-49．

[151] 祝智庭，胡姣．教育数字化转型的实践逻辑与发展机遇［J］．电化教育研究，2022，43（1）：5-15．

[152] 祝智庭，郑浩，许秋璇，等．教育数字化转型的政策导向与生态化发展方略［J］．现代教育技术，2022，32（9）：5-18．

[153] 祝智庭．对基础教育数字化转型行动要有新认知［J］．人民教育，2023（Z1）：1．